古玉圖譜

（第四册）

UESTCP
电子科技大学出版社

第四册目録

古玉圖譜

十

宋淳熙敕編古玉圖譜第五十五冊

古玉連雲如意帶環

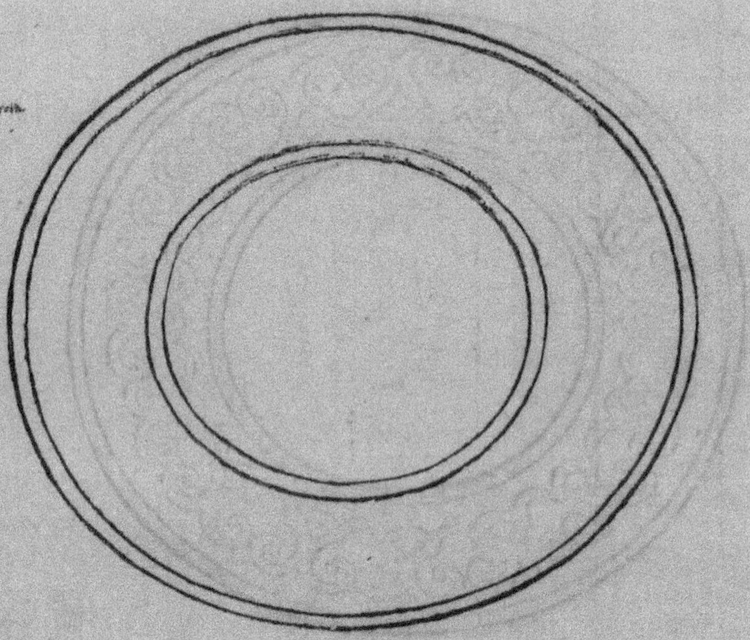

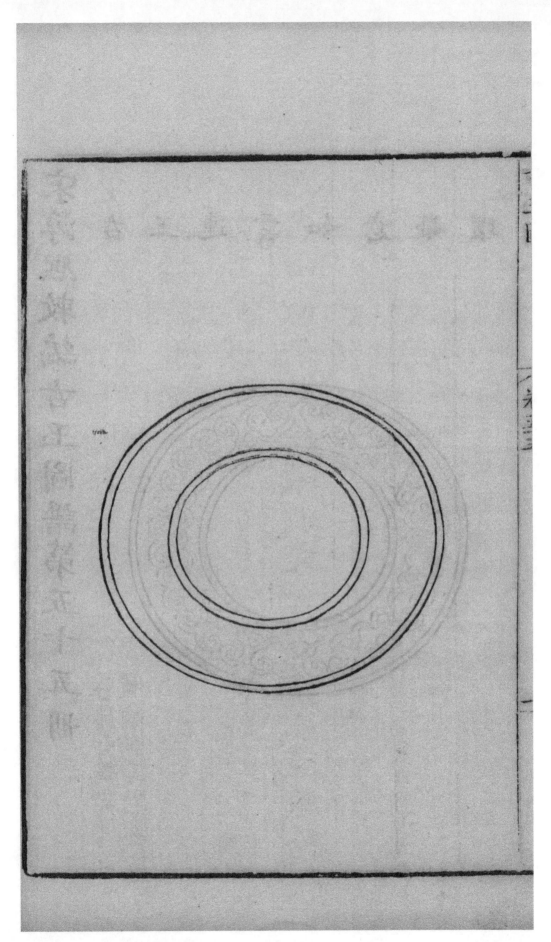

右環圓徑九寸三分濶四分七厘厚二分二
厘玉色瑩白璊斑勻布瑑刻四周如意之文
臣謹按許慎說文云肉好相等曰環又國語
云鄭有玉環二齊賈求售子產不與則玉環
之名由來久矣此環琱文奇古漢已前之物

古玉蚩尤帶環兩面琱文同

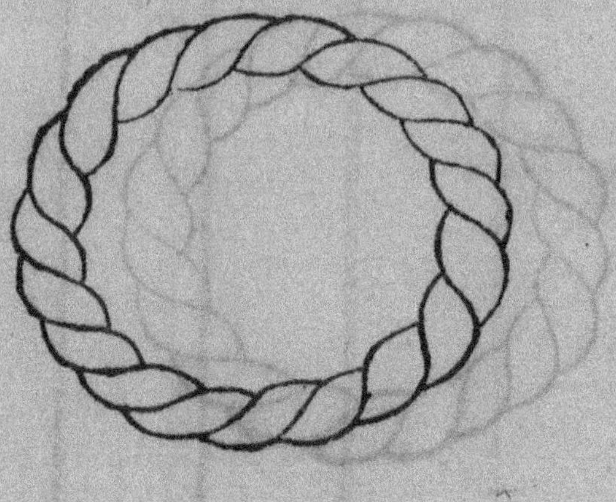

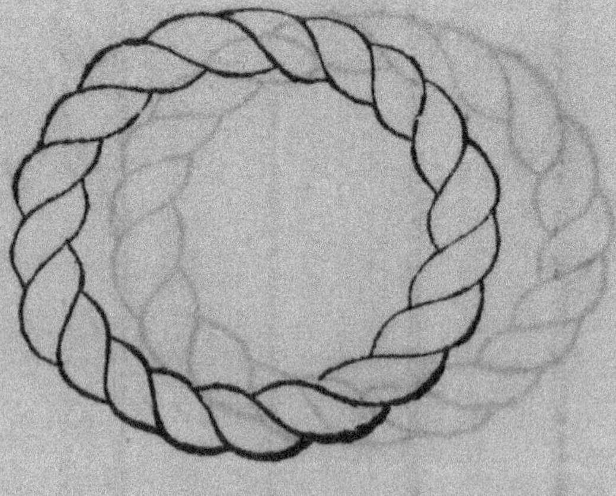

右環圓徑六寸六分厚三分玉色瑩白璊斑句點瑑刻蚩尤紏結之形制作奇古商周之物也

古玉如意連雲帶環兩面琱文同

右環圓徑九寸九分濶四分二厘厚三分三厘玉色翠碧琢刻鏤空作連雲之形制作古雅漢巳前物也

古玉團鳳帶環

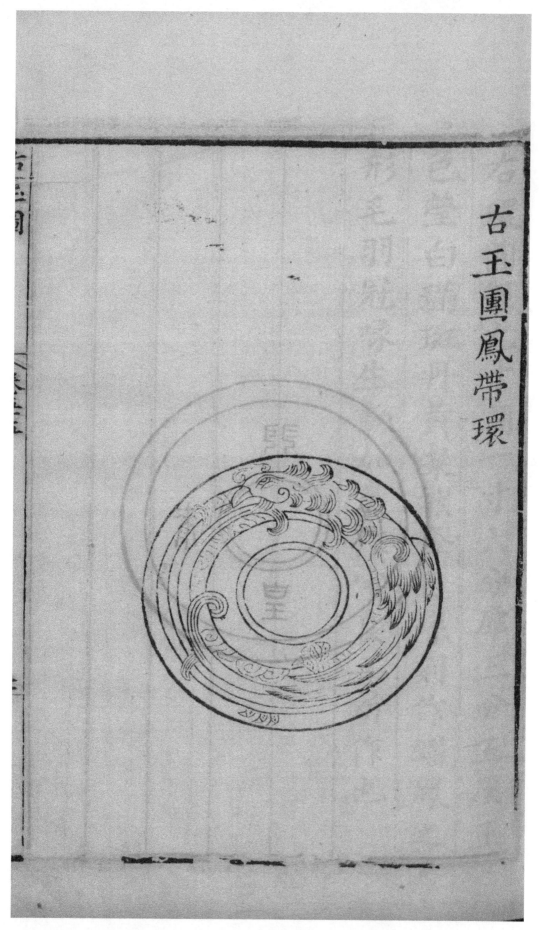

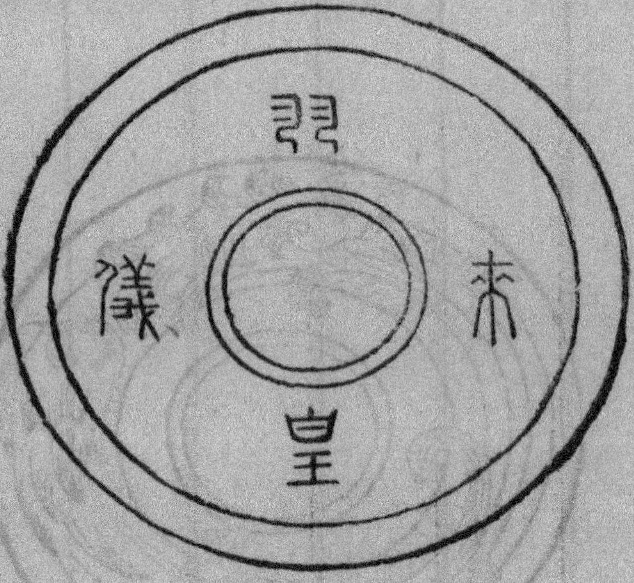
鳳
皇
來
儀

右環圓徑九寸濶一寸六分厚三分五厘玉色瑩白璊斑丹黄燦然奪目瑑刻作蟠鳳之形毛羽冠喙生動如畫漢室良工所作也

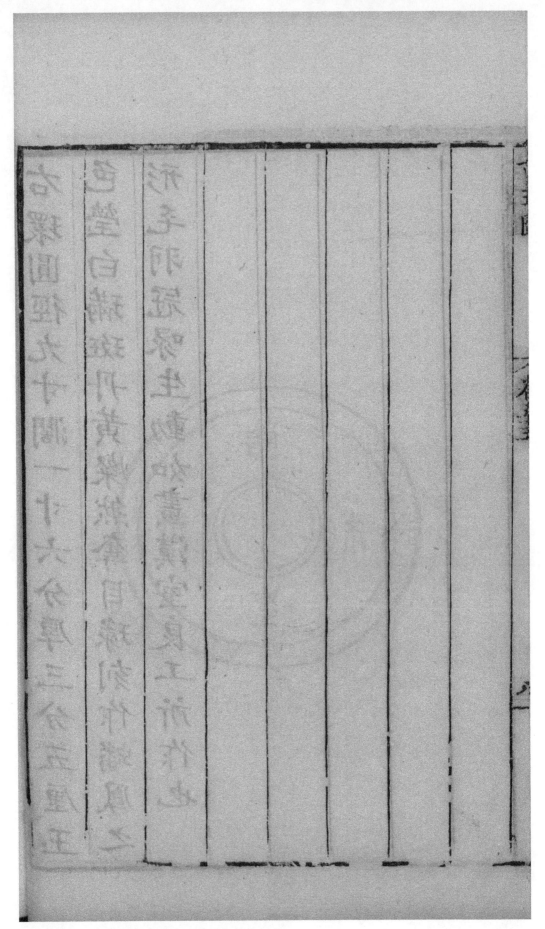

古玉蟠雲帶環

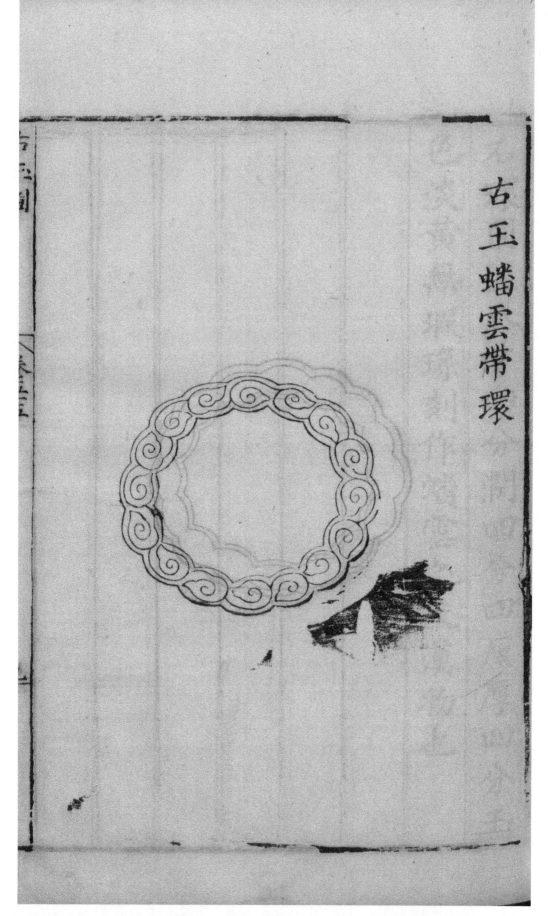

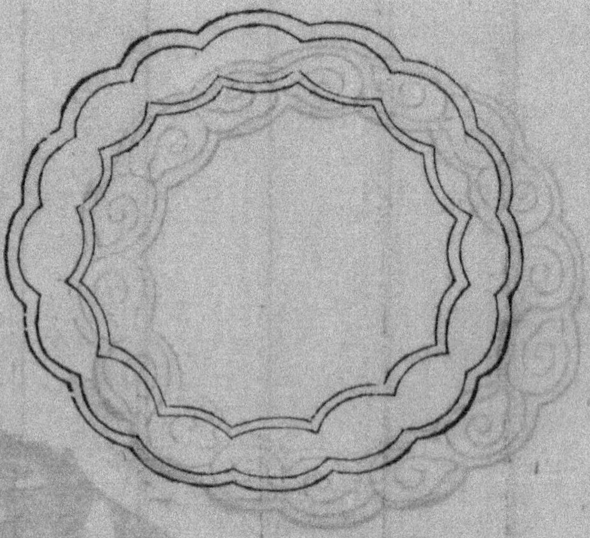

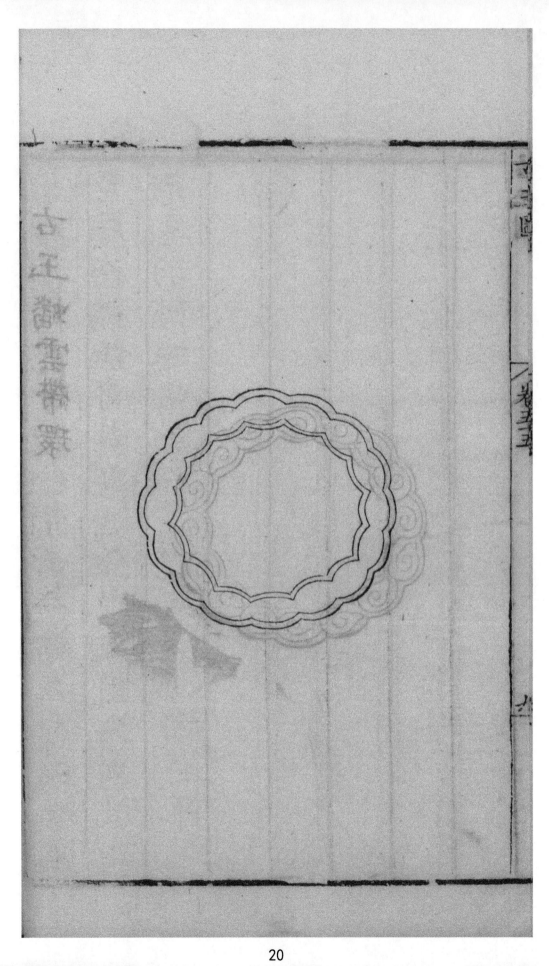

右環圓徑八寸四分濶四分四釐厚四分玉
色淡黄無瑕瑑刻作蟠雲之文漢物也

古玉瑞草帶環

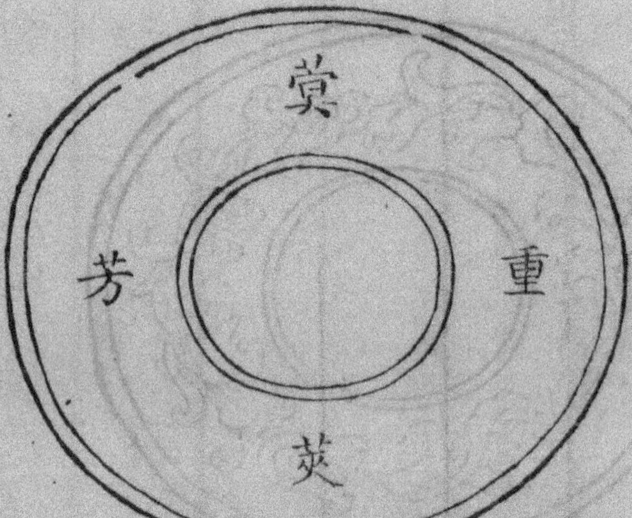
莫
重
英
芳

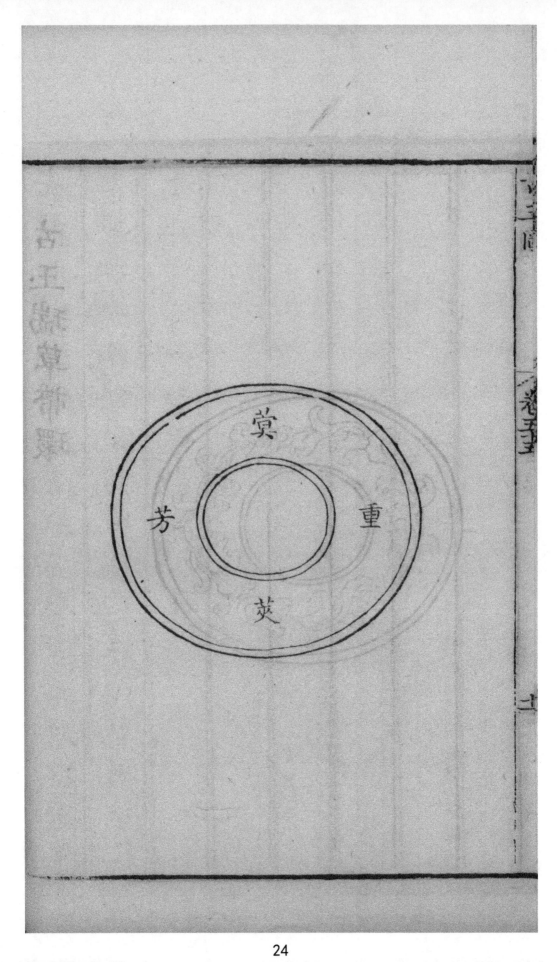

右環圓徑九寸濶五分三厘厚三分六厘玉色翠碧無瑕璊斑絶少瑑刻作瑞草糾結之文琱文華美漢之精器也

宋淳熙敕編古玉圖譜第五十五冊 終

宋淳熙敕編古玉圖譜第五十六册

古玉蟠螭帶環

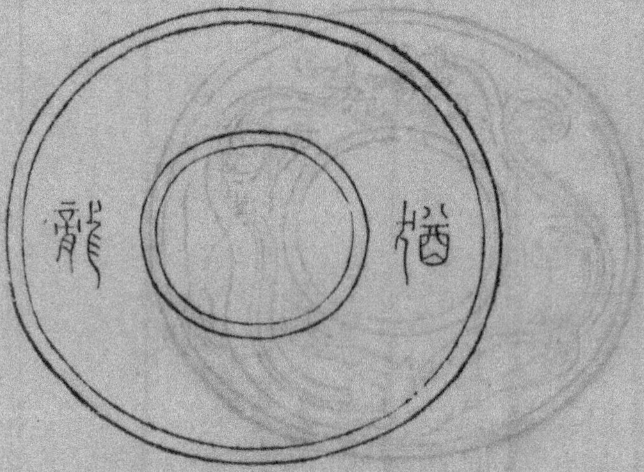

苔環圓徑六寸六分濶四分八厘厚三分玉色苔花與璘斑紫翠間錯瑑刻作蟠螭之文爪牙纖利真漢物也

古玉連雲帶環

右環圓徑九寸濶三分二厘厚二分五厘玉色純紫如蒲桃瑑刻作連雲之文琱文朴雅漢已後物也

古玉螭首佩觿　一兩面琱文同

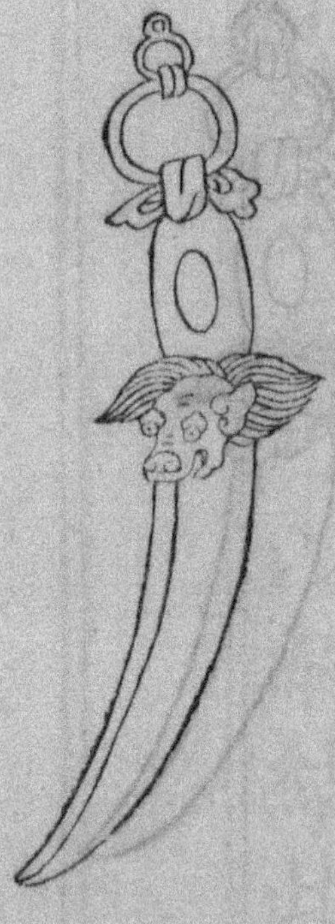

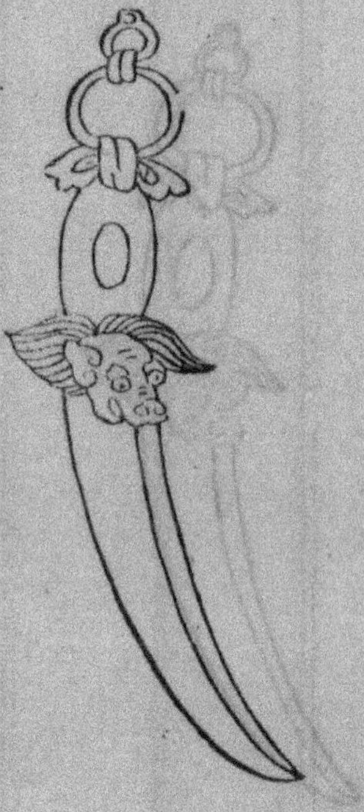

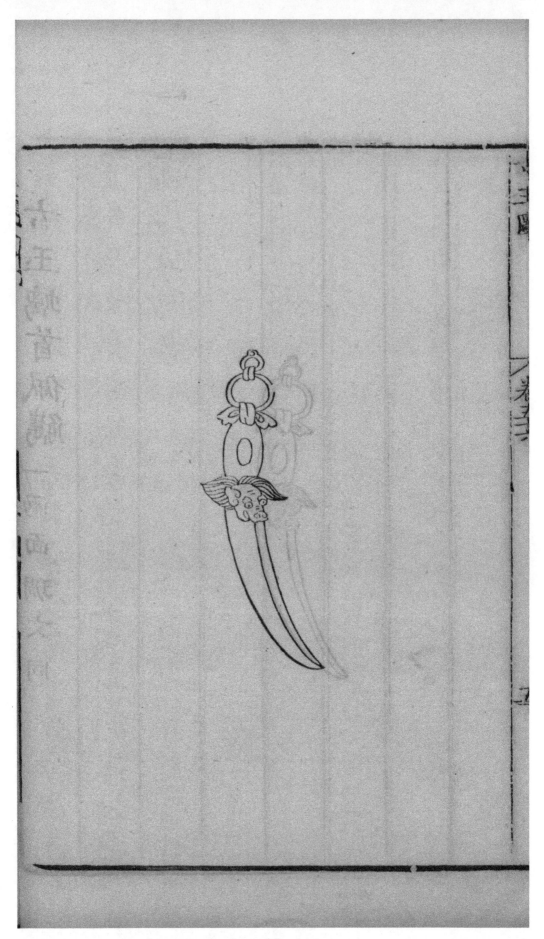

右觿長三寸二分濶三分七厘厚三分玉色翠碧璊斑丹赤琢刻作連環螭首猙獰如生

臣謹按内則有小觿大觿註云觿解也或用鹿角以其小枝尖鋭可以解結此觿似之漢已前物也

古觿長三寸二分闊三分七厘厚三分玉色
翠碧鴉斑丹赤璊刻作連環螭首猙獰如生
臣謹按內則有小觿大觿注云觿解迎反用
鹿角用以其小枝尖銳可以解結此觿似之漢
已前物也

古玉螭首佩觿 二兩面琱文同

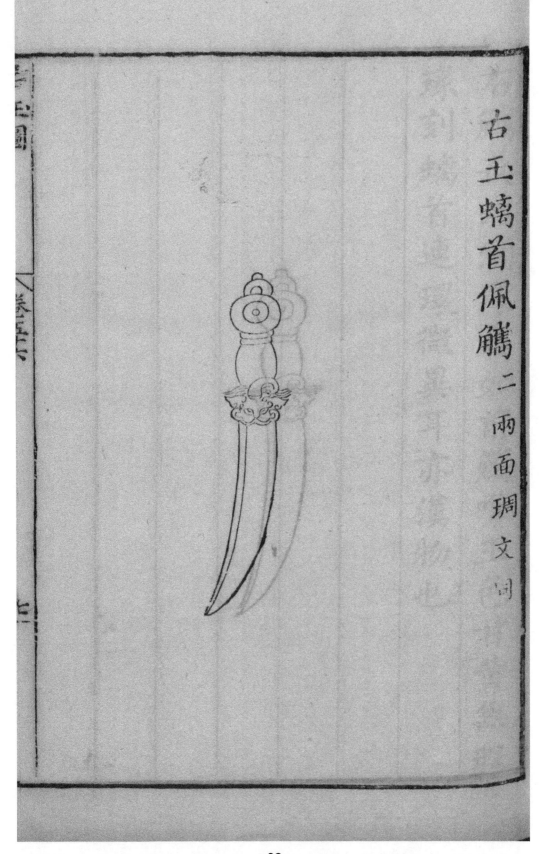

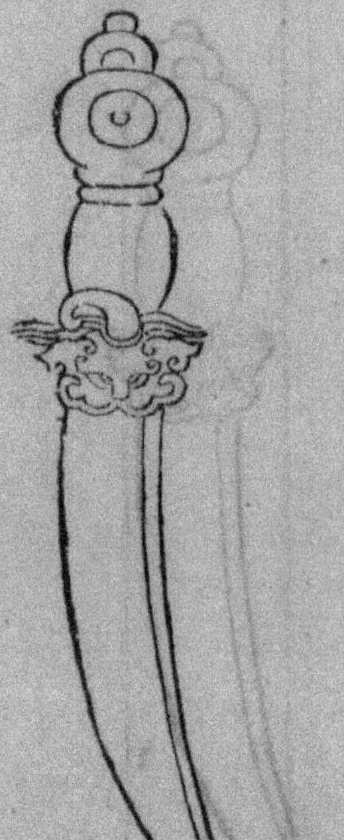

右觿長短濶厚悉如前觿唯玉色甘黃無瑕瑑刻螭首連環微異耳亦漢物也

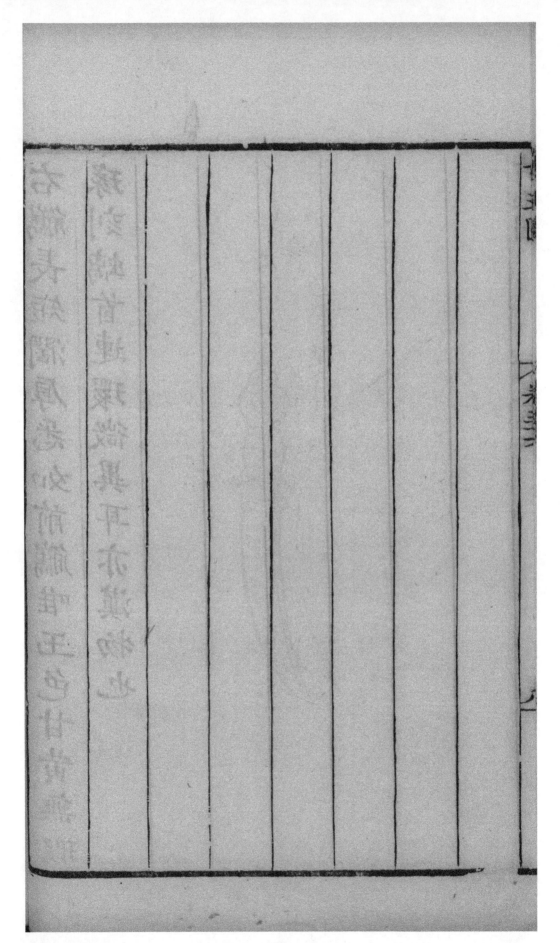

古玉圖

古玉鳳首佩觿

一兩面琱文同

古玉鳳首佩觿

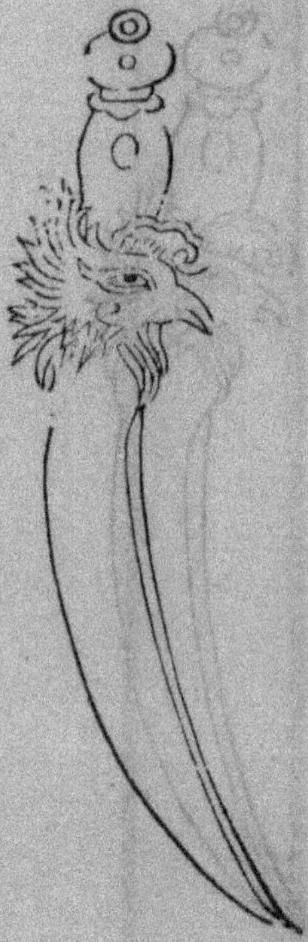

右觿長短濶厚如前玉色甘青璘斑丹赤琢刻鳳首冠羽毛喙如生真漢人之佳器也

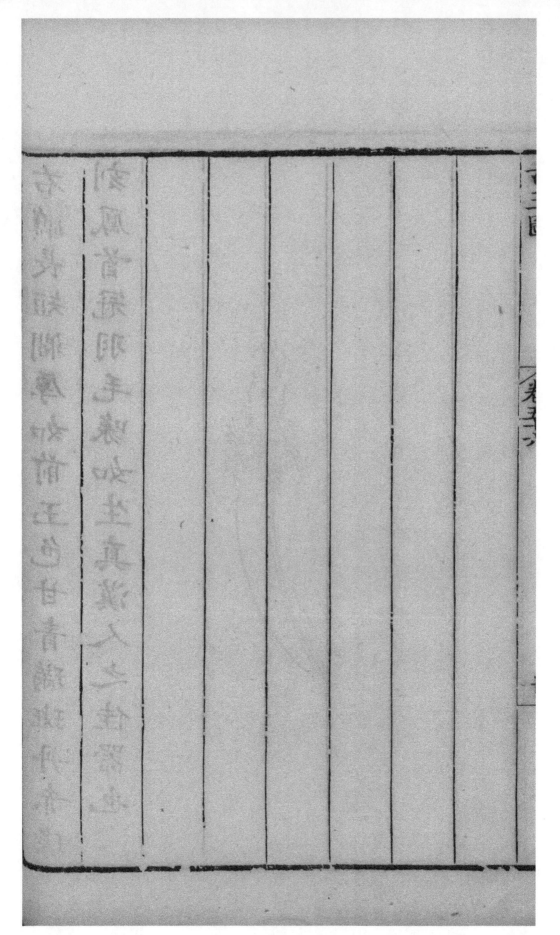

古玉鳳首佩觿 二

兩面琱文同

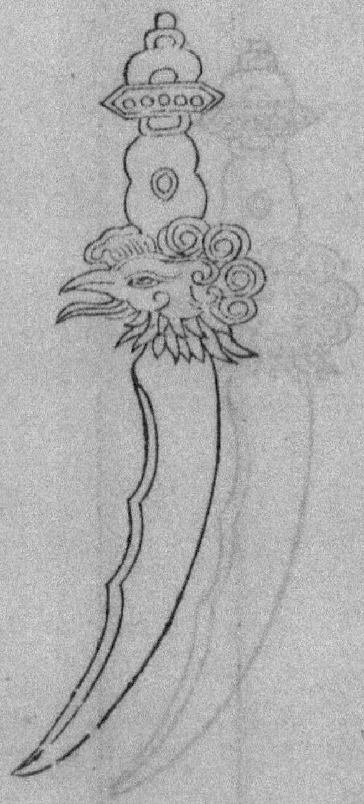

右觽長短濶厚如前玉色微紅無瑕瑑刻作鳳首微異於前耳先秦之遺器也

宋淳熙敕編古玉圖譜第五十六冊 終

淳熙敕編古玉圖譜第五十七冊

古玉螭首帶鈎

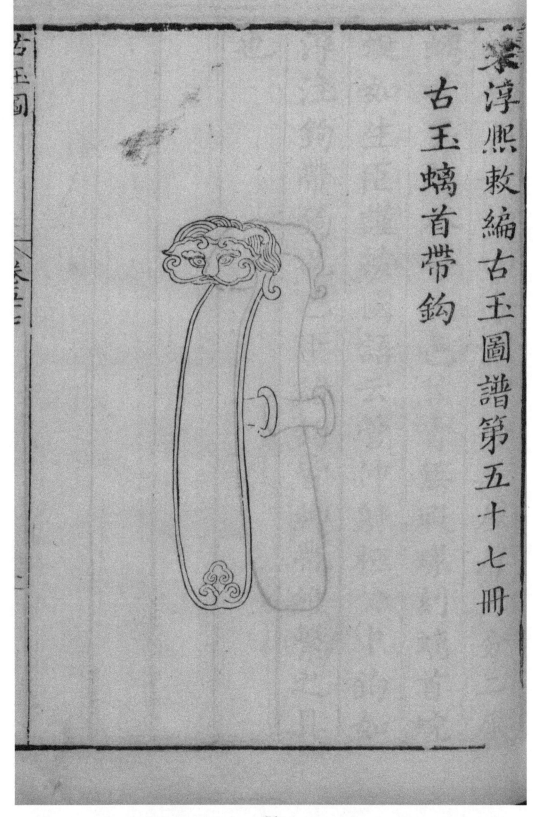

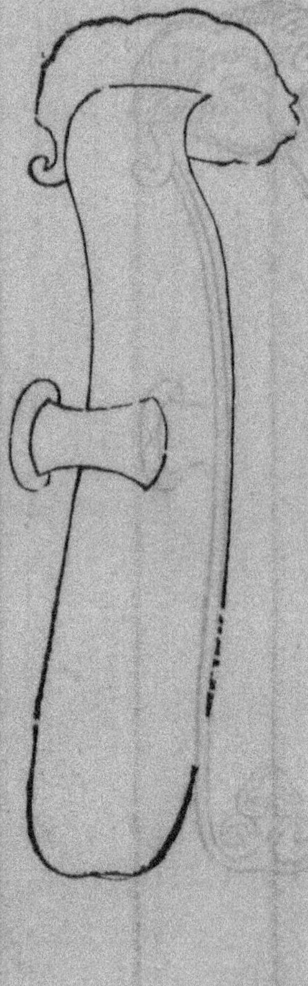

右鉤長六寸四分濶四分五厘厚三分二厘螭首昂起八分玉色甘青無瑕瑑刻螭首蜿蜒如生臣謹按國語云管仲射桓公中鉤如淳注鉤帶鉤也已下諸鉤皆紳帶維繫之具也

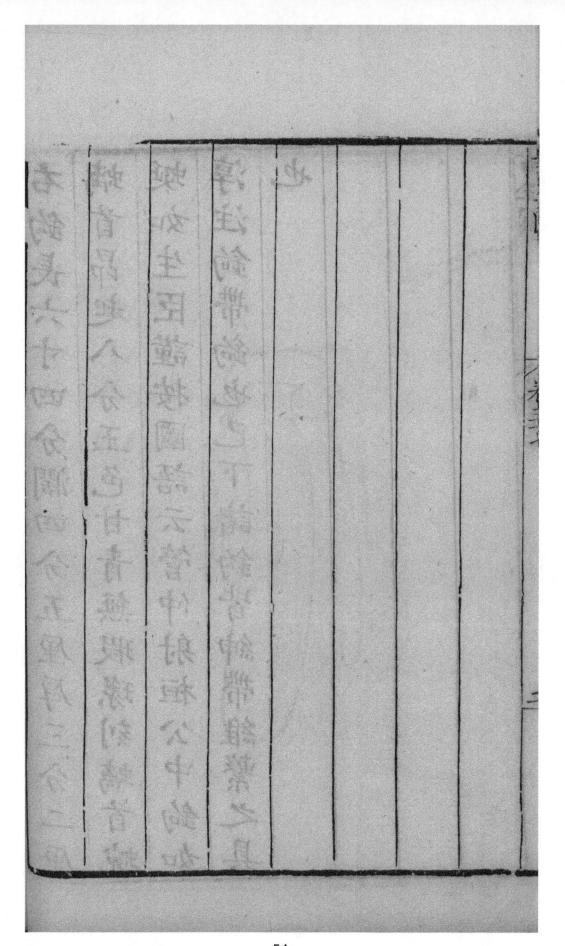

古玉子母雙螭帶鉤　一

古玉子母螭帶鉤

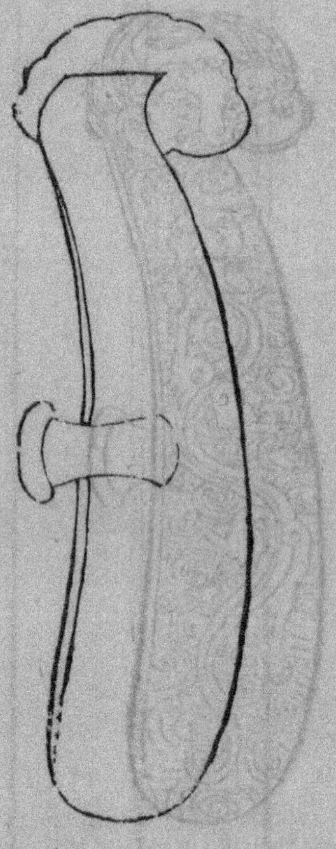

右鉤長七寸二分濶四分六厘厚二分五厘
螭首昂起一寸一分玉色甘黄無瑕腹上琢
刻子螭觿首視母蜿蜒如生三代之物

古玉子母雙螭帶鉤 二

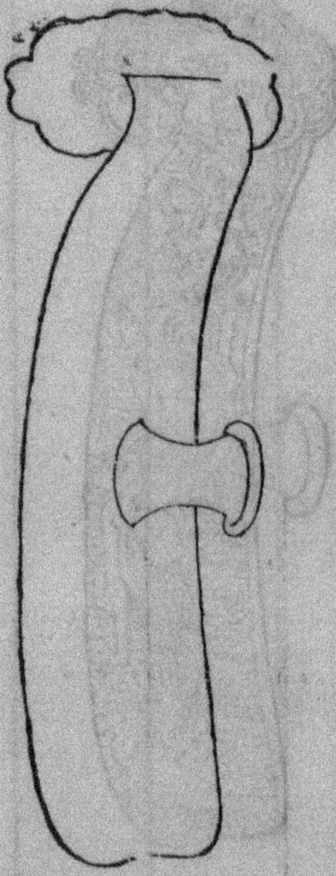

右鉤長短濶厚子母螭首琢刻俱如前式惟玉色瑩白璊斑丹紫與上子母螭鉤同時物也

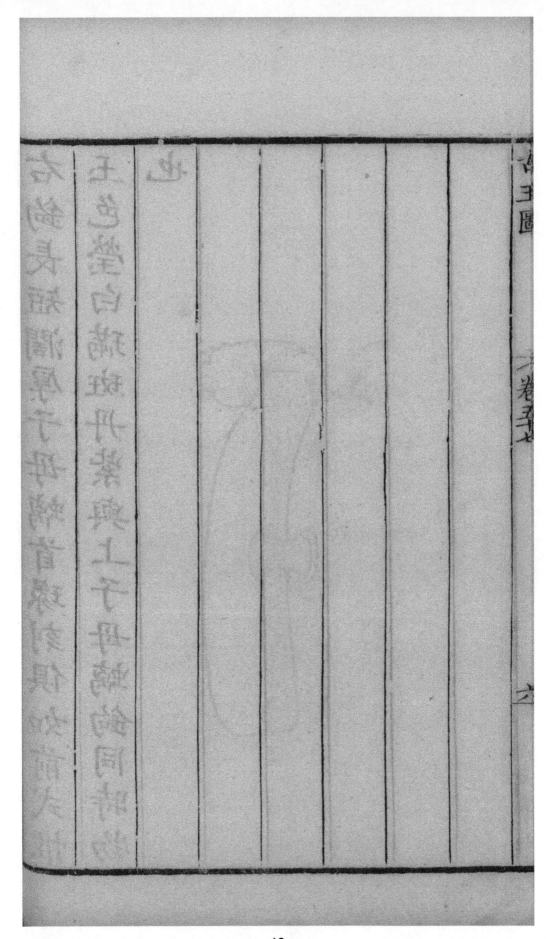

古玉龍首帶鉤 一

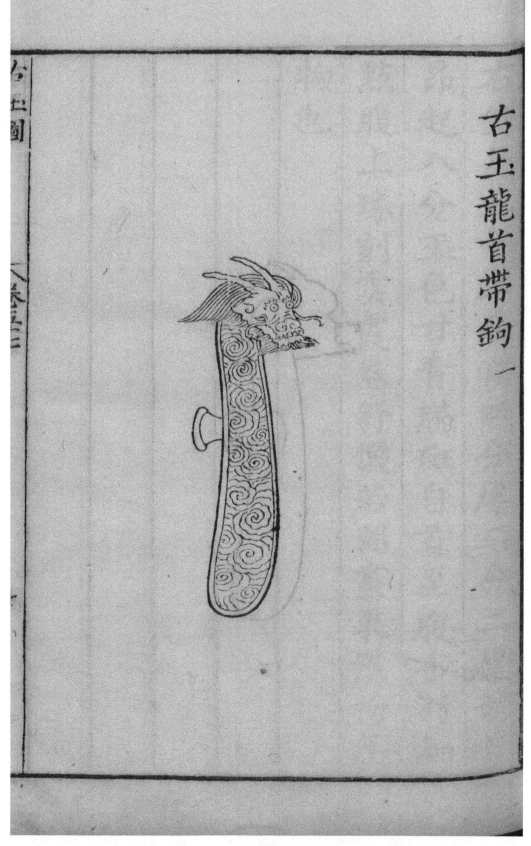

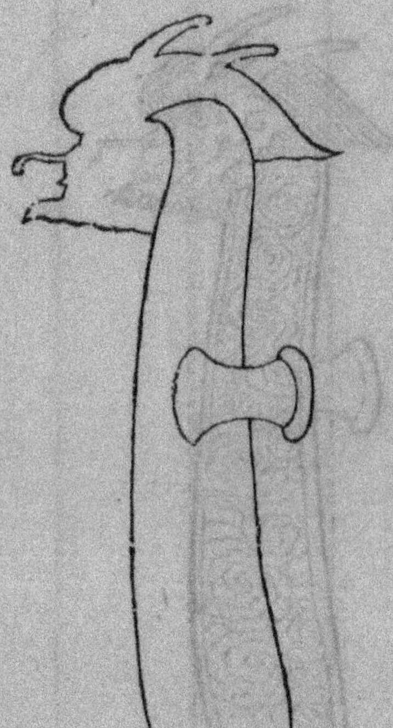

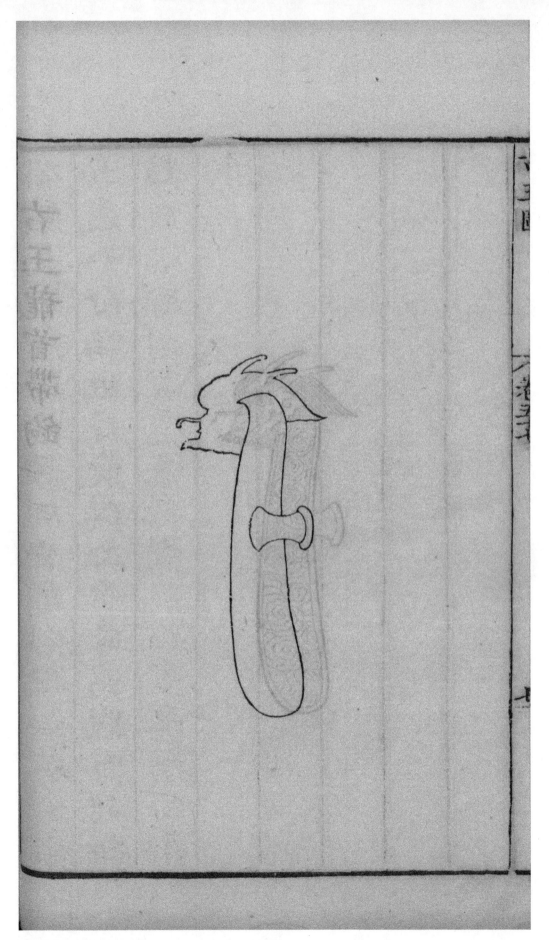

右鉤長五寸二分濶四分厚二分二厘龍首昂起八分玉色甘青瑞斑自首至腹布列細點腹上瑑刻雲霞卷舒儼若圖畫東漢初年物也

古玉背首帶鉤二

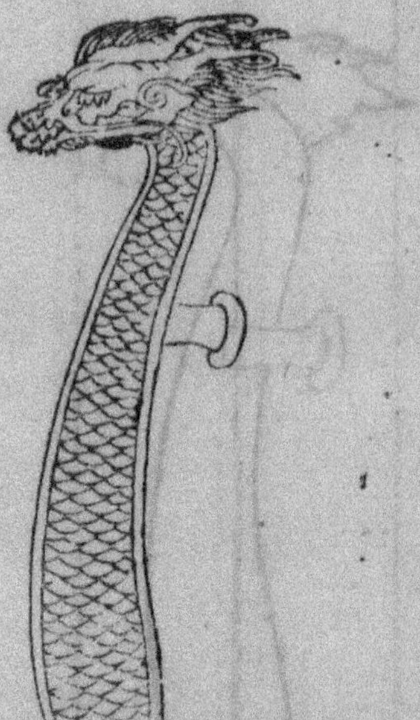

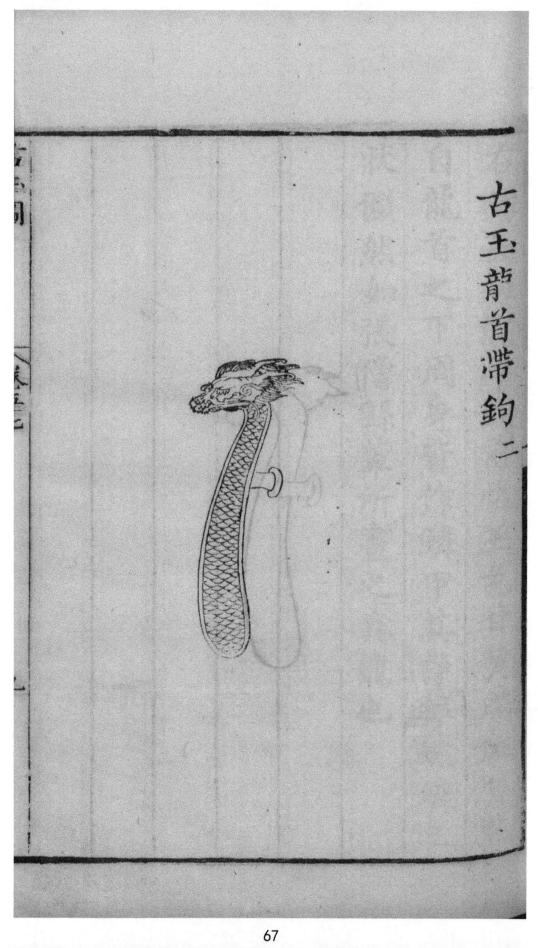

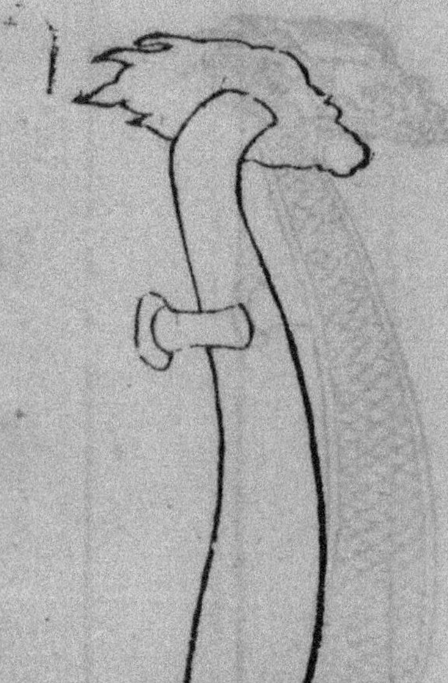

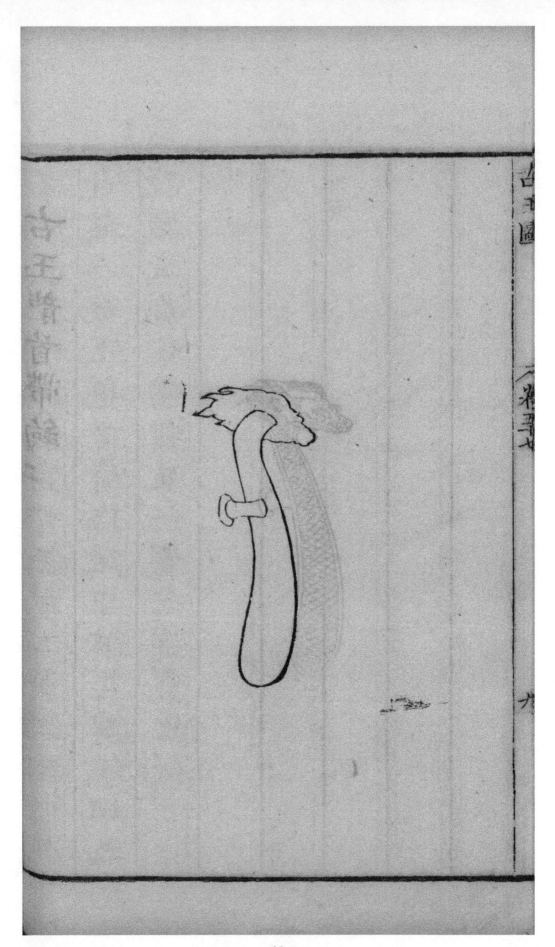

右鉤長短濶厚如前惟玉色甘黄璊斑句點自龍首之下周身皆作鱗甲其狰獰蛇蜒之狀儼然如張僧繇輩所畫之真龍也

古玉鳳首帶鉤

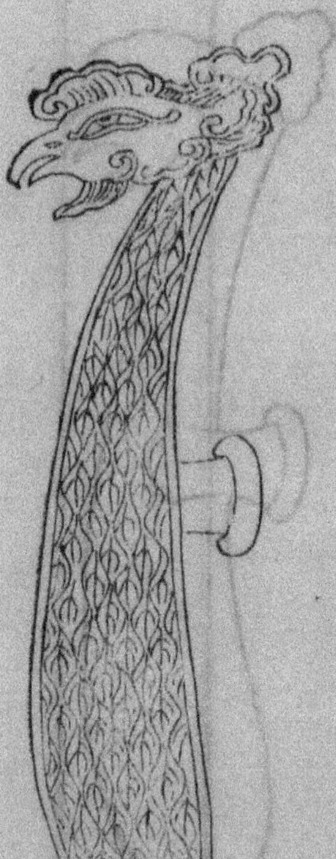

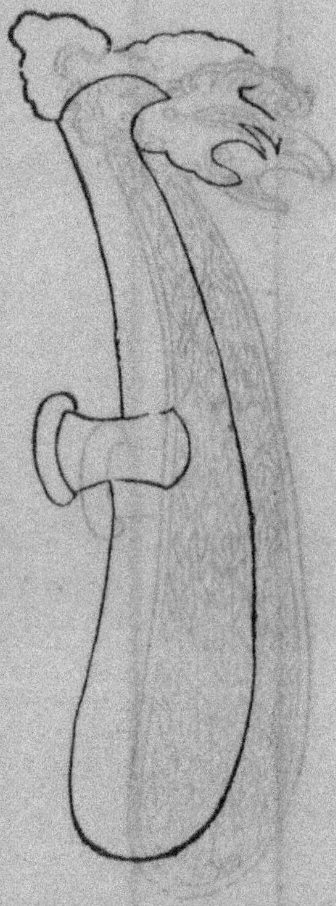

右鉤長六寸四分濶四分三厘厚二分八厘
玉色純紫無瑕瑑刻鳳首冠羽如生晉宋間
物也

宋淳熙敕編古玉圖譜第五十七册 終

宋淳熙敕編古玉圖譜第五十八冊

古玉螗螂捕蟬帶鉤

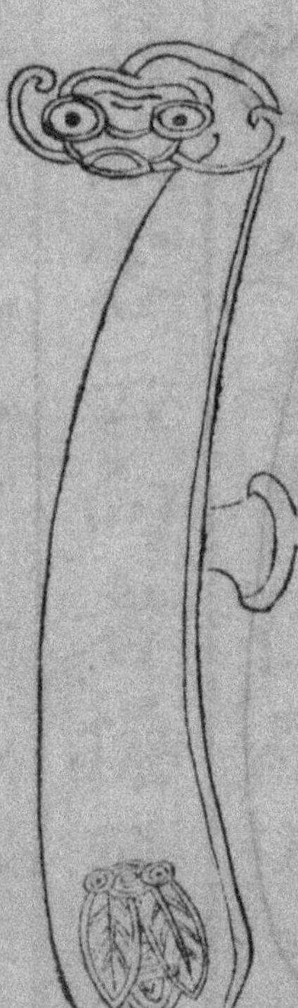

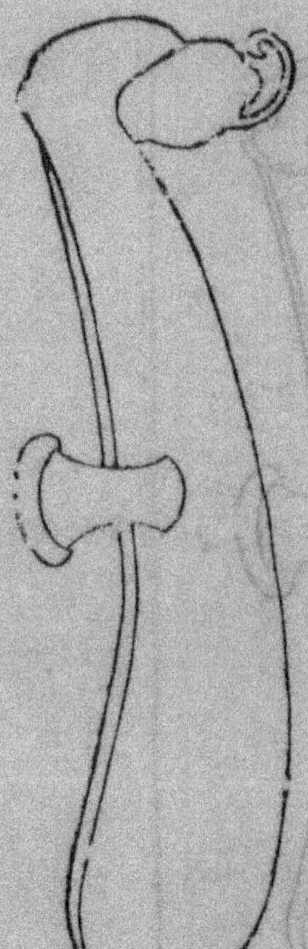

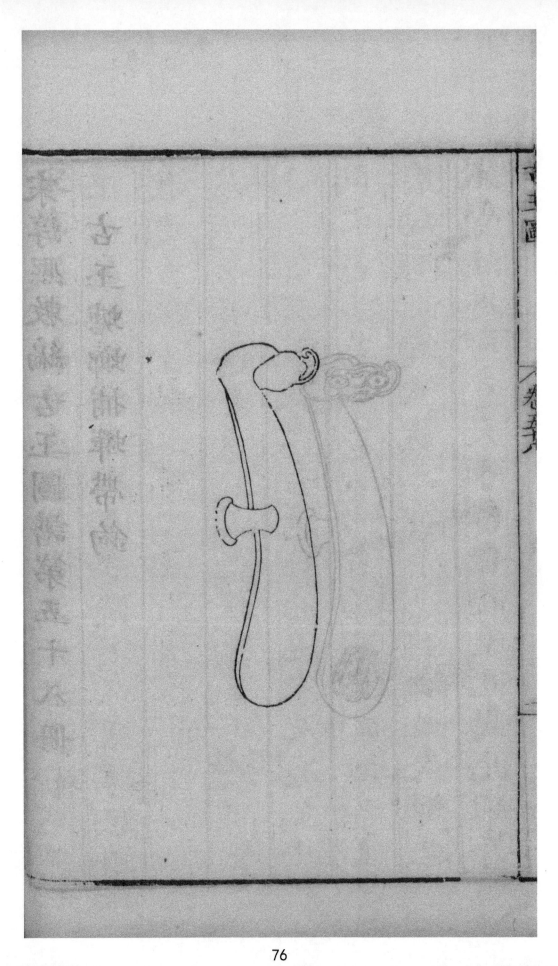

右鉤長六寸六分濶三分八厘厚三分玉色淡碧無瑕螗首昂起九分腹下瑑刻蟬形高起一分琱手精工無比漢已後物也臣謹按琴錄云昔漢蔡邕赴人之招及至其家聞堂上琴聲有殺伐之音邕往而返主人追之及問之邕告其故客云向者操琴見庭樹之上有螗螂捕蟬三就三卻余恐螗螂之失蟬也不覺注思何意夫子審音而至此哉此鉤著

此飾帶或以志其去殺之意乎

古玉商頭帶鉤

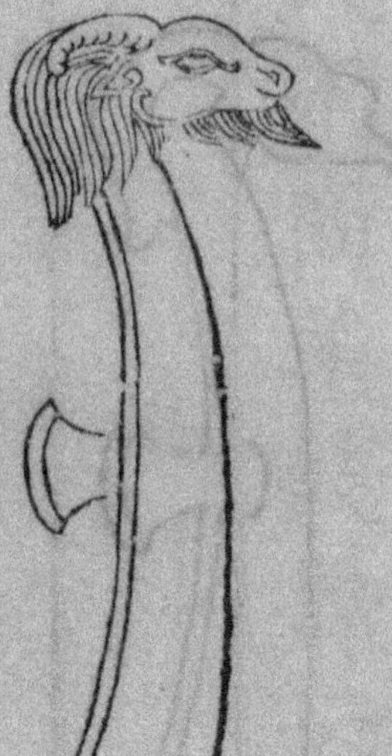

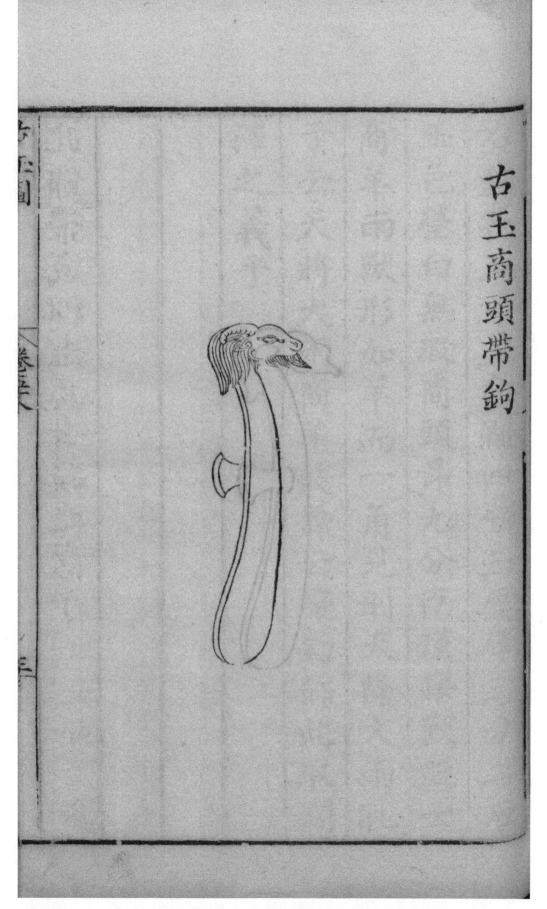

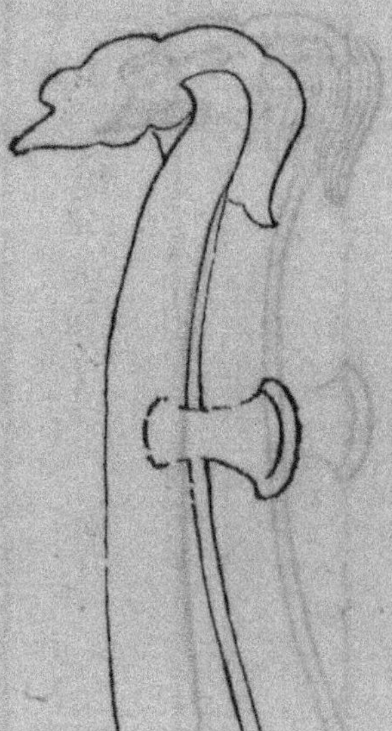

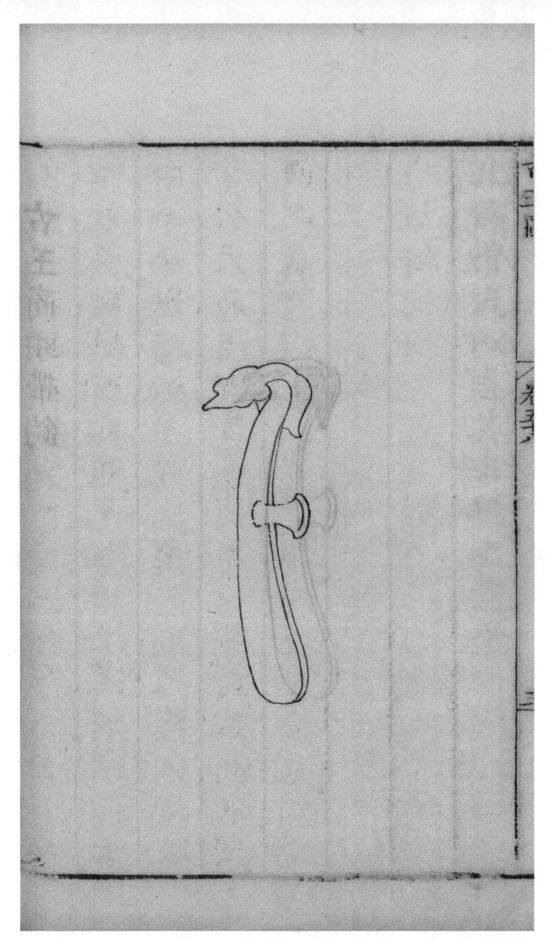

右鉤長五寸五分濶四分三厘厚三分二厘
玉色瑩白無瑕商頭昂九分臣謹按獸經云
商羊雨獸形如羊而一角見則天降大雨孔
子云天將大雨商羊鼓舞云帶鉤飾此取潤
澤之義乎

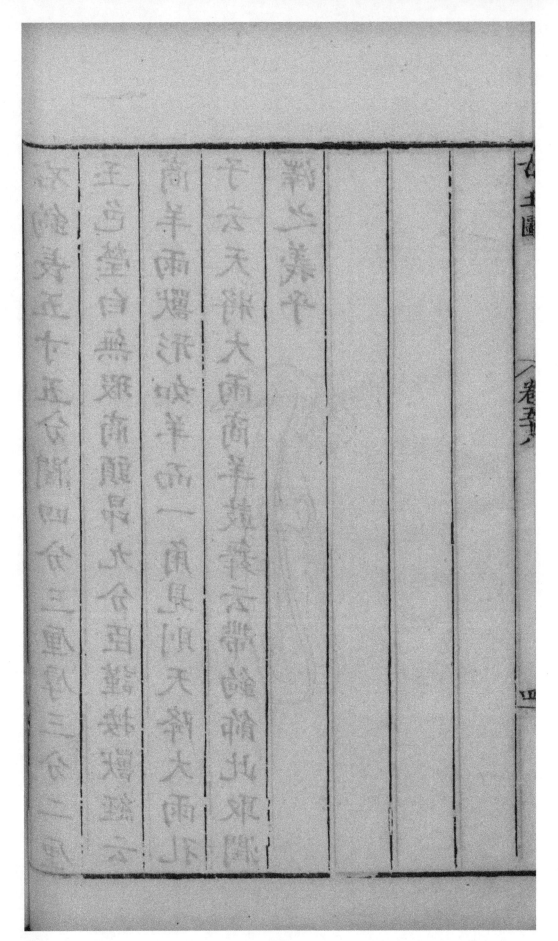

古玉如意帶鉤

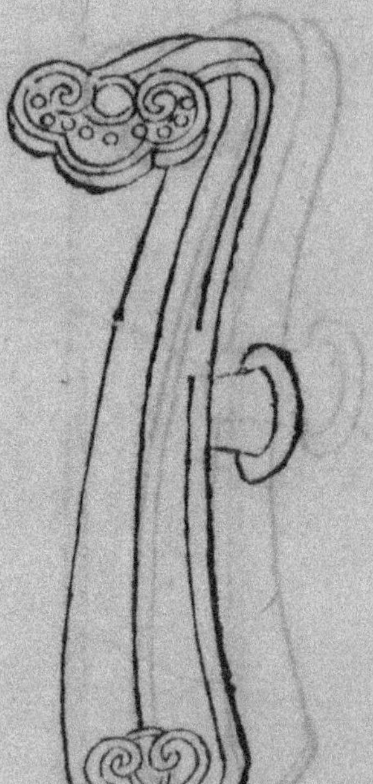

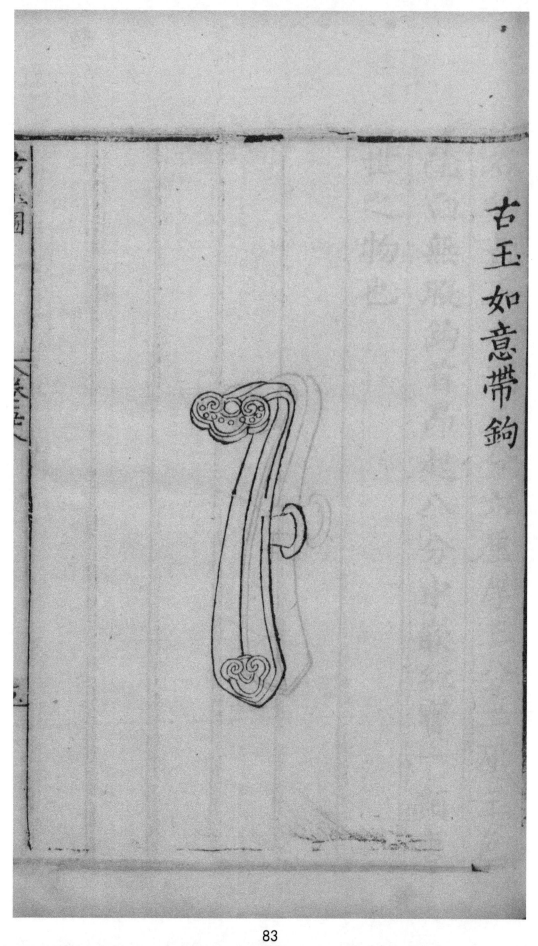

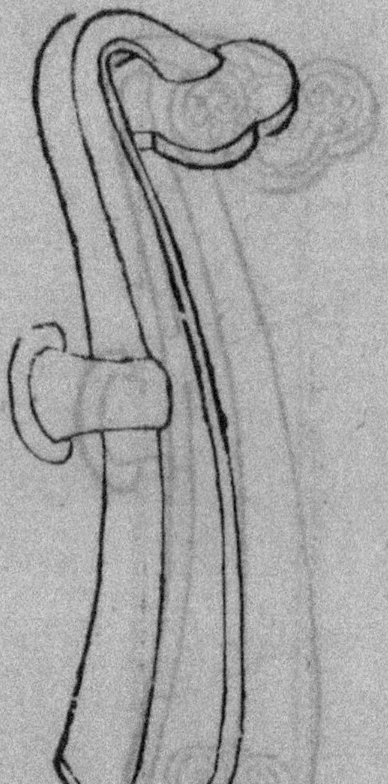

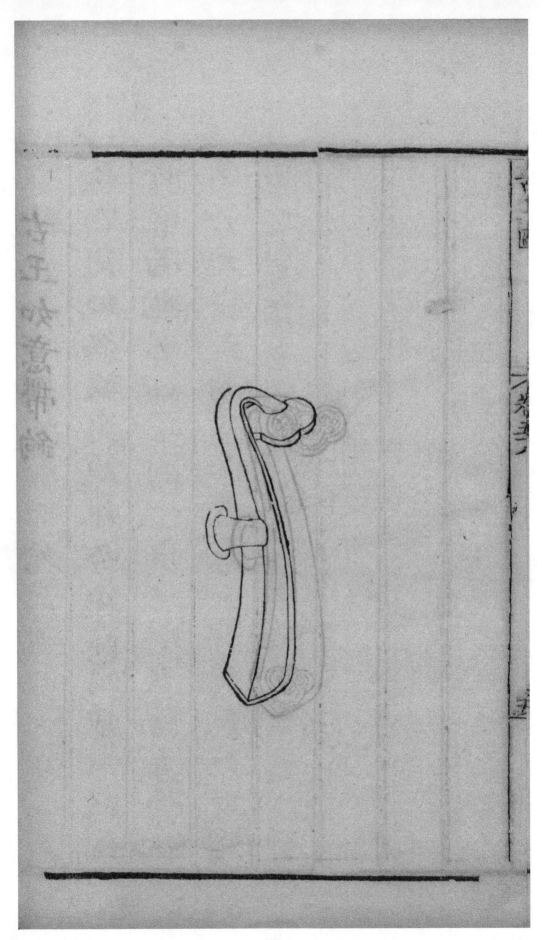

右鉤長五寸濶三分六厘厚三分二厘玉色瑩白無瑕鉤首昂起八分中嵌紅寶一顆唐世之物也

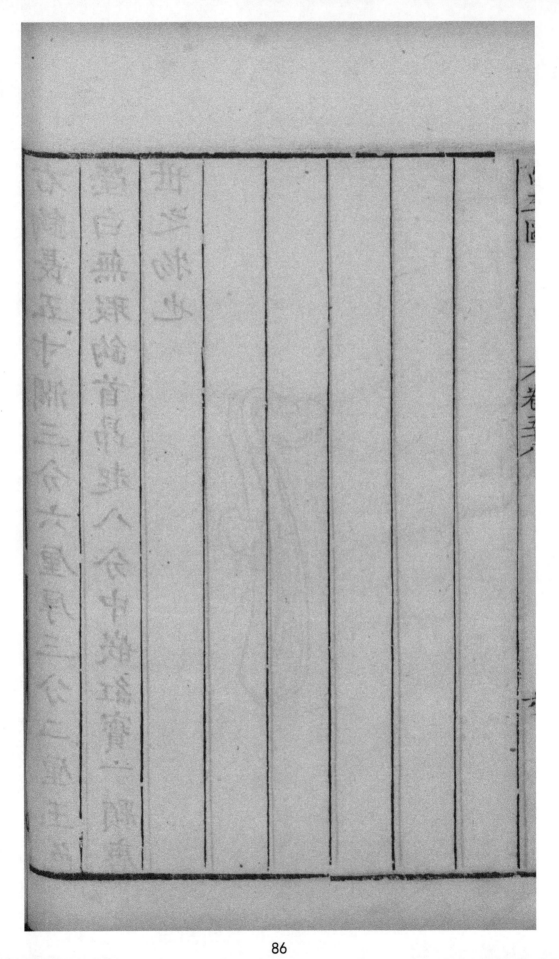

古玉龍馬帶鉤

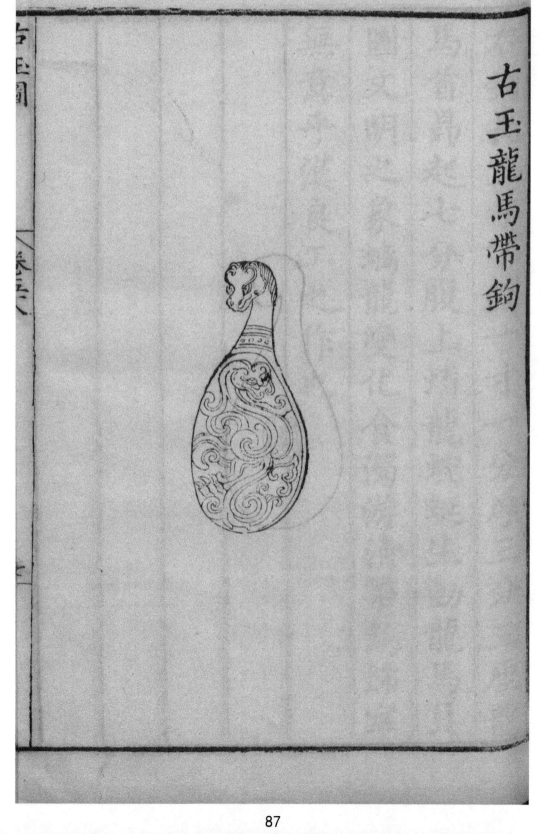

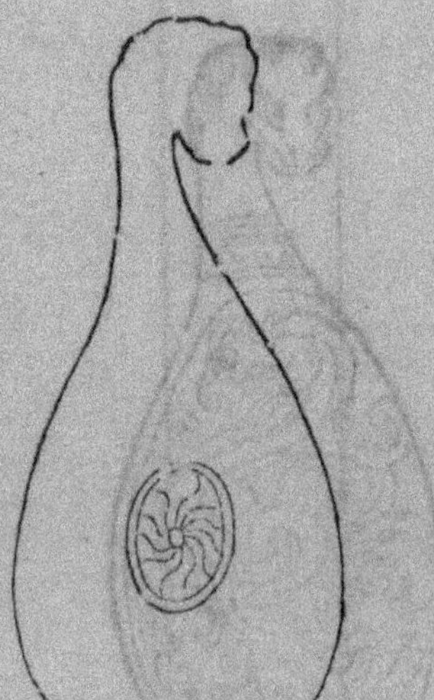

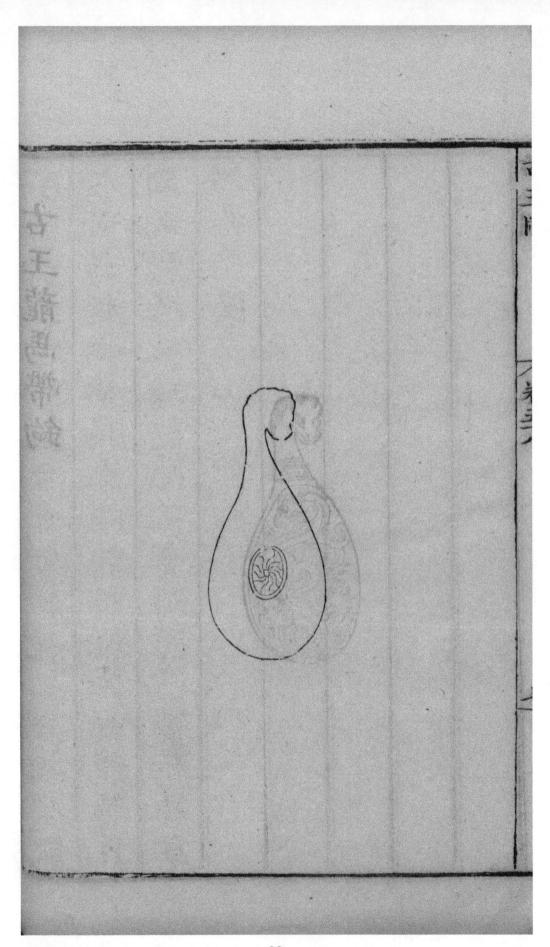

右鉤長三寸下濶一寸一分厚三分三厘龍
馬首昂起七分腹上蟠龍蜿蜒生動龍馬負
圖文明之象螭龍變化食濁游清帶鉤飾寧
無意乎漢良工之作也

無意予漢良工文作也

圖文明文象鑾龍變化合渦游清帶勢飾章

馬首昂旋大分鬣上背龍蜿蜒生動龍馬負

右鋒長三寸下濶一寸一分厚三分三厘重

古玉辟邪鉤

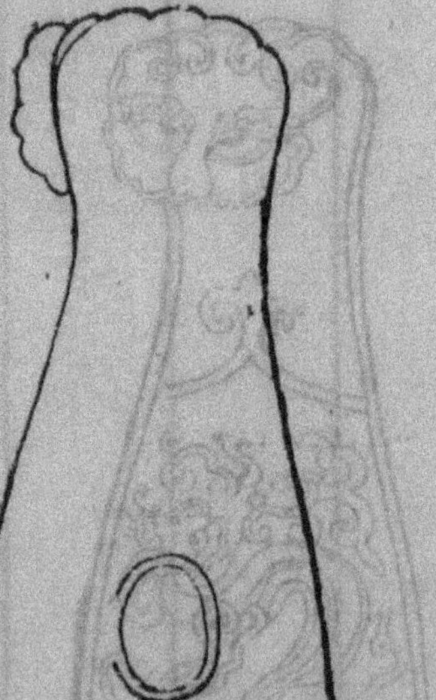

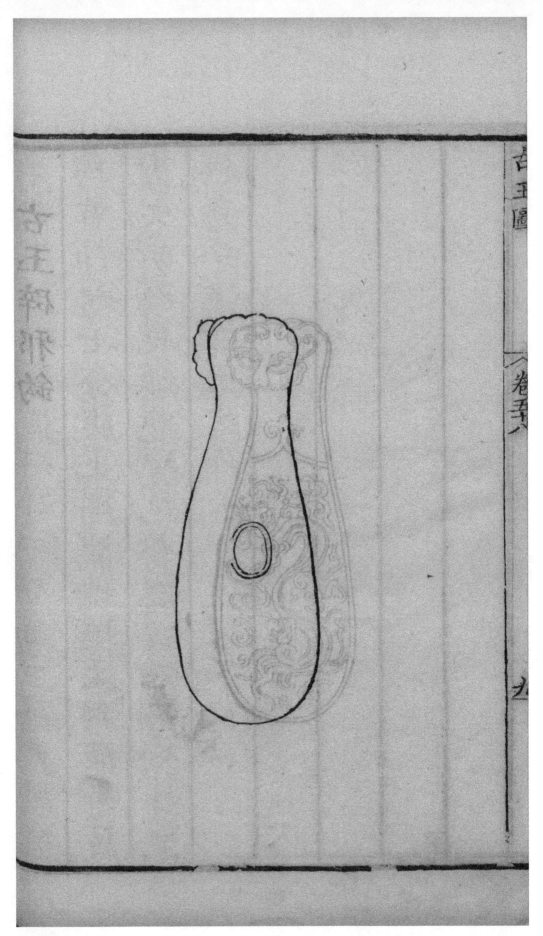

右鉤長一尺濶一寸二分厚三分五厘鉤首昂起一寸二分玉色翠碧無瑕首作辟邪獸形腹刻蟠螭之象琱文縟麗漢物也

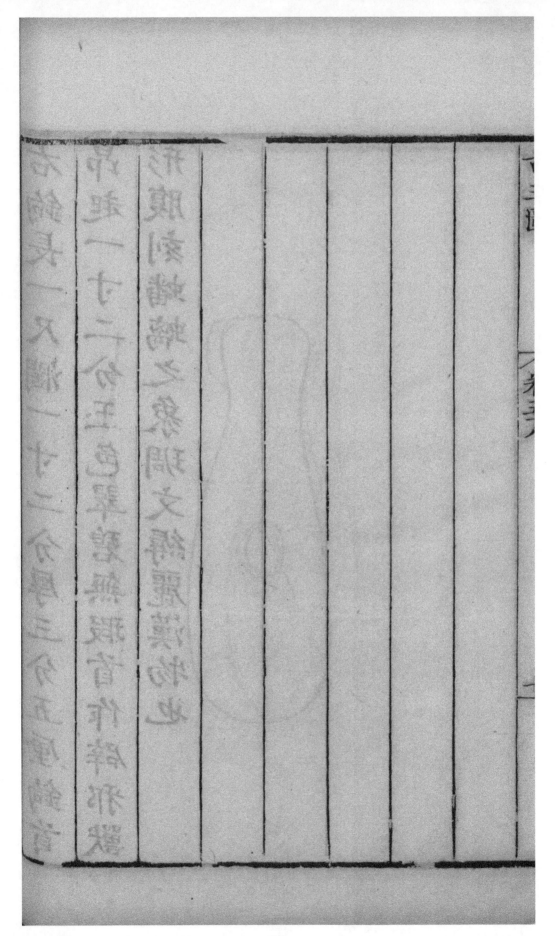

古玉天祿帶鉤

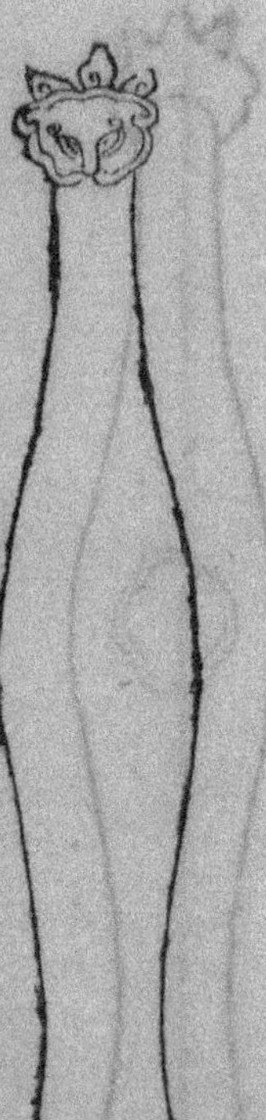

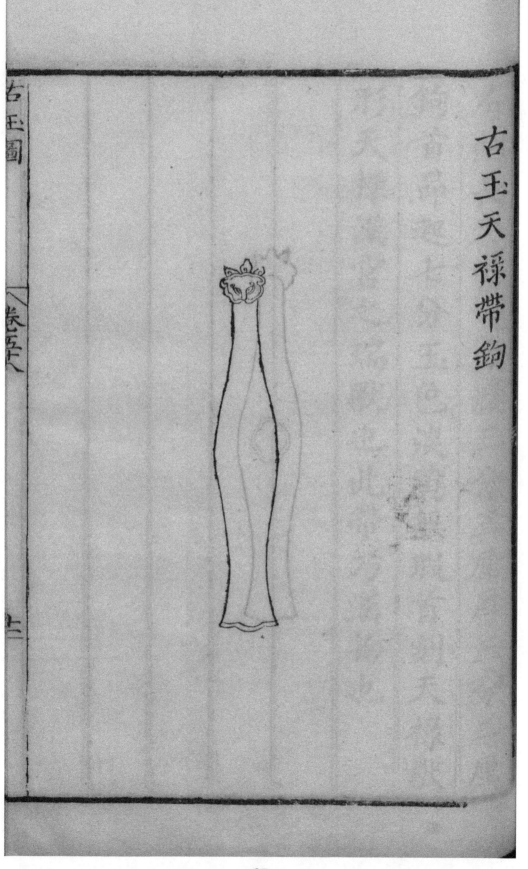

古玉天祿帶鉤

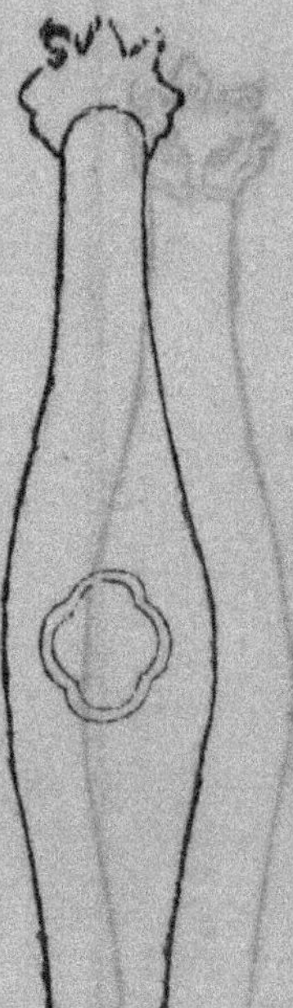

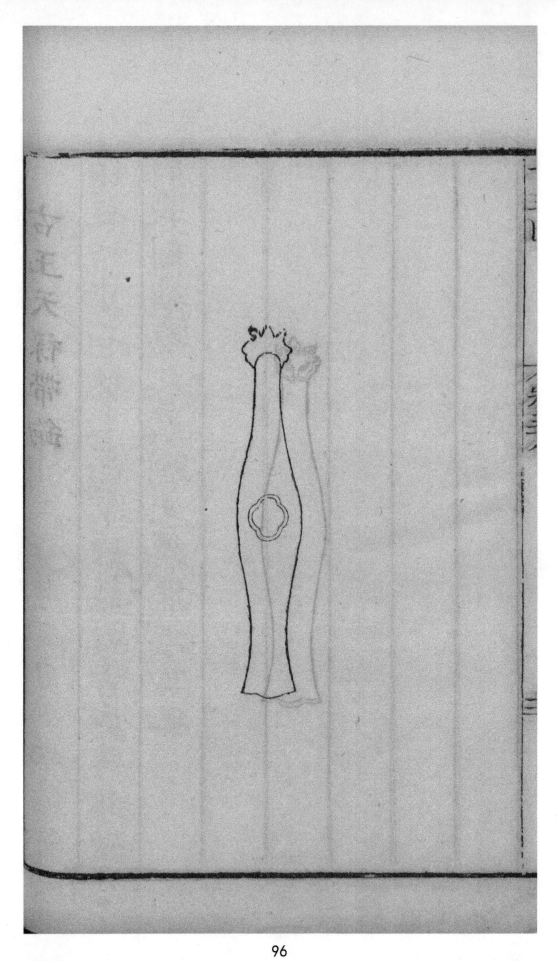

右鉤長六寸一分濶三分五厘厚三分二厘
鉤首昂起七分玉色淡黃無瑕首刻天祿獸
形天祿漢宫之瑞獸也此帶乃漢物也

宋淳熙敕編古玉圖譜第五十八冊　終

宋淳熙敕編古玉圖譜第五十九冊

古玉蟠虬璏

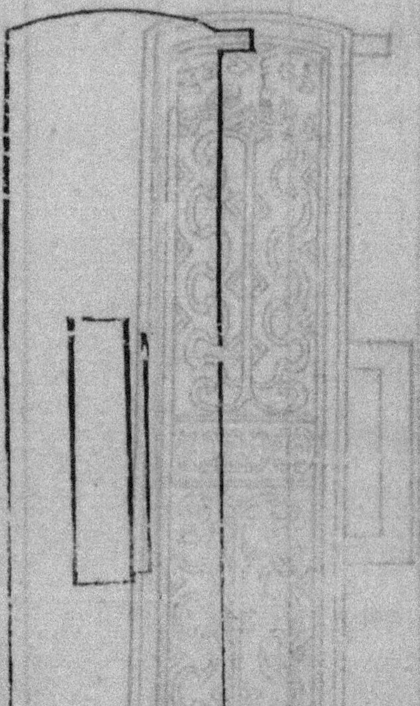

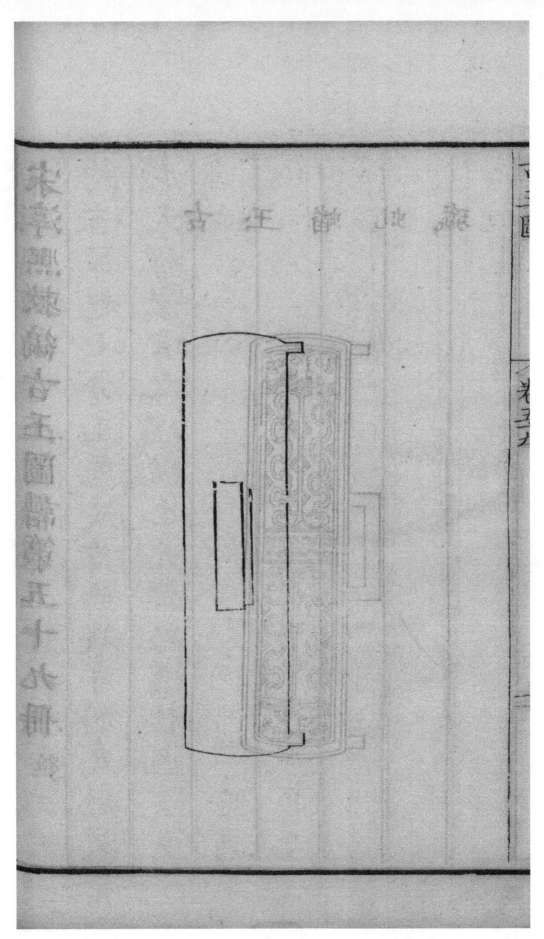

右璏長七寸濶一寸一分高六分三厘厚二分五厘玉色瑩白無瑕瑑刻蟠虬之文細入絲髮三代良工所作也臣謹按許愼説文云璏音位劒鼻玉施之於劒室之上以繫帶者也周秦之世迨至漢魏王公貴人多佩服之劒璏之飾由來久矣

古玉蟠螭璏

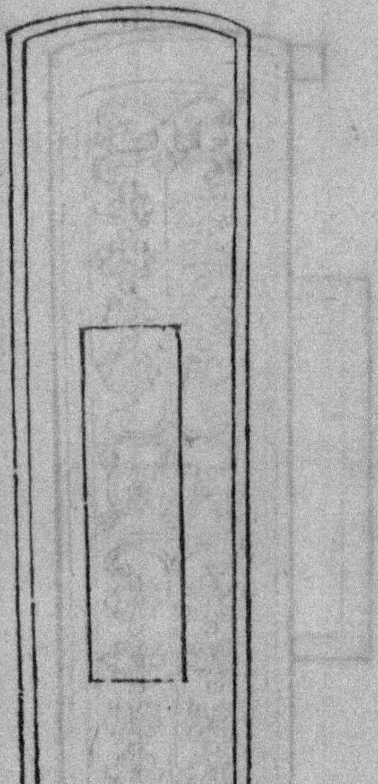

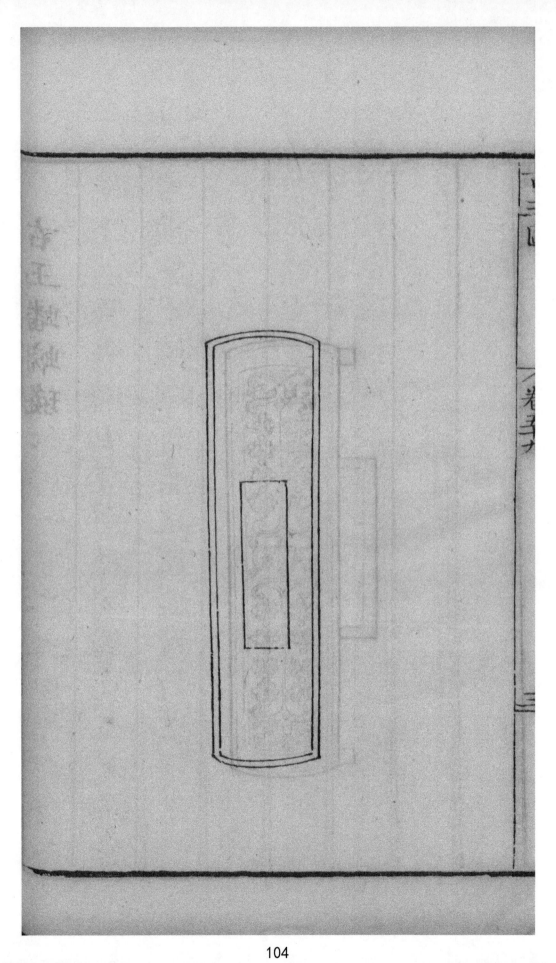

右璏長七寸一分濶一寸高七分厚二分二厘玉色瑩白璊斑勻布瑑刻蟠螭之文縟麗可愛然乏商周朴素之制追漢物也

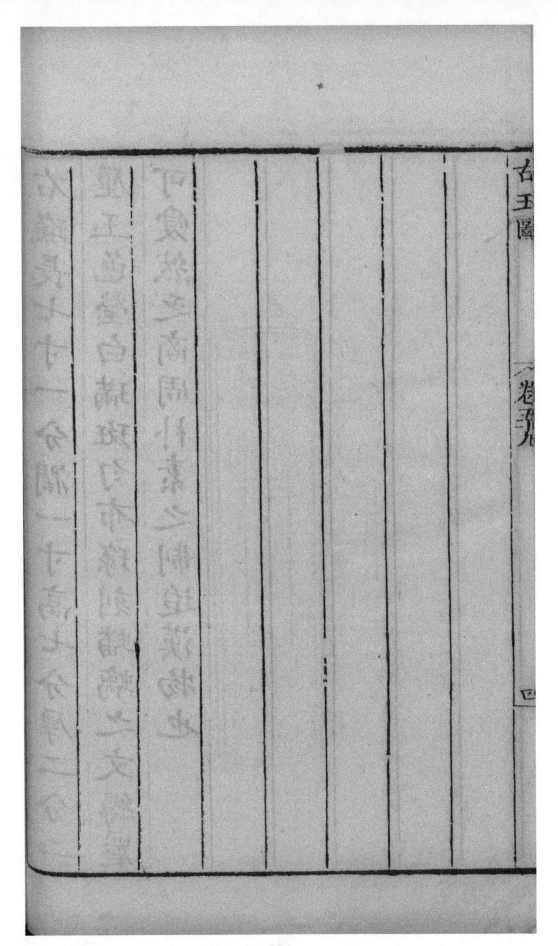

古玉蟠螭璏 二

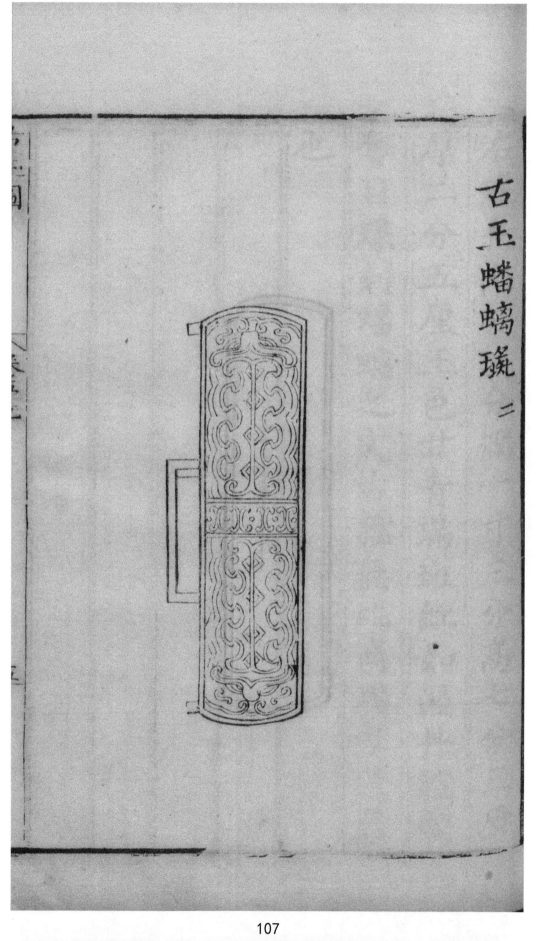

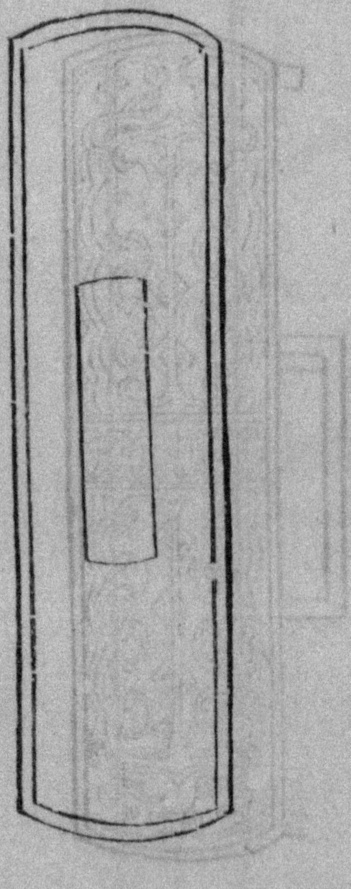

右璏長七寸二分濶一寸三分高七分三厘厚二分五厘玉色甘青璊斑紅如渥丹縕爛奪目瑑刻蟠螭之文古雅無比商周之遺器也

右璲長七寸二分闊一寸三分高七分三厘
厚三分玉色甘青褐斑紅如漢井澄瀾
賽目錄刻蟠螭文古雅無比商周之遺器
也

古玉臥蠶璏一

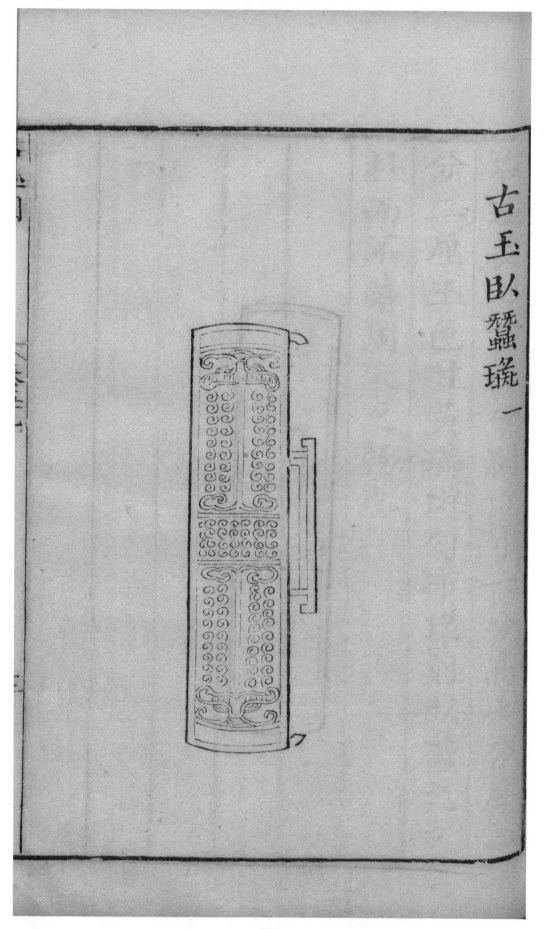

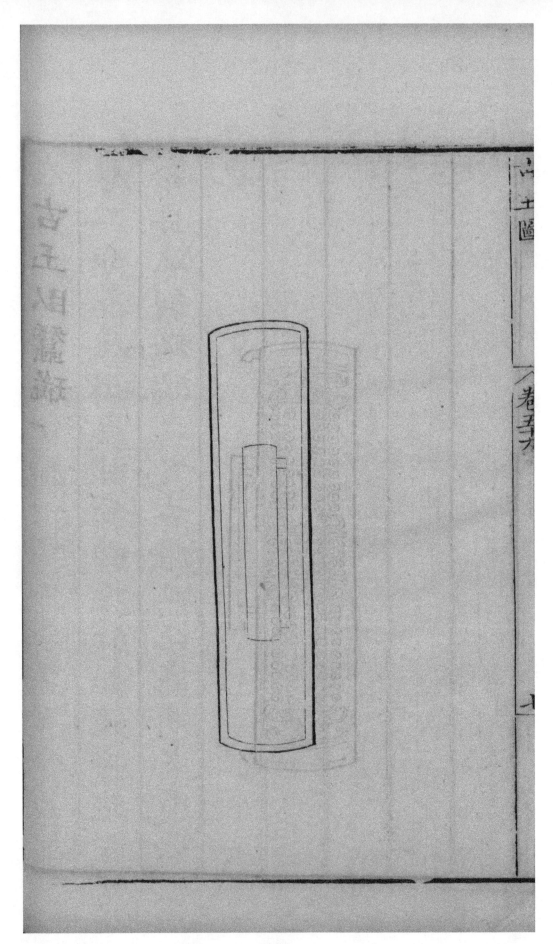

右璘長七寸六分濶一寸一分高七分厚二分二厘玉色甘黄瑪斑匀布瑑刻臥蠶之文朴而不華周末之物也

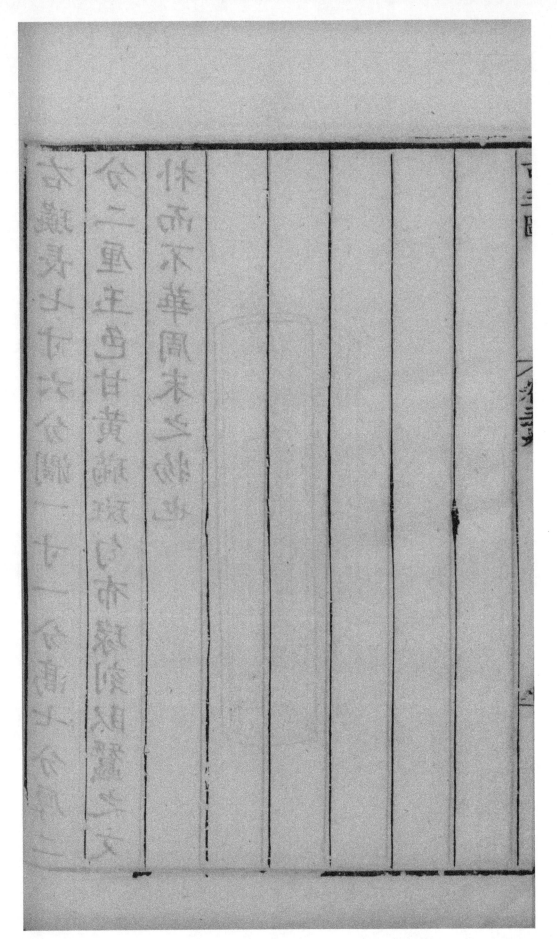

古玉臥蠶璏二

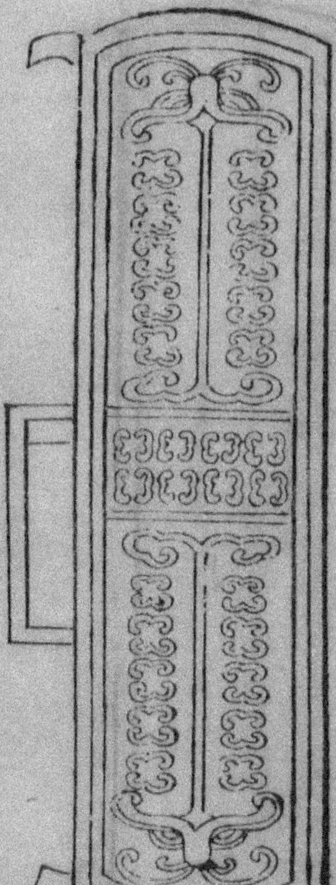

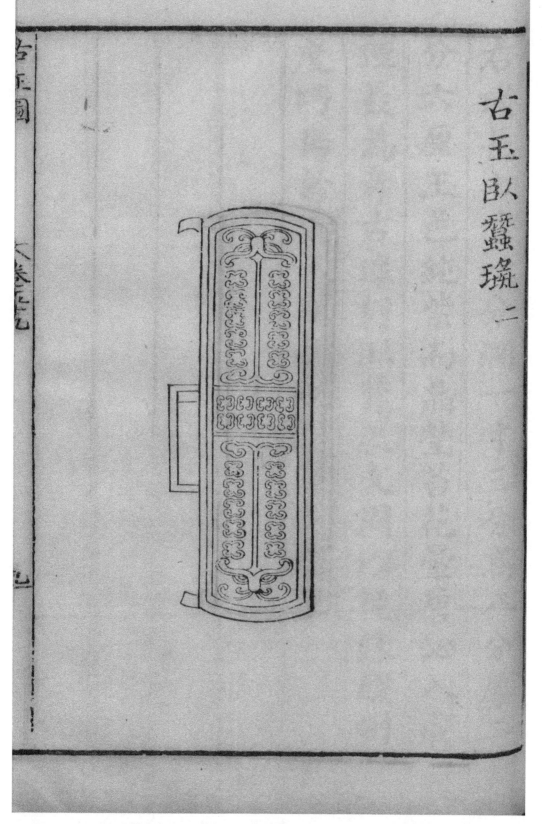

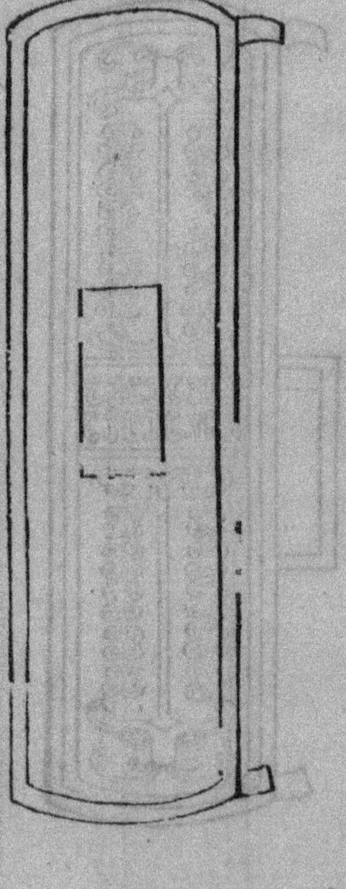

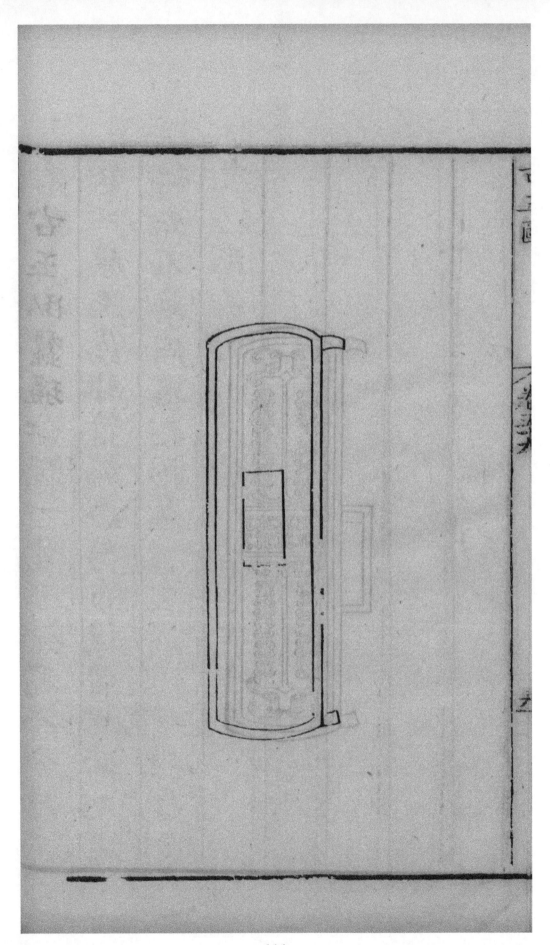

右璏長七寸一分濶一寸三分高八分厚二分六厘玉色純紫而晶瑩苔花暈碧沁入膚理最為奇古琢刻臥蠶之文周以連珠觀制度巧傷於質蓋漢物也

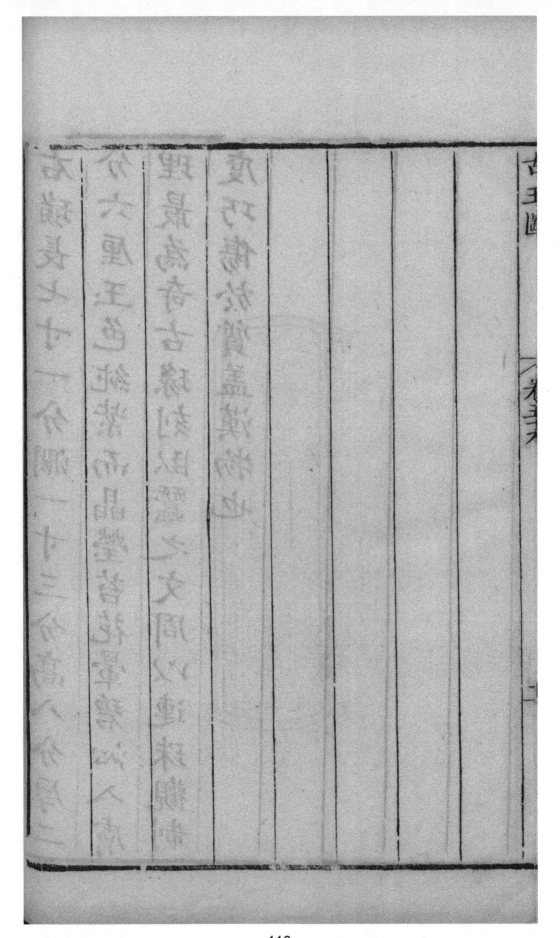

古玉臥蠶璏 三

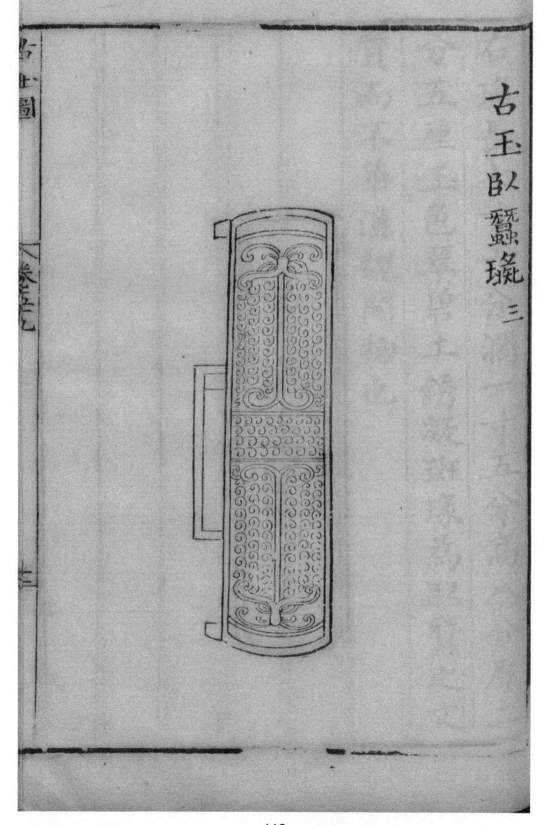

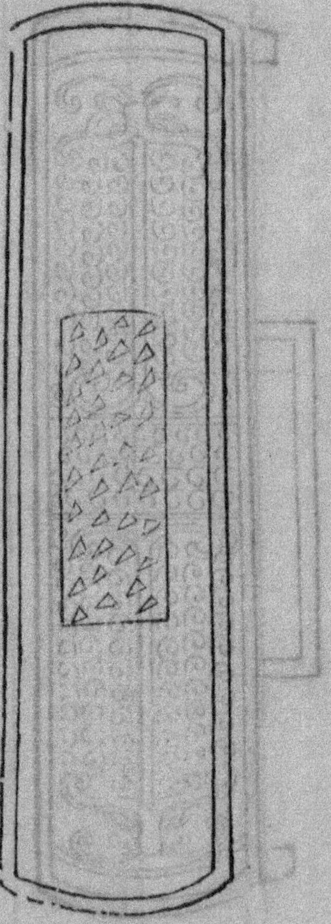

右璲長七寸六分濶一寸五分高八分厚二分五厘玉色翠碧土銹凝斑瑑為臥蠶之文質而不華漢魏間物也

宋淳熙敕編古玉圖譜第五十九冊 終

宋淳熙敕編古玉圖譜第六十冊

古玉蟠虬璏

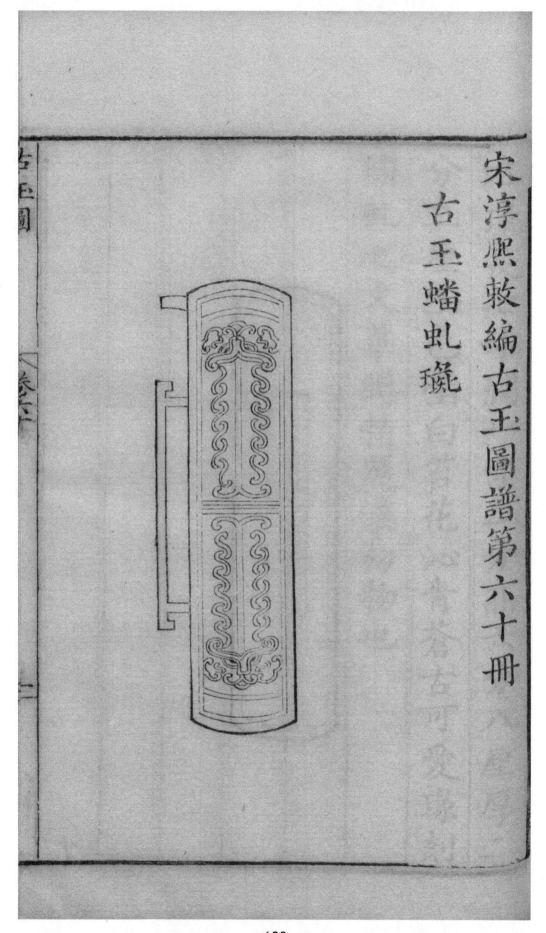

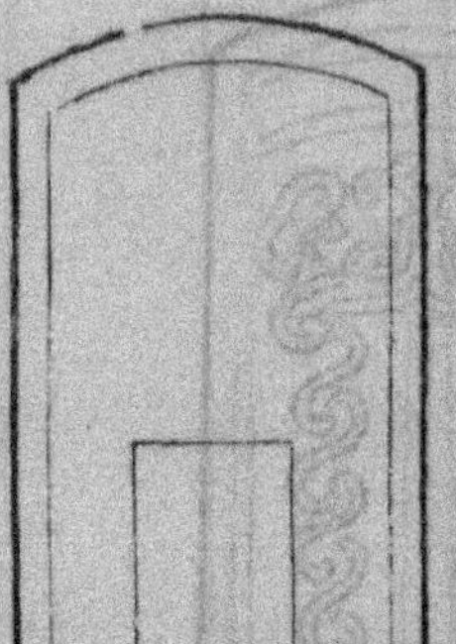

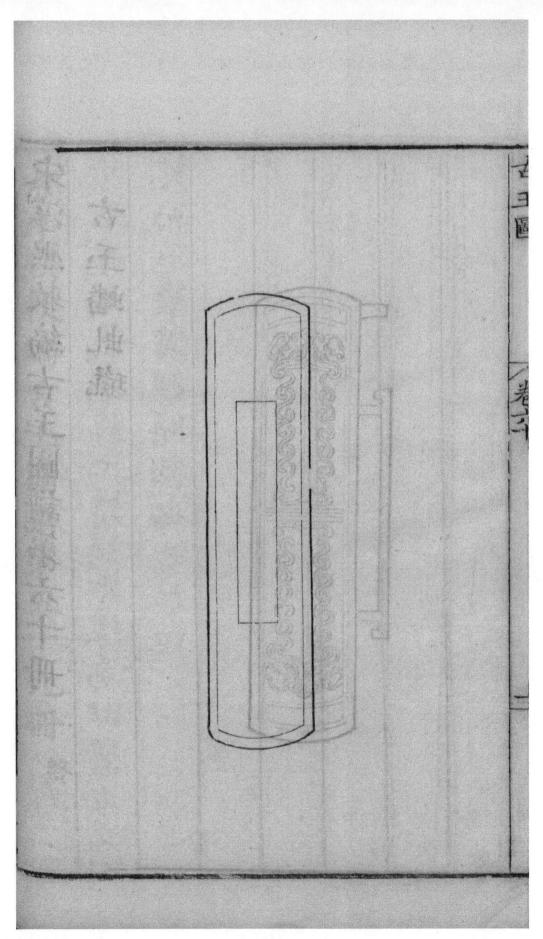

右璏長七寸濶一寸二分高六分八厘厚二分二厘玉色瑩白菭花沁青蒼古可愛瑑刻蟠虯之文華縟精麗漢初物也

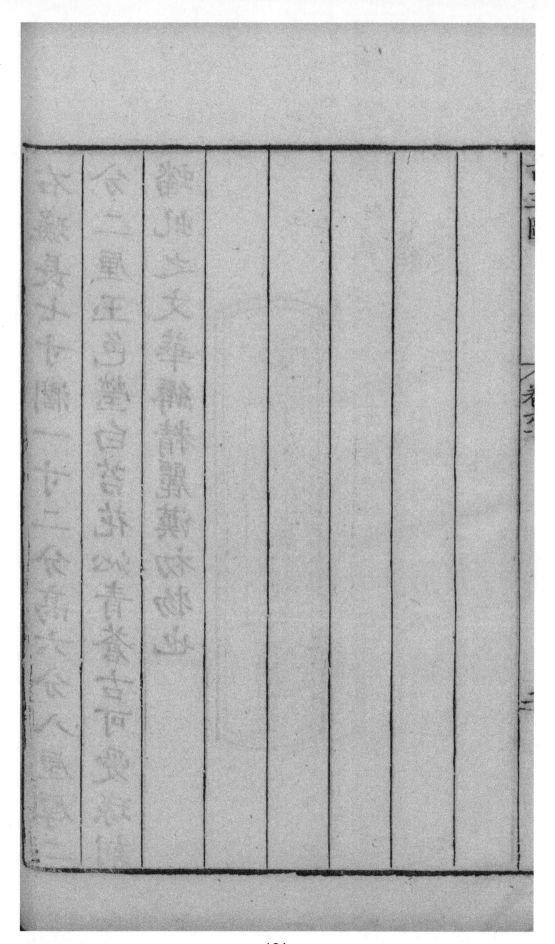

古玉雷文璏一

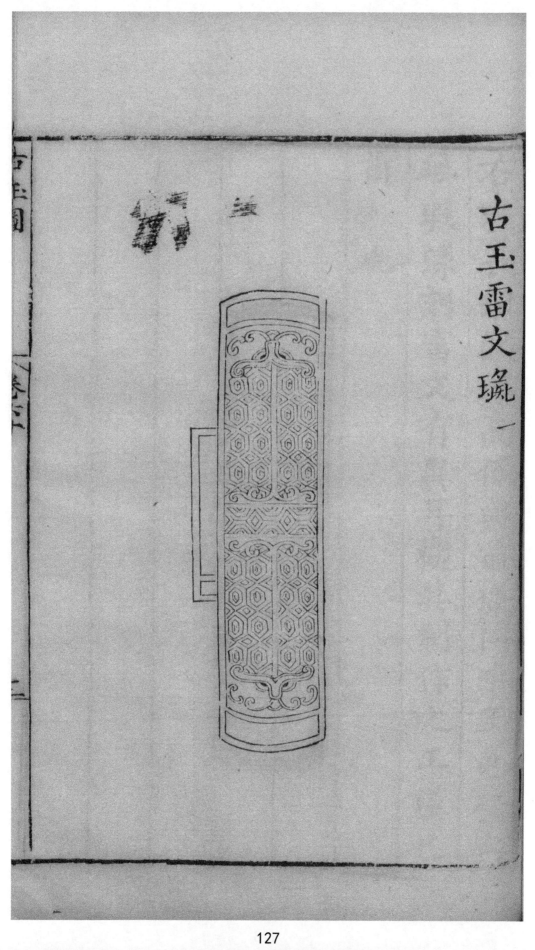

右瓛長短濶厚高低與前瓛同唯玉色瑩白無瑕瑑刻雷文有異耳觀其制作之工漢已前物也

古玉雷文璏 二

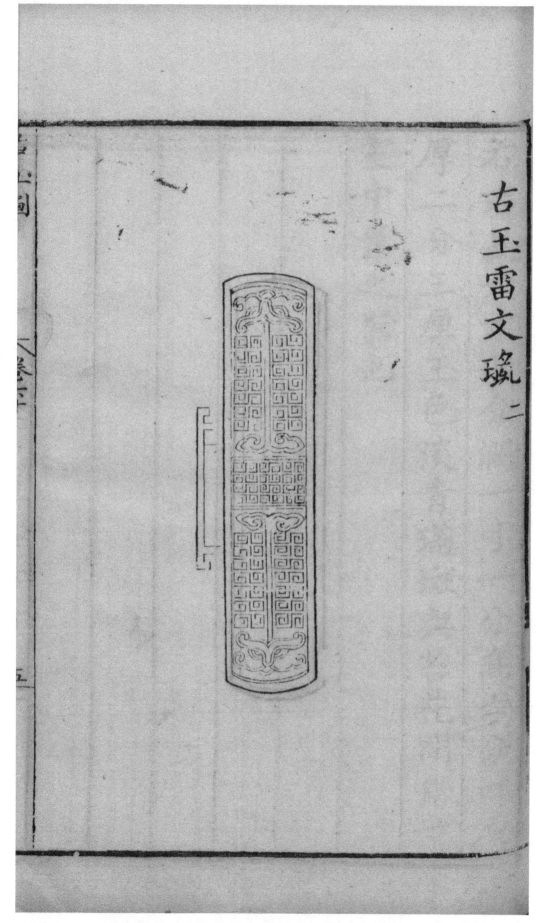

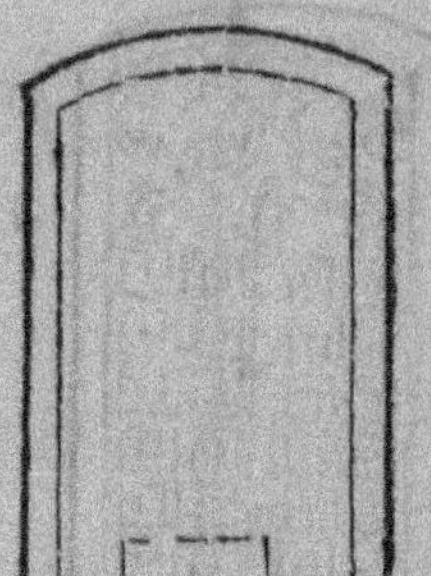

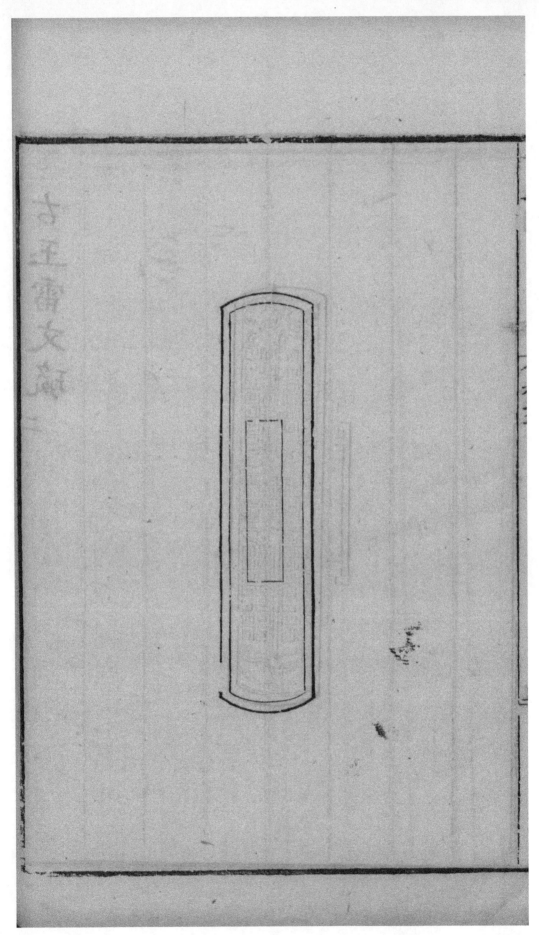

右璏長六寸七分濶一寸一分高六分四釐厚二分三釐玉色淡青璊斑與苔花間錯漢室中葉之器也

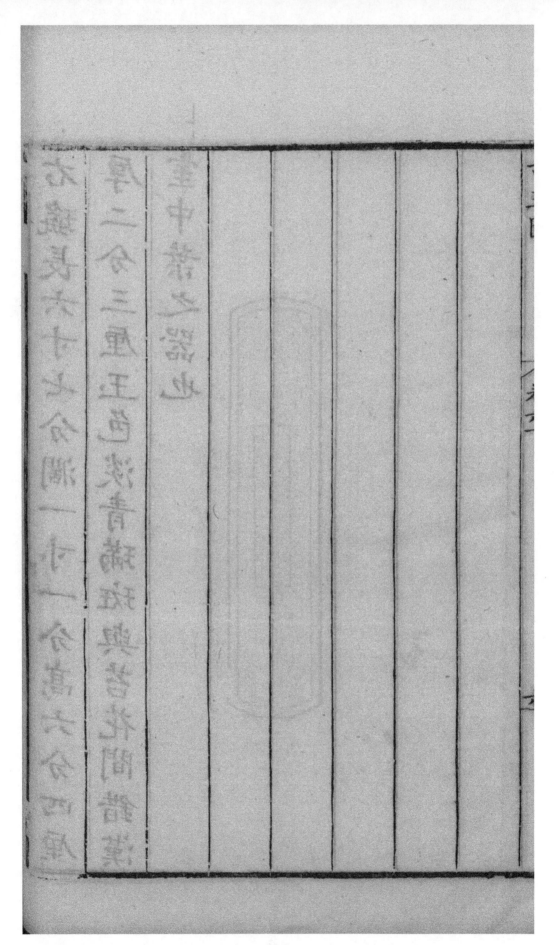

古玉玉瑣文璏

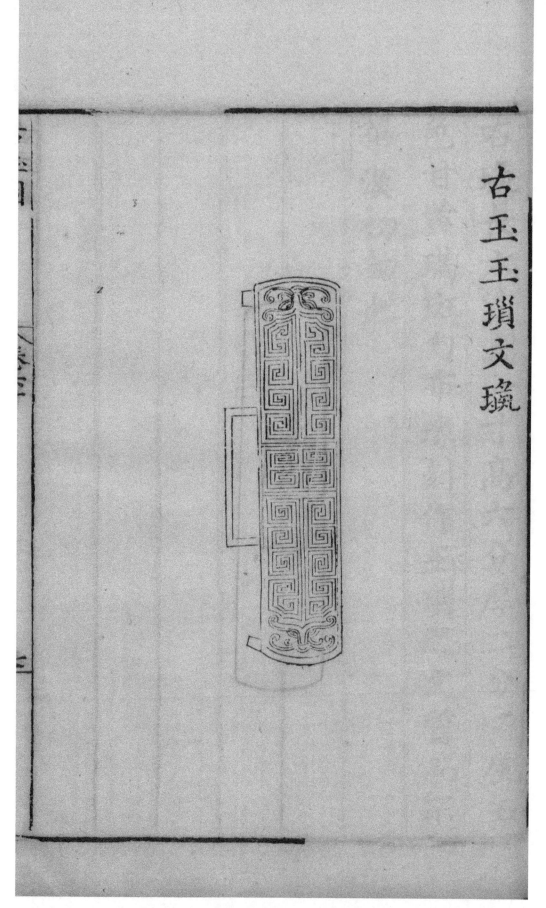

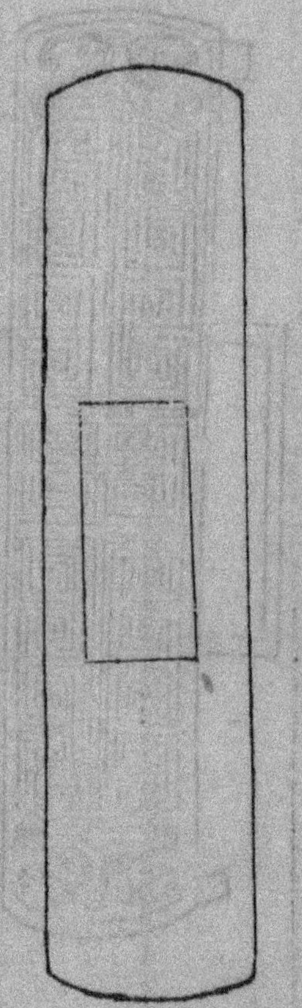

右璏長六寸濶一寸高六分厚二分四厘玉色甘黃璊斑匀布瑑刻作玉瓚之文質而不華漢初物也

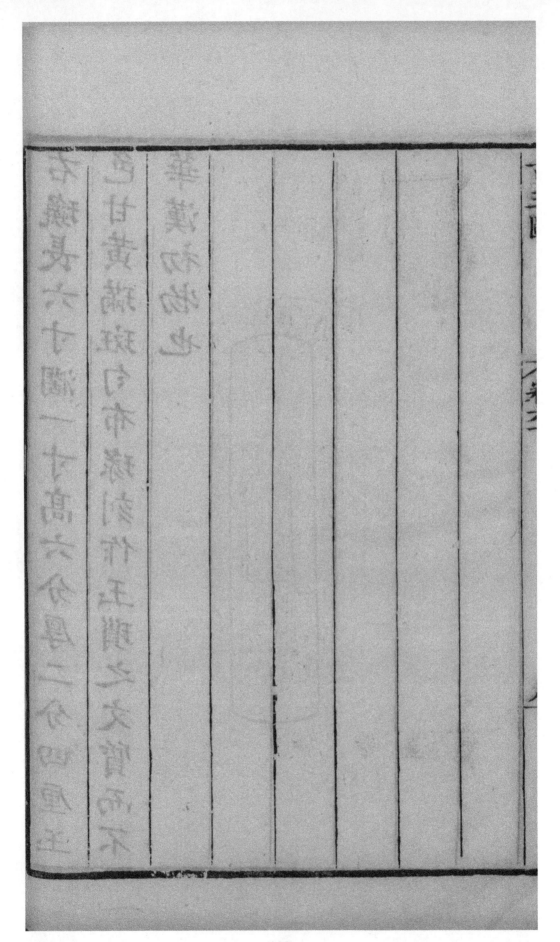

古玉虎首雷文璏

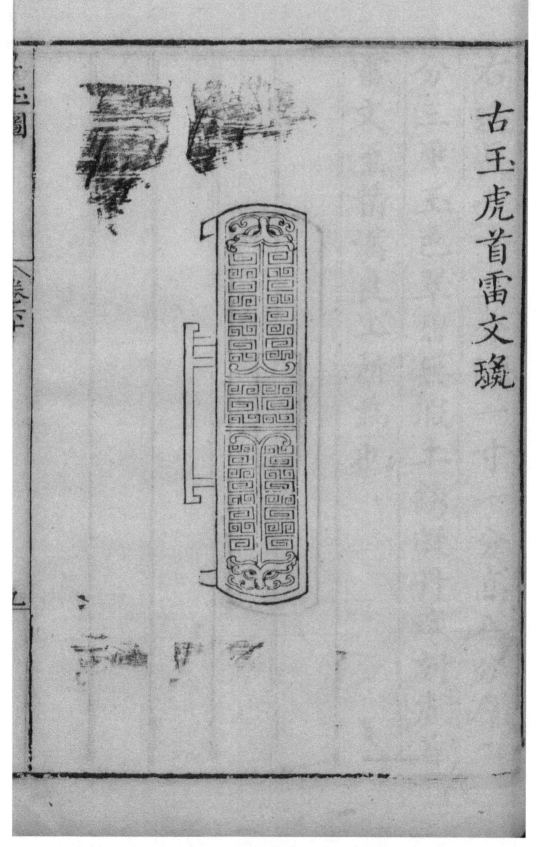

古玉虎首雷文璏

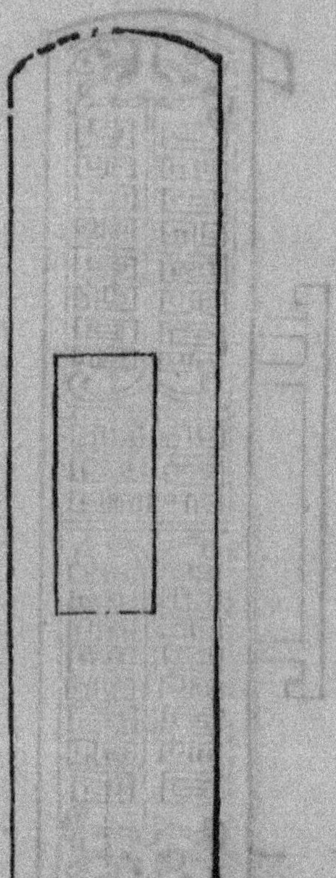

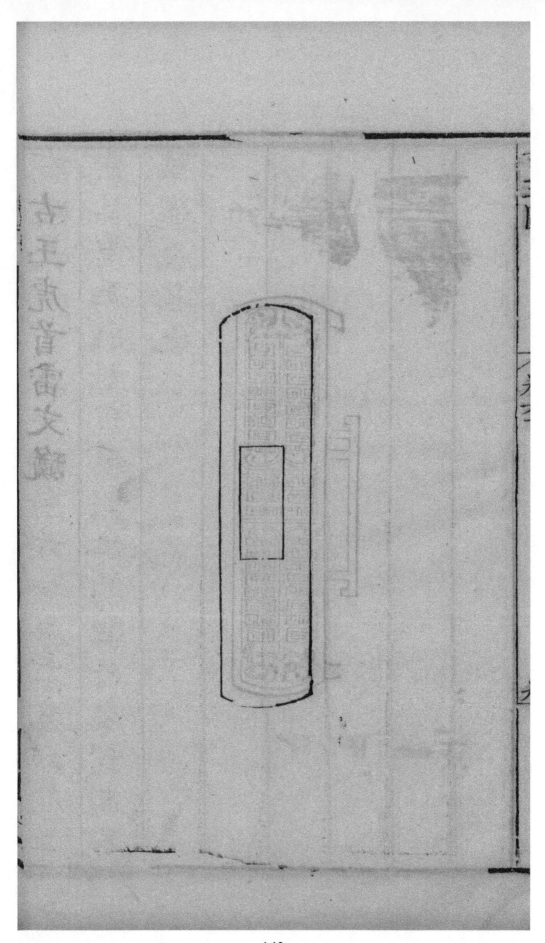

右璏長七寸二分濶一寸一分高八分厚二分三厘玉色翠碧無瑕土銹凝丹璏刻虎首雷文至精漢良工所為也

古玉虎首蠶文璏

古玉虎首蠶文琫

右璏長短濶厚悉同前玉色純紫璊斑勻點
璏以虎首蠶文質朴無華周末漢初之物

宋淳熙敕編古玉圖譜第六十冊 終

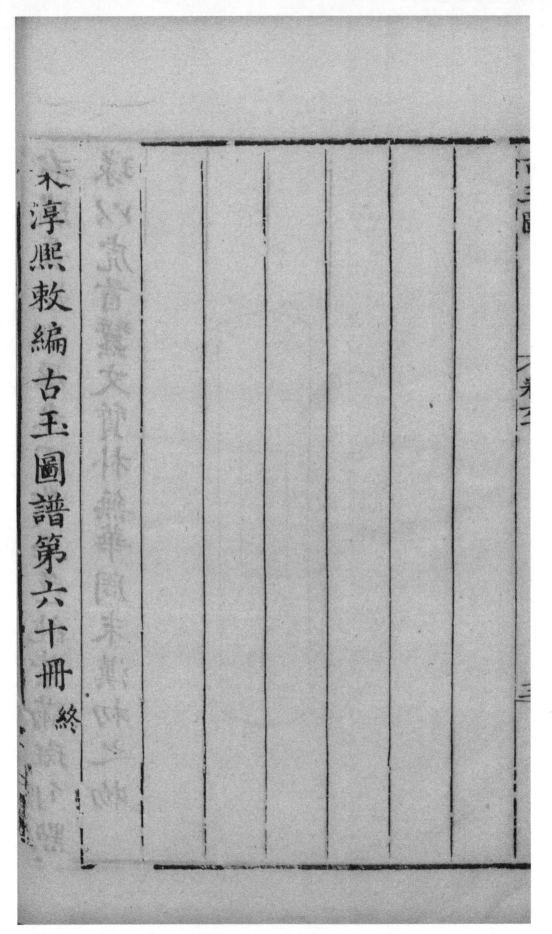

古玉圖譜

十一

宋淳熙敕編古玉圖譜第六十一册

古玉弁叙

右釵長八寸一分首作六方大小雷文為飾
周身朴素無文即古冠之簪導也商周之遺
物歟

物鈕

周身朴素無文印古茂之舊譜也此周之璽

右鈕長八廿一分首作大方大小篆文字體

右敘長九寸二分體作六方玉色纖白而晶瑩周身刻以雲霞細入毫髮非漢室之良工安能辦此

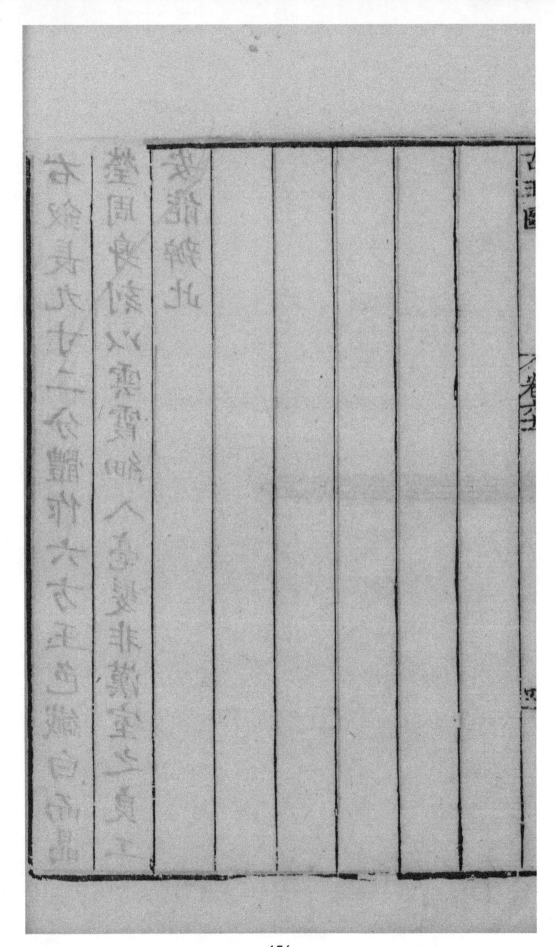

古香玉龍頭通氣叙

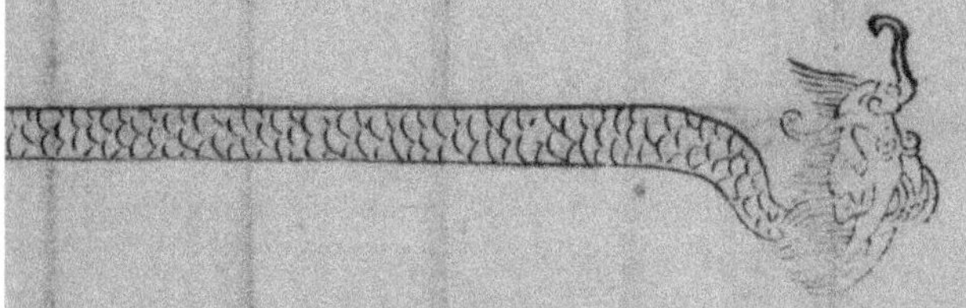

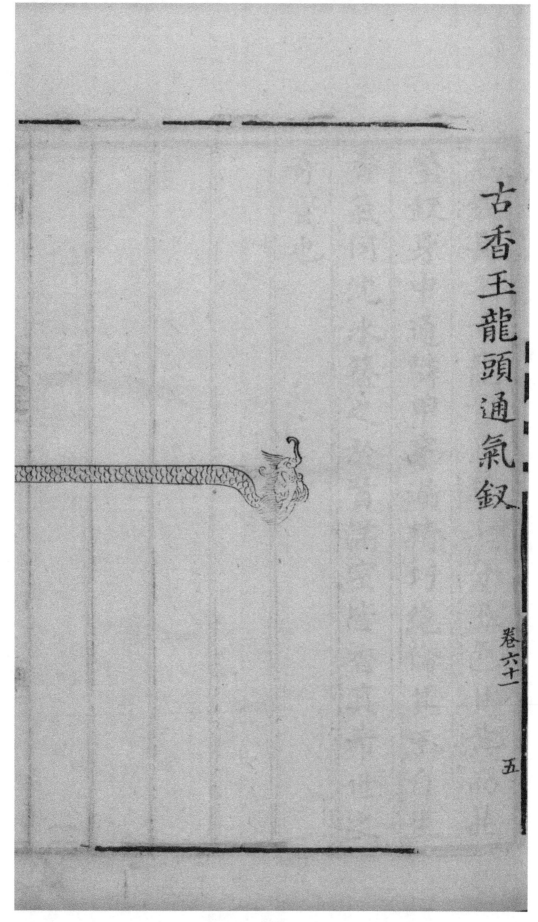

右釵長七寸龍首昂起七分玉色甘黄而晶瑩釵身中通鱗甲穿漏精巧絶倫其玉自生香氣同沈水簪之於首滿室皆香真希世之奇寶也

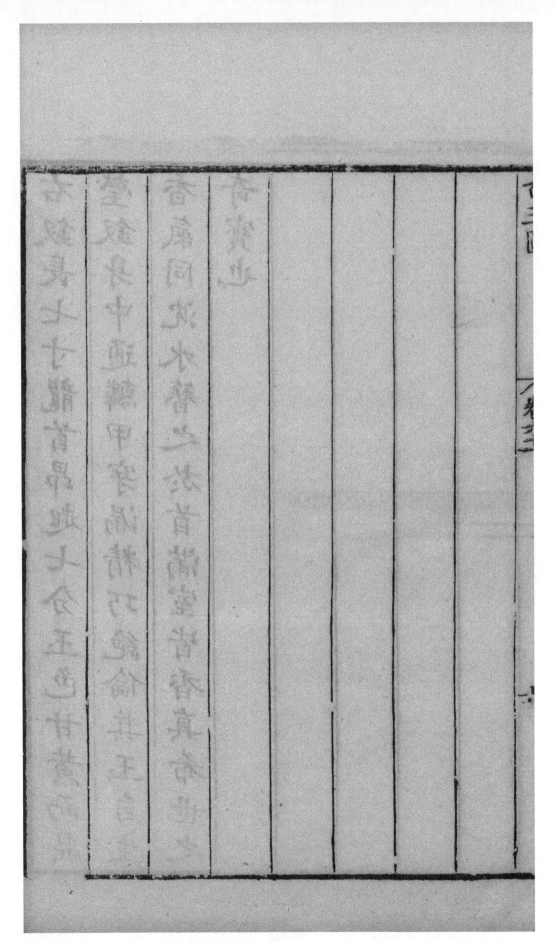

古紫玉燕釵

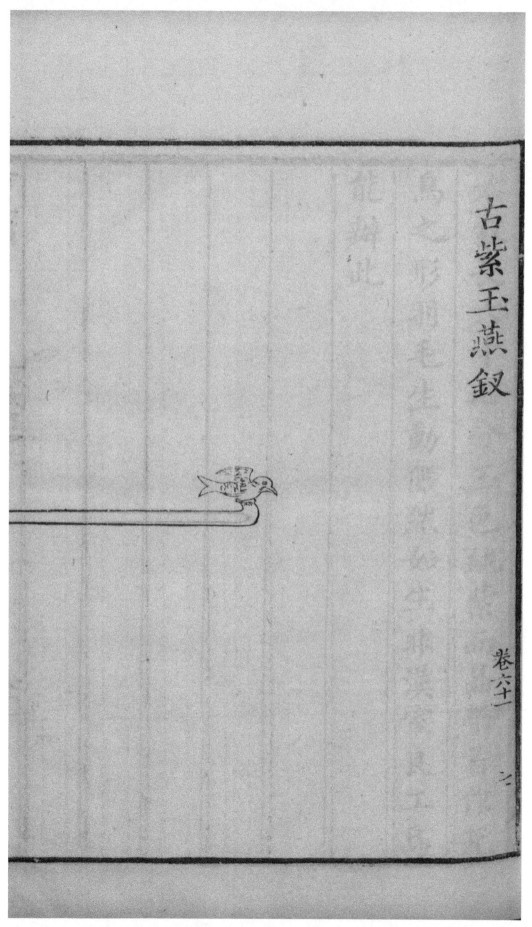

右叙長六寸七分玉色純紫而晶瑩首作元鳥之形羽毛生動儼然如生非漢室良工烏能辨此

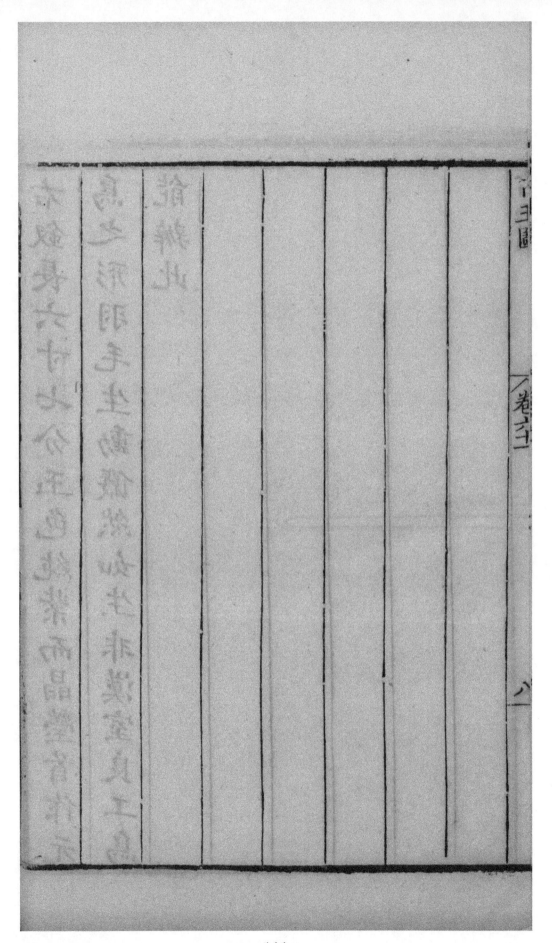

古碧玉中通竹根釵

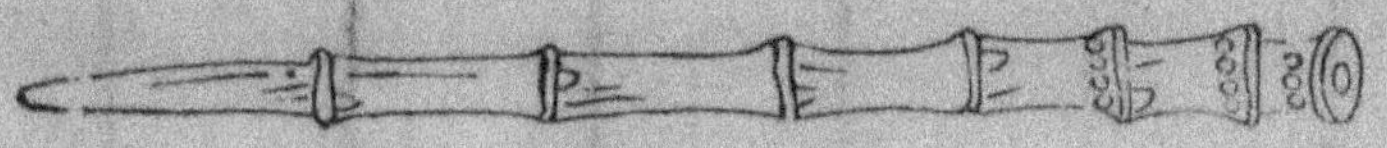

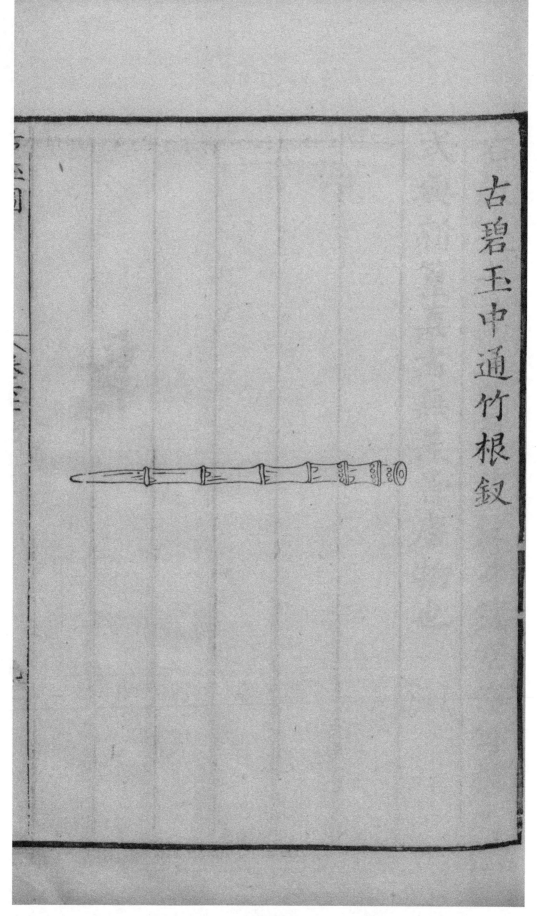

右釵長七寸玉色翠碧釵身鏤空作竹根之式與新篁真者無差晉唐物也

古玉五采鳳頭釵

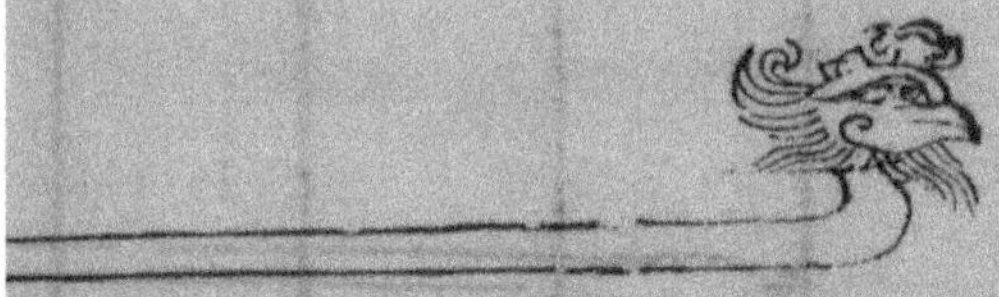

右釵長六寸四分玉色瑩白無瑕釵首作鳳頭之形毛羽冠喙如生漢之遺器也

宋淳熙敕編古玉圖譜第六十一冊 終

宋淳熙敕編古玉圖譜第六十二册

古玉雙魚佩一

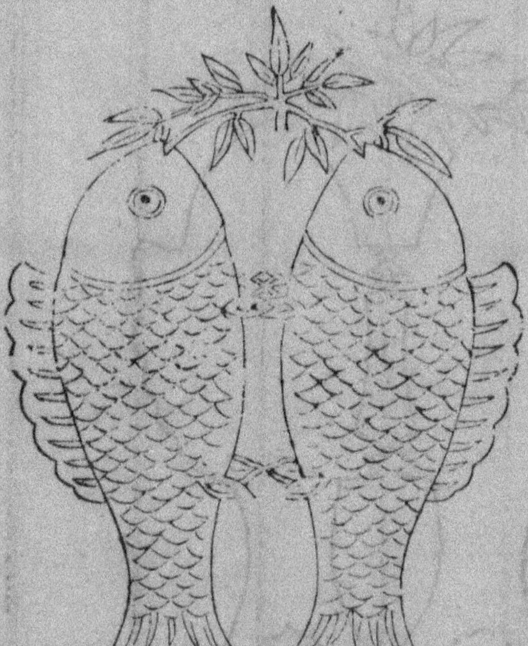

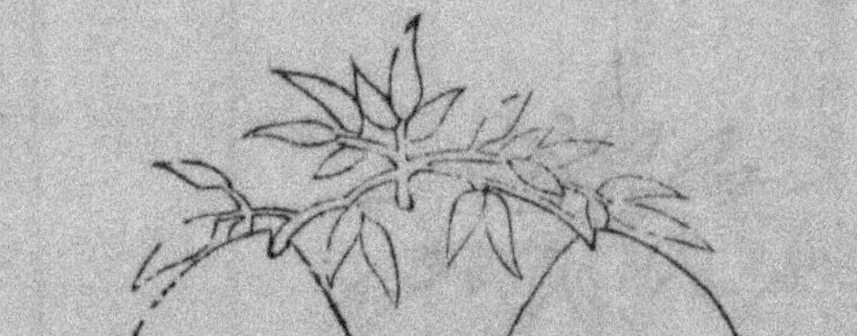

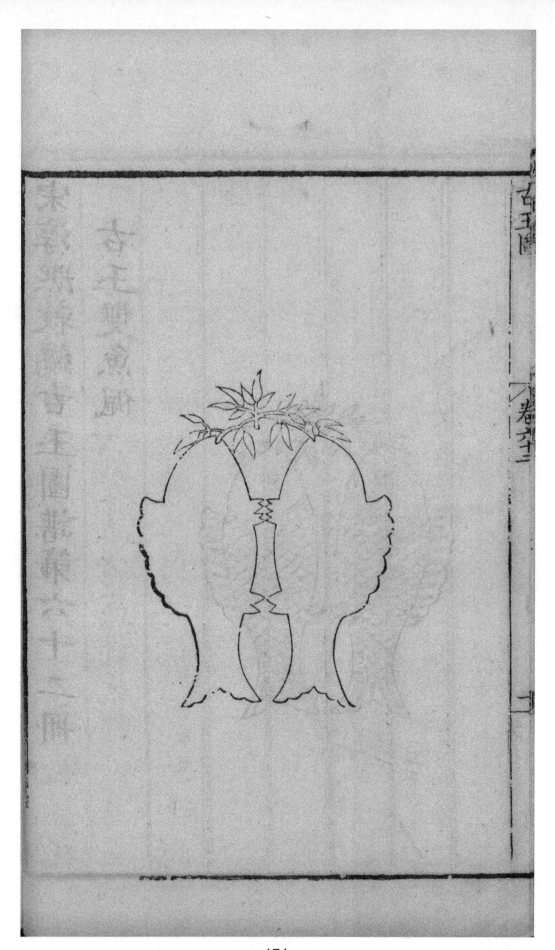

右佩長二寸三分濶二寸厚三分三厘玉色甘青無瑕瑑刻作雙魚對糾貫之以柳兩面琱文皆同其製作精工過於前珮必魏晉間之物也

口玉雙魚佩 二兩面琱文同

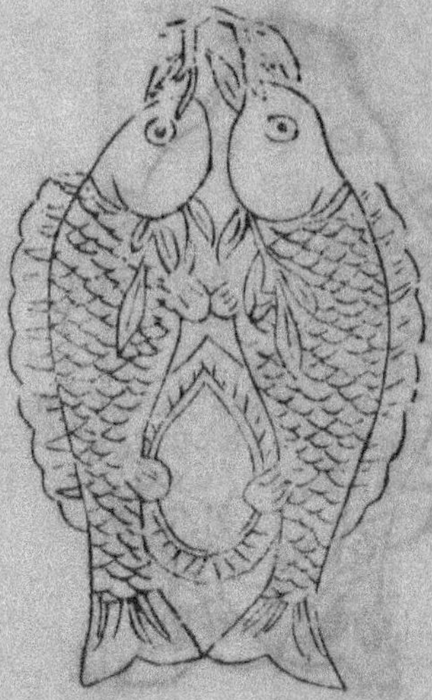

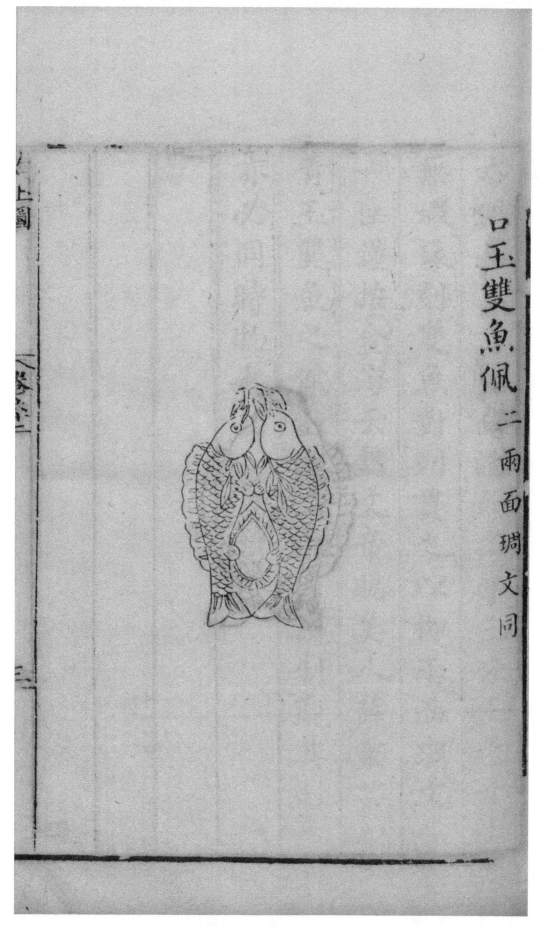

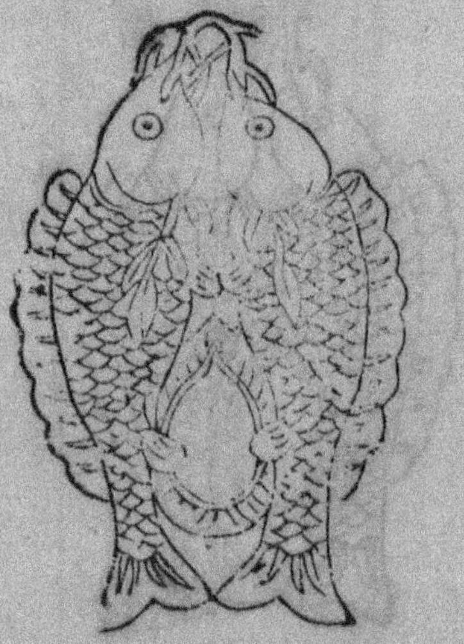

右佩長二寸七分濶如之厚三分玉色甘青無瑕瑑刻雙魚對列貫之以柳兩面琱文如一臣謹按金海云魏文帝賜美人薛靈芸以青玉雙魚之佩雖未必即同魏制覩其制作亦必同時物也

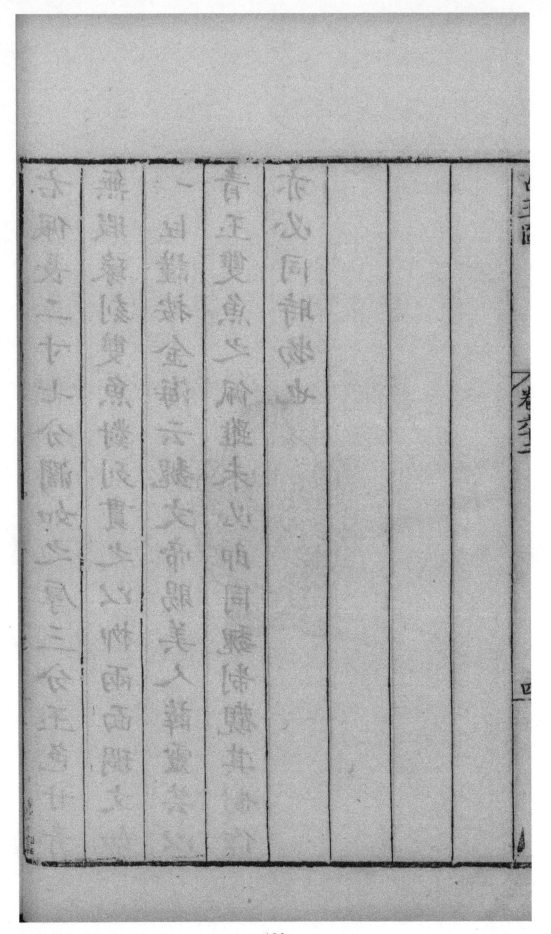

古玉雙鸞佩

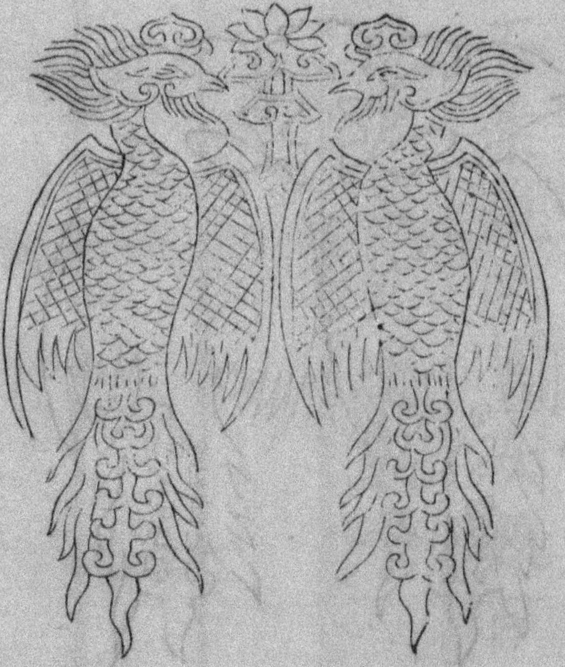

右佩長三寸二分濶三寸六分厚二分四厘
玉色微紅無瑕璏刻雙鸞銜花對列臣謹按
名山藏記云石崇後閤美女數百人皆帶美
玉鳳鸞之佩此佩盖其遺製乎

古玉雙鸞佩 二 兩面琱文同

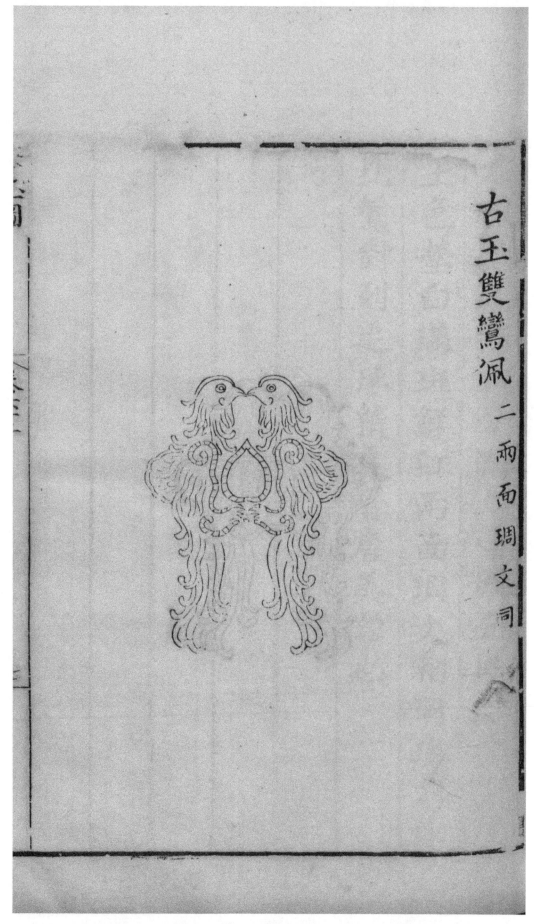

右佩長二寸六分濶二寸四分厚二分五厘
玉色瑩白璊斑鮮紅兩面琱文相同瑑刻作
雙鸞對列追琢精良晉唐美器也

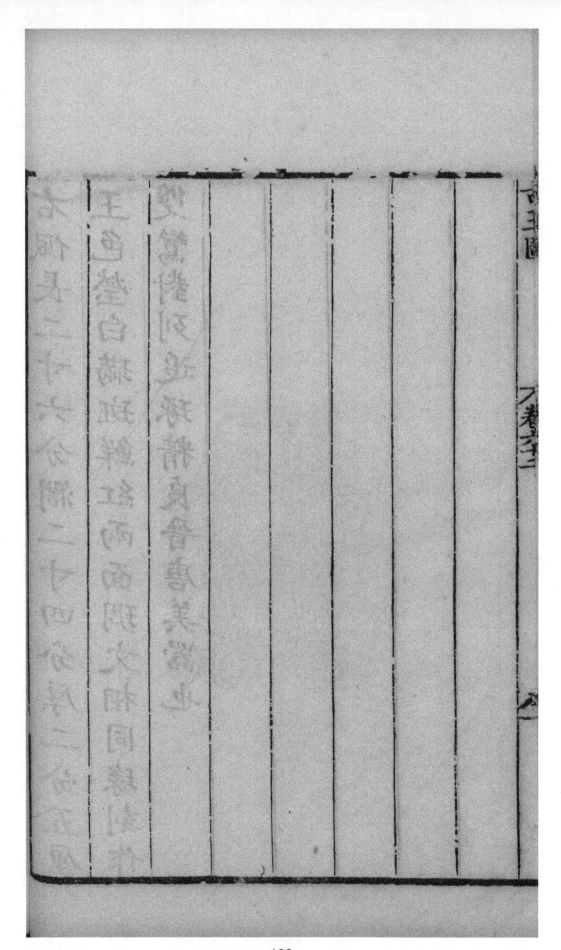

古玉雙螭玦

右玦長二寸四分濶二寸三分厚三分玉色瑩白璊斑勻布瑑刻作雙螭上下蟠曲蜿蜒如生臣謹按許慎說文云環之不周者曰玦廣韻云玦者佩如環而缺逐臣待命於境賜環則還賜玦則絶義取决别故晉獻公賜太子申生以玦是也又君子思還則佩環思决則佩玦咸有深意於斯

則佩玦咸有深意於斯
子申生以玦是也又君子思還則佩環思决
環則還賜玦則絶義取决别故晉獻公賜太
廣韻云玦者佩如環而缺逐臣待命於境賜
如生臣議椎許慎說文云環之不周者曰玦
瑩白瑞斑包布痕刻作雙螭上下蟠曲婉蜒
右玦長三寸四分濶三寸三分厚三分玉色

古玉香草玦

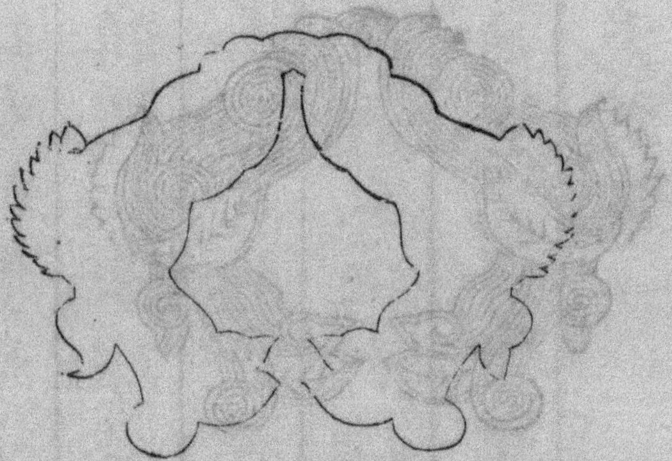

右玦長二寸六分濶如之厚三分玉色翠碧瑩淨無瑕瑑刻作糾結香草之形鬱葱可愛制作之美三代之良工歟

宋淳熙敕編古玉圖譜第六十二冊 終

宋淳熙敕編古玉圖譜第六十三册

古玉蝴蝶玦 兩面琱文同

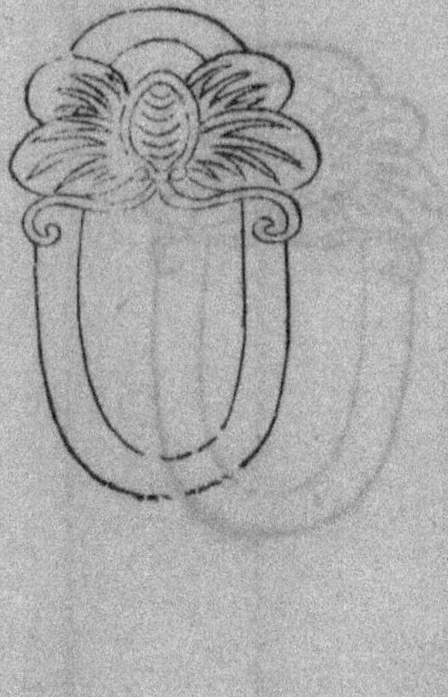

古玉蝴蝶玦兩面文同

宋淳熙敕編古玉圖譜卷六十三 冊

右玦長一寸五分濶九分厚三分三厘玉色

瑩白璊斑丹元瑑刻作蝴蝶開翅飛揚之狀

刻手精良乃漢物也兩面琱文同

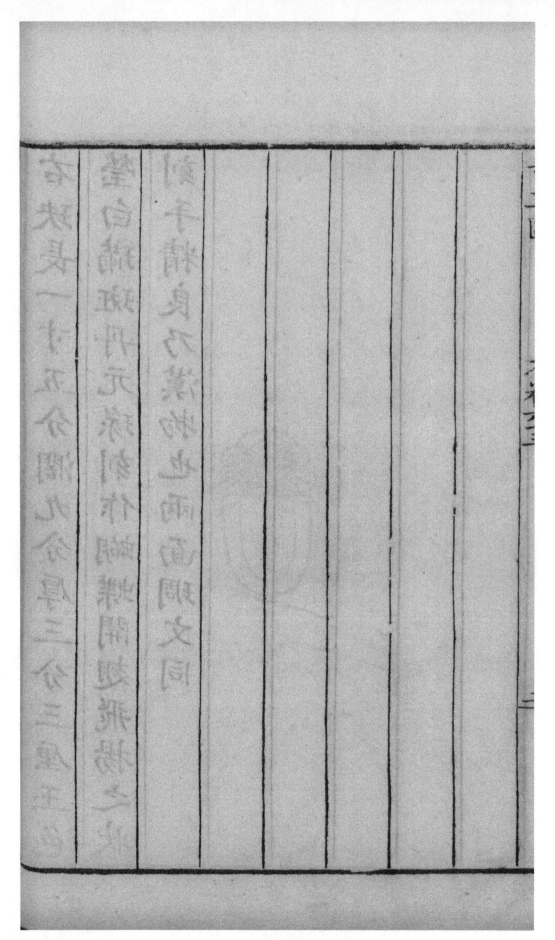

古玉夔龍玦

兩面琱文同

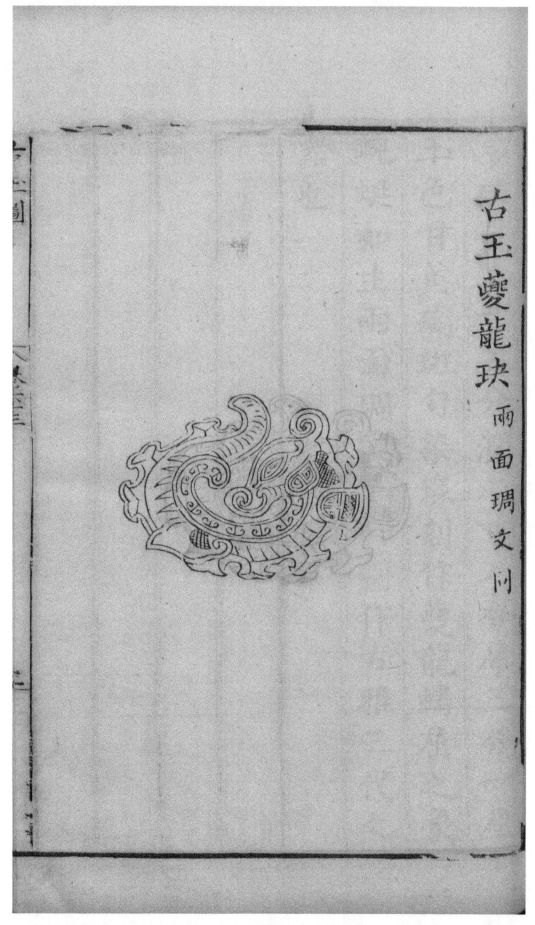

右玦長二寸五分濶二寸八分厚三分一厘
玉色甘黄璊斑勻染瑑刻作夔龍蟠屈之象
蜿蜒如生兩面琱文如一制作古雅三代之
器也

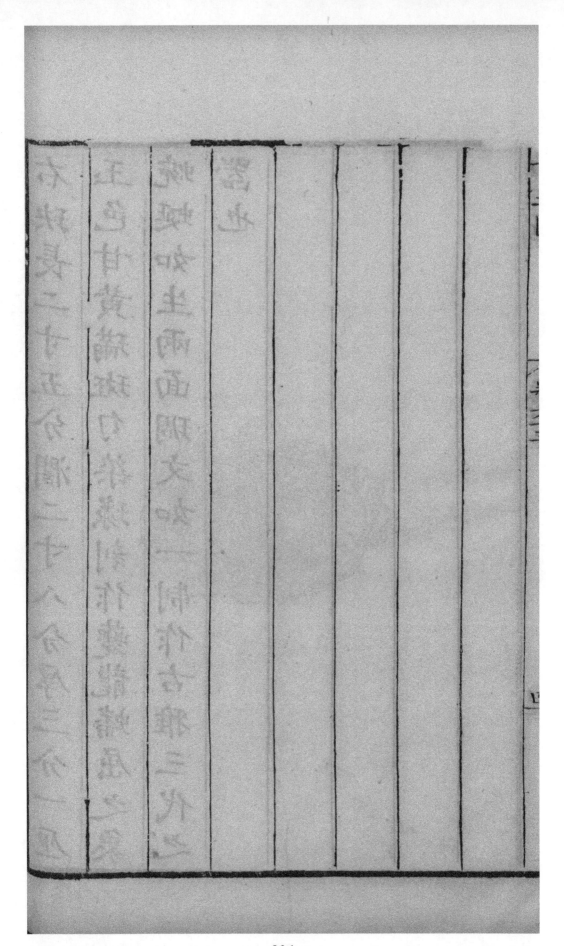

古玉綯紐玦兩面琱文同

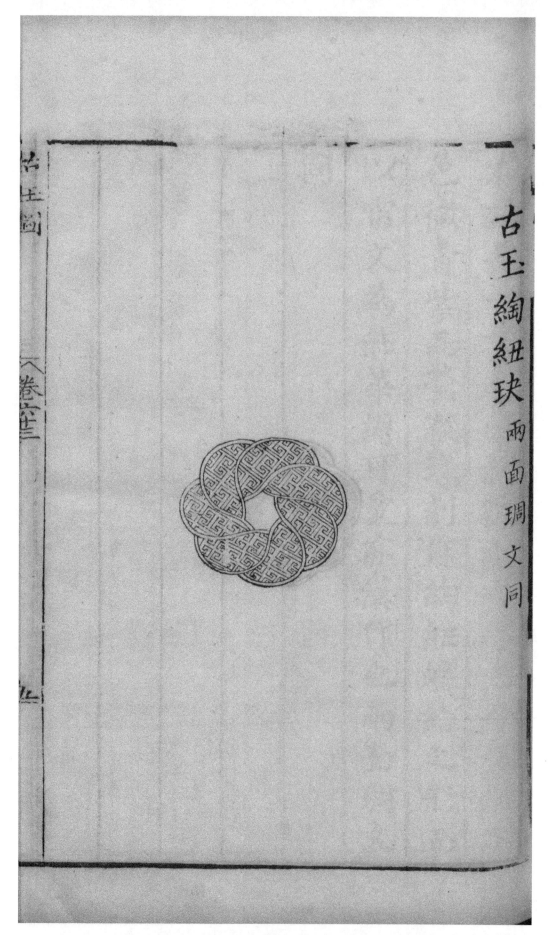

右玦長一寸八分濶徑如之厚三分三厘玉色黴青紫而瑩澈瑑刻作綯紐蟠結之形而以雷文為飾華縟可愛亦漢作也兩面琱文同

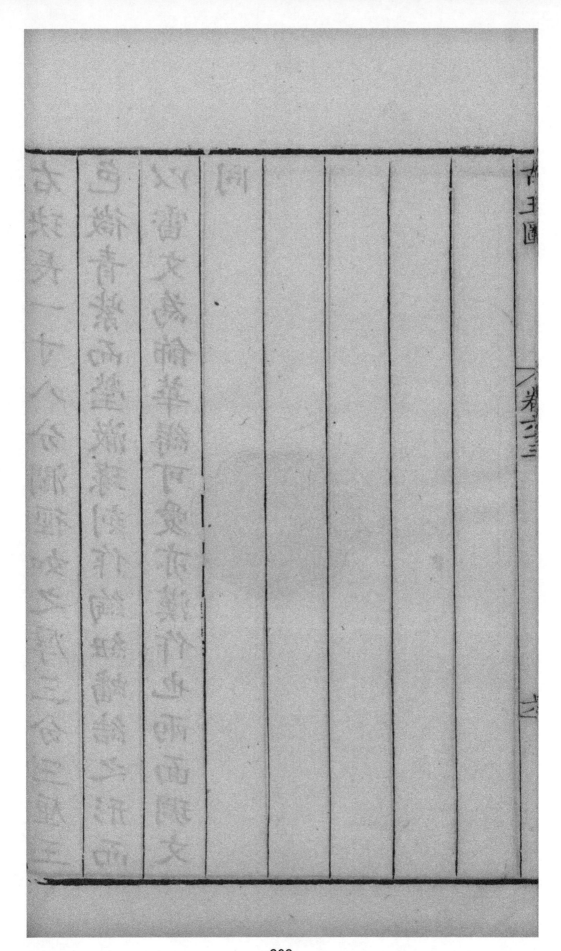

古玉蟠螭玦 兩面琱文同

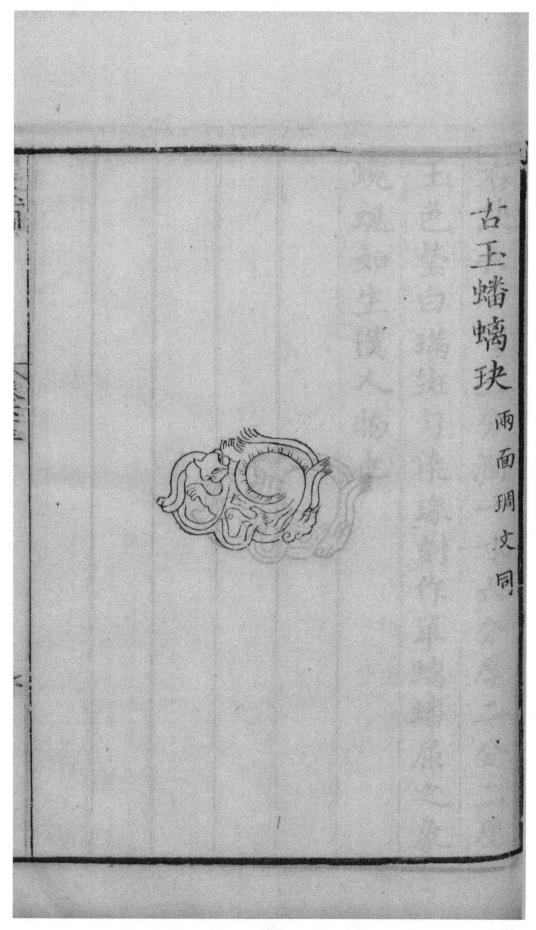

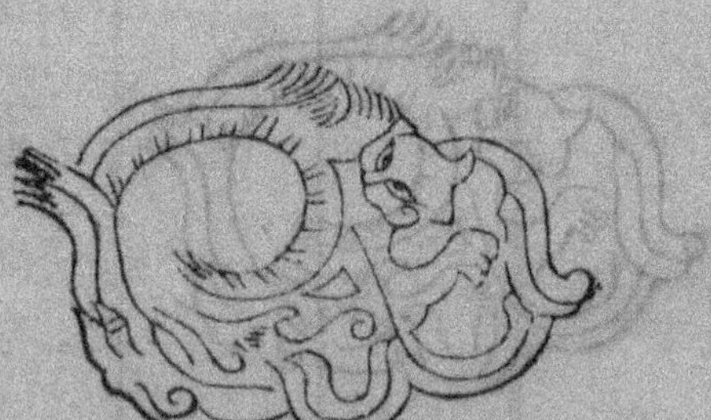

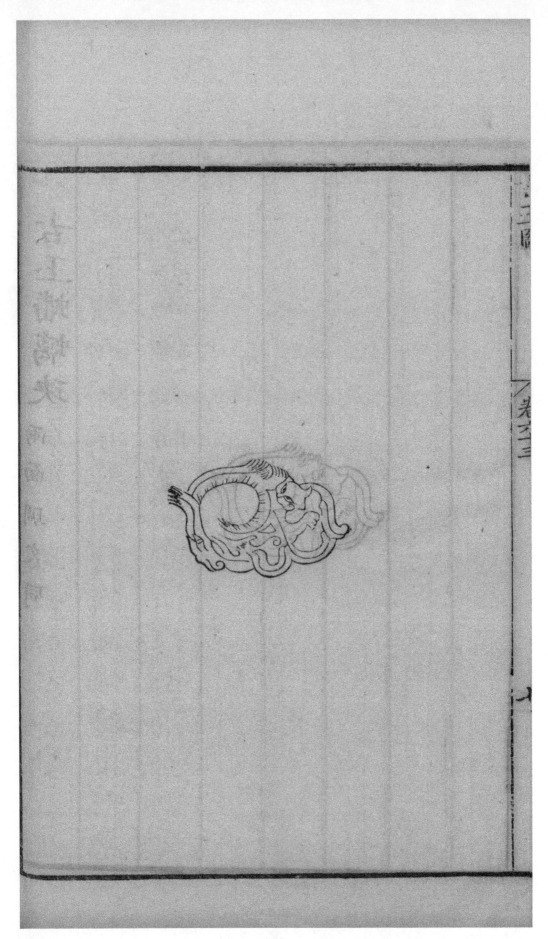

右玦長一寸三分濶一寸六分厚二分二厘
玉色瑩白璊斑匀染瑑刻作單螭蟠屈之象
蜿蜒如生漢人物也

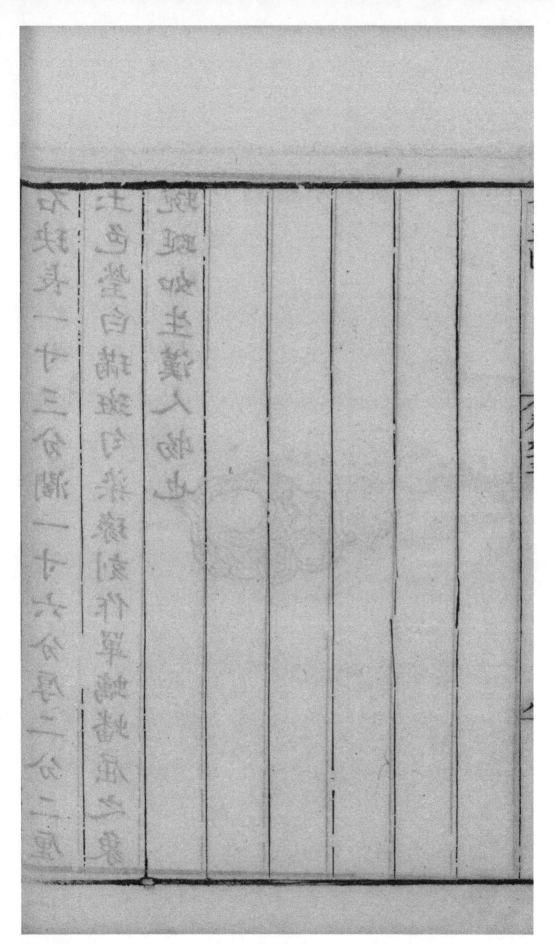

古玉太乙負螭玦 兩面琱文同

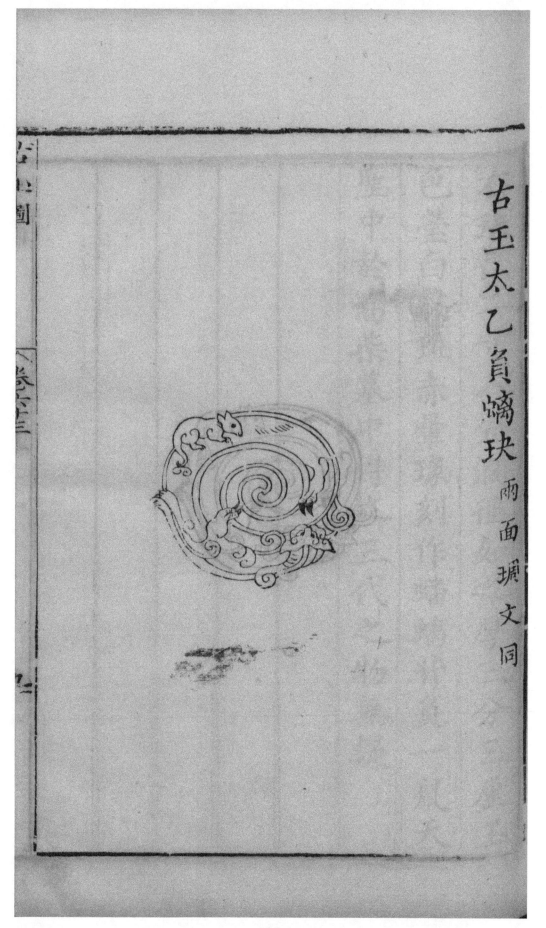

右玦長二寸八分濶徑如之厚三分三厘玉色瑩白瓗斑赤暈琢刻作蟠螭背負一鼠天聖中於髙柴墓中得之三代之物無疑

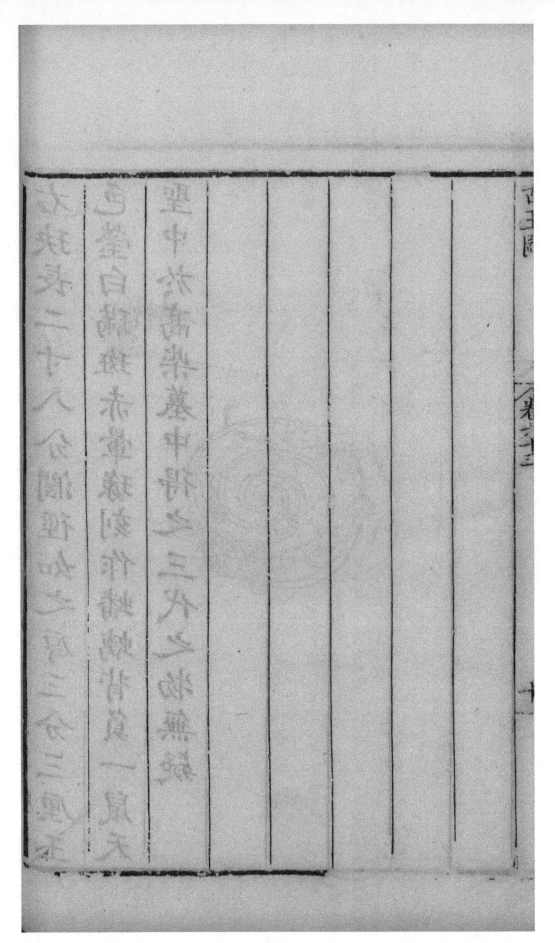

古玉單螭玦 琱文兩面同

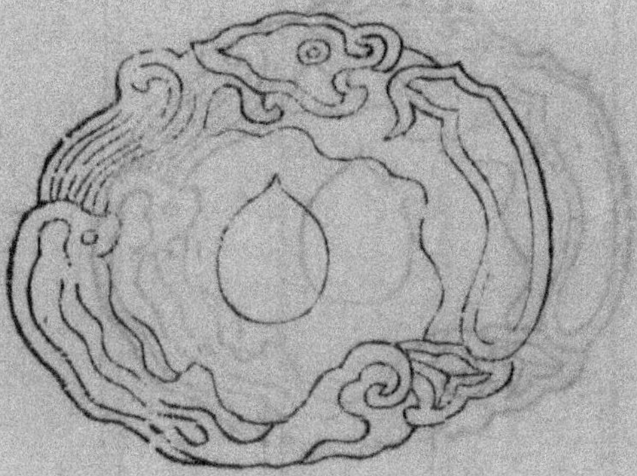

右玦長二寸濶徑如之厚三分玉色甘青無瑕瑑刻作單螭蟠曲之象漢之遺器也兩面琱文同

宋淳熙敕編古玉圖譜第六十三冊 終

宋淳熙敕編古玉圖譜第六十四冊

古玉元珉玦

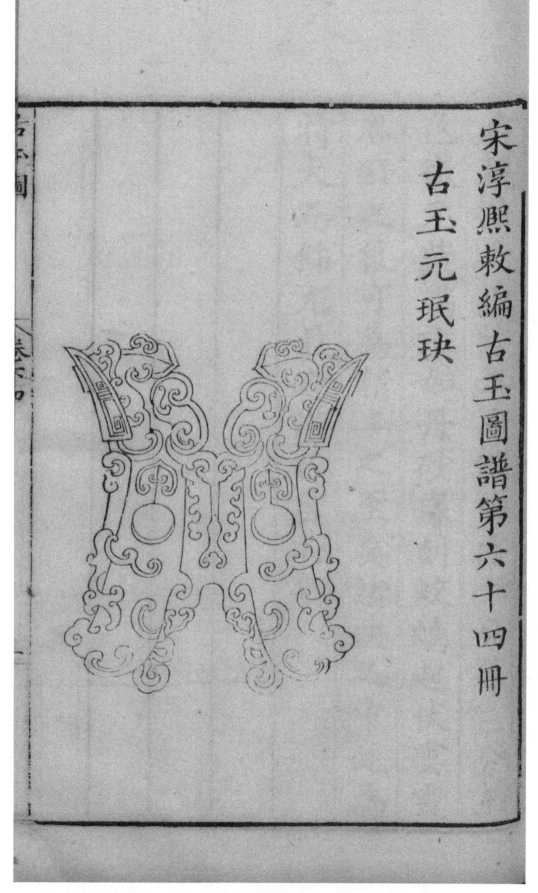

右珉玦長六寸二分濶四寸二分厚三分玉色微元紫璊斑如丹砂瑑刻蛟螭起伏雲霞卷舒之象可為精工之至矣諸玦之中此為特大而飾尤最奇漢已前物也

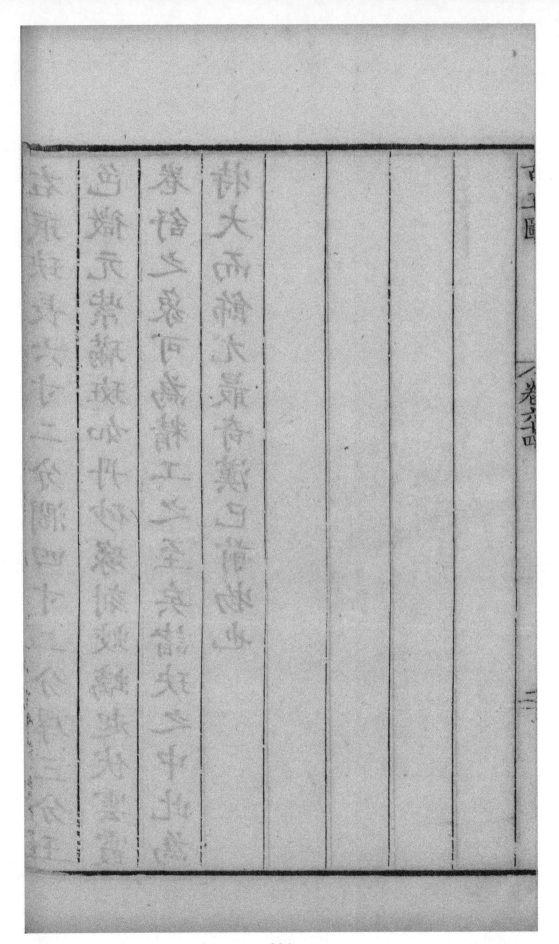

古玉文蟬玦

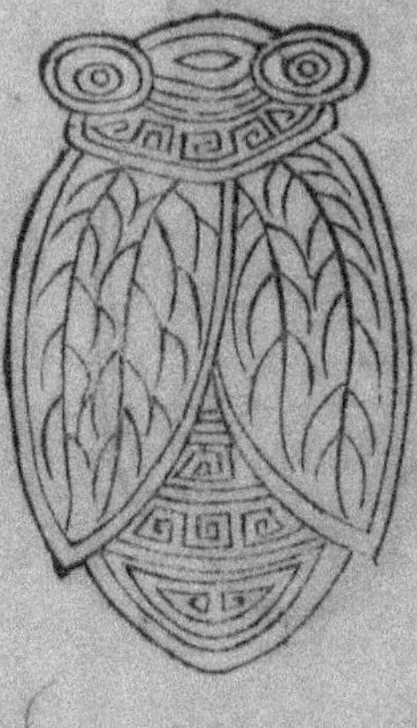

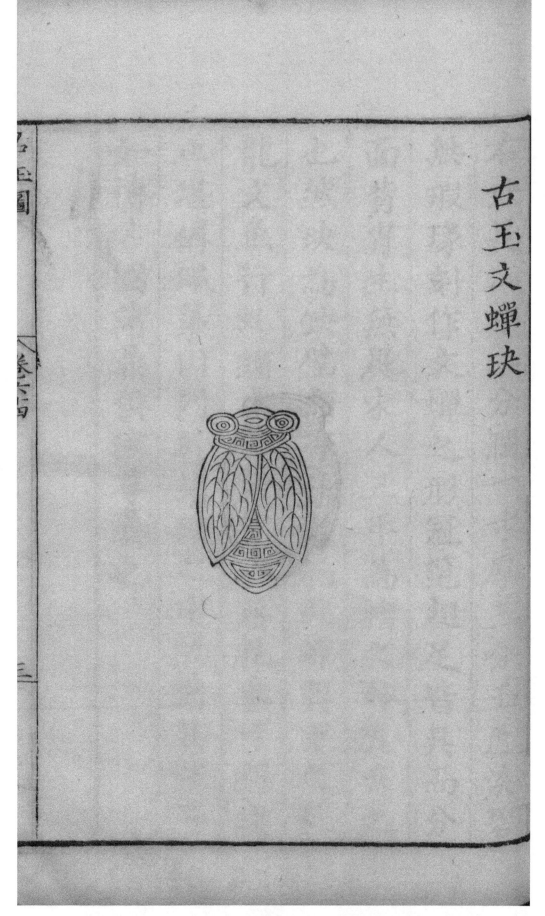

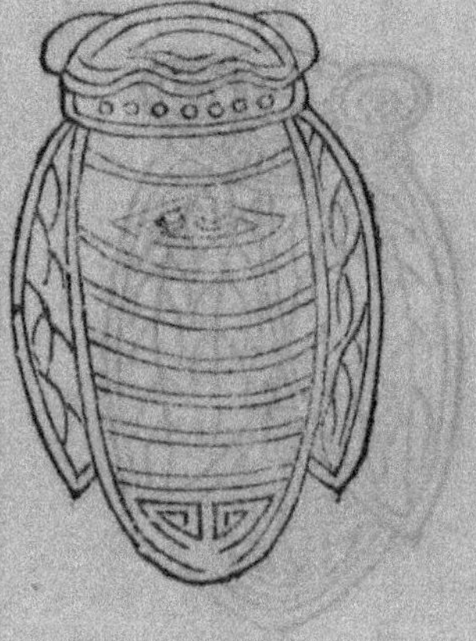

右玦長二寸二分濶一寸厚三分玉色淡碧無瑕瑑刻作文蟬之形冠范翅足皆具而分面背肖生無異宋人三年為楮之妙真有之也然玦為缺璧類有孔者而此蟬與下之虬龍文魚行虬繡虎等皆實腹無孔未可稱玦止堪稱佩第因列於諸玦之中故籍其號耳如博古圖諸鼎俱稱尊彝也

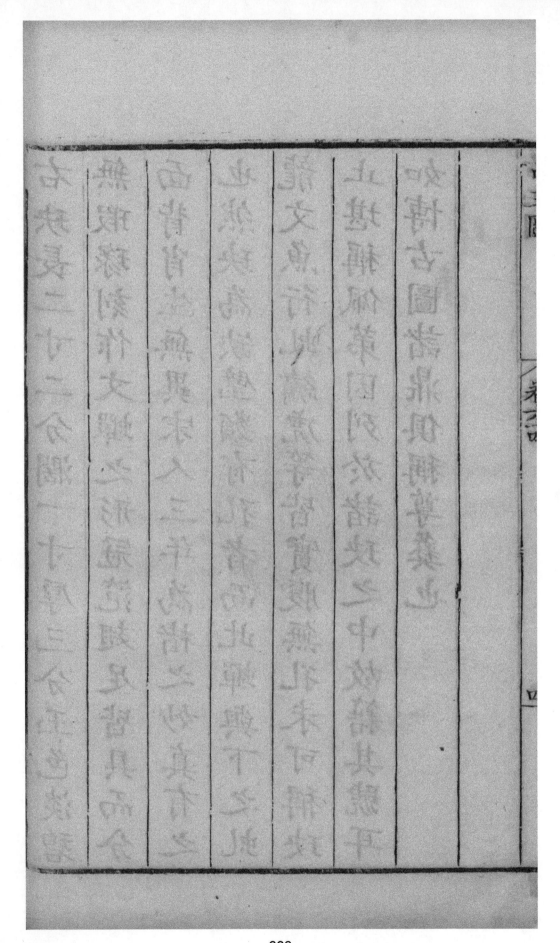

古玉虬龍玦 兩面琱文同

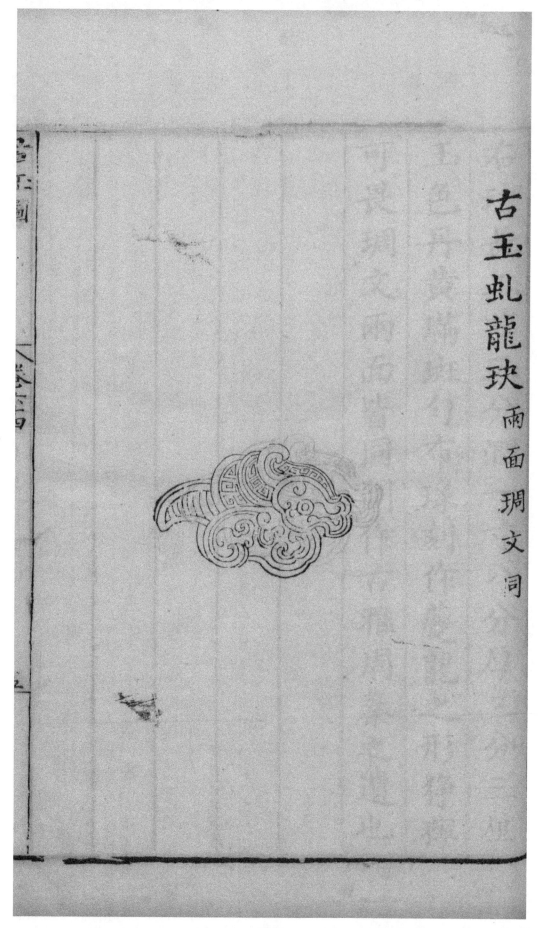

右玦長二寸五分濶一寸八分厚三分三星
玉色丹黄璊斑匀布瑑刻作夔龍之形猙獰
可畏琱文兩面皆同制作古雅周秦之遺也

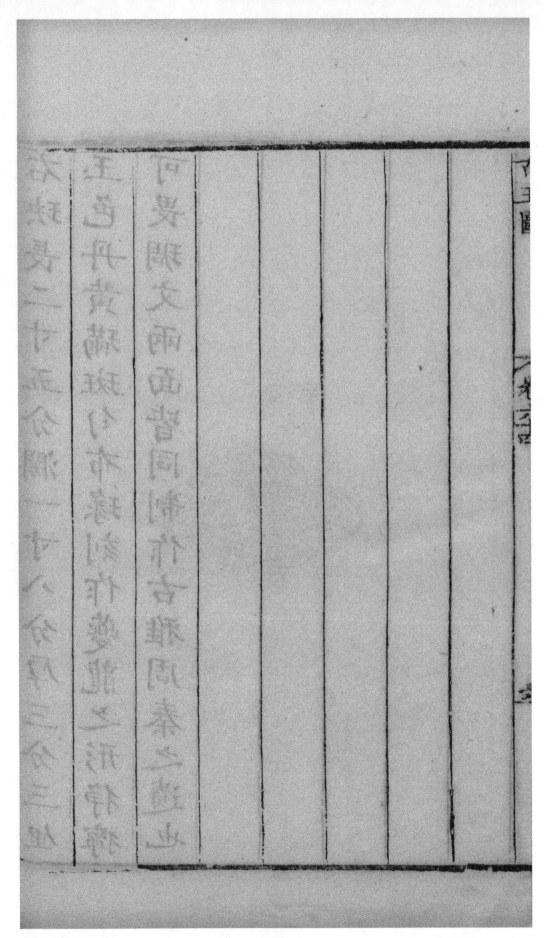

古玉文魚玦兩面瑑文同

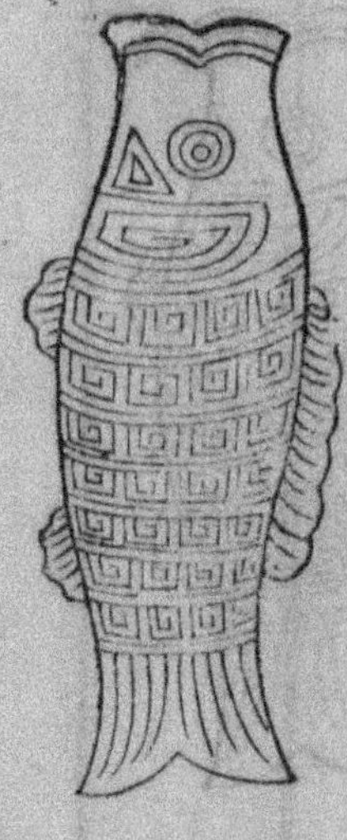

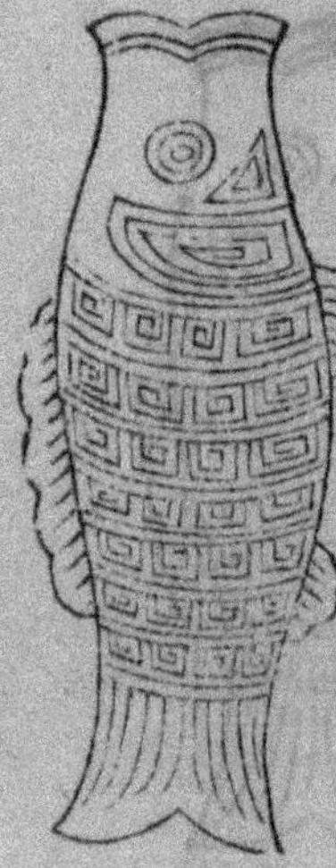

右玦長一寸濶八分厚三分二釐玉色甘青無瑕瑑刻作文魚之形鱗鬣如生兩面琱文如一晉唐之物

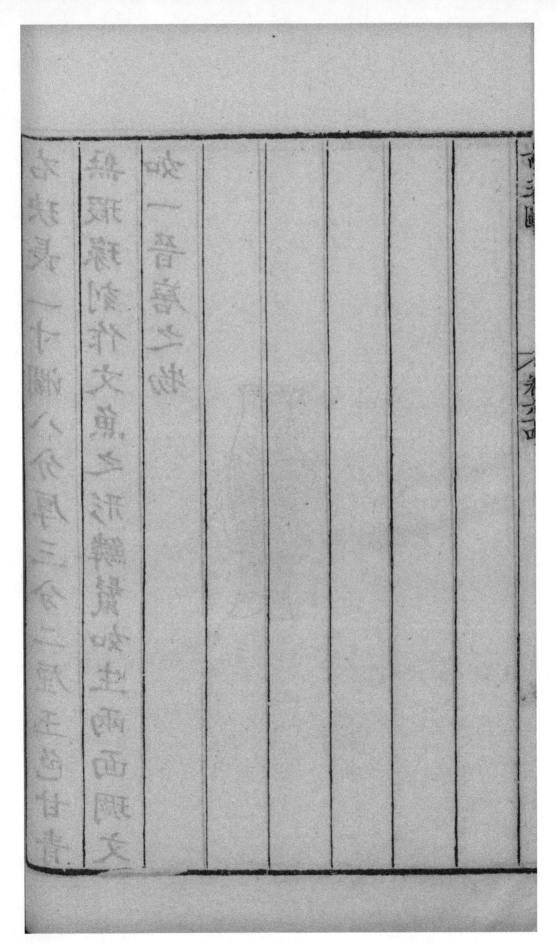

古玉蟠虬玦兩面琱文同

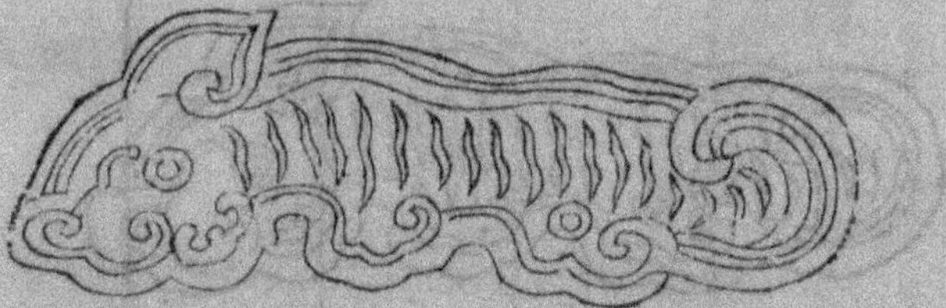

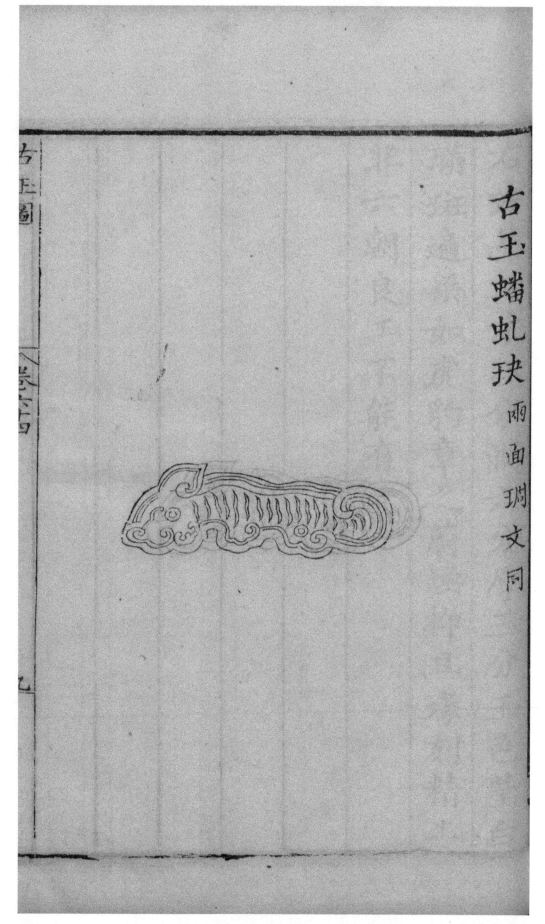

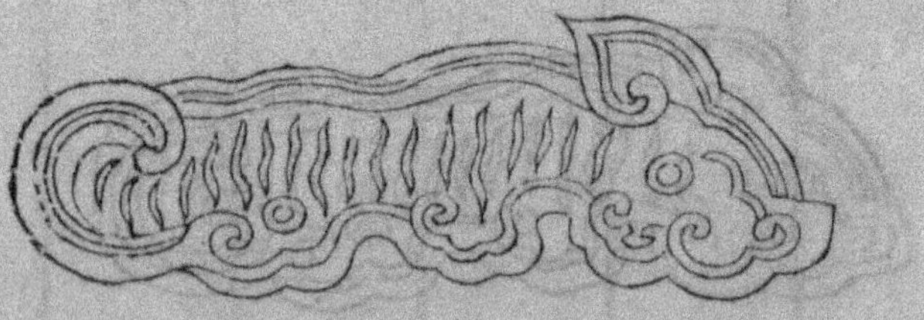

右玦長二寸八分濶六分厚三分玉色瑩白璘斑遍染如虎豹章之蔚煥抑且瑑刻精工非六朝良工不能有此

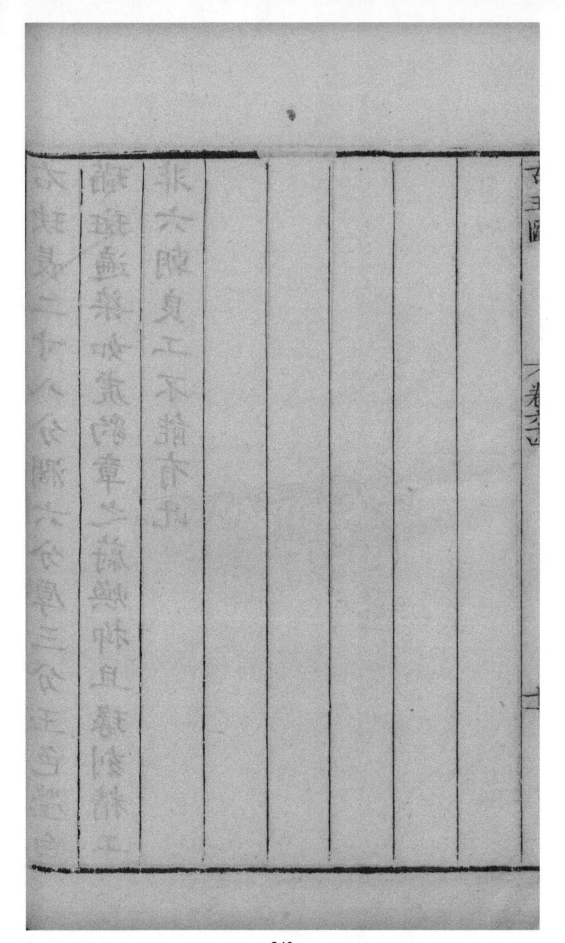

古玉綉虎玦

兩面琱文同

右玦長二寸七分濶一寸八分厚三分五厘
玉色甘黄璊斑如辰砂靺鞨鮮紅銜目瑑刻
繡虎神姿猛厲有威加百獸之意三代之奇
物也

宋淳熙敕編古玉圖譜第六十四冊 終

宋淳熙敕編古玉圖譜第六十五冊

古玉單螭玦一

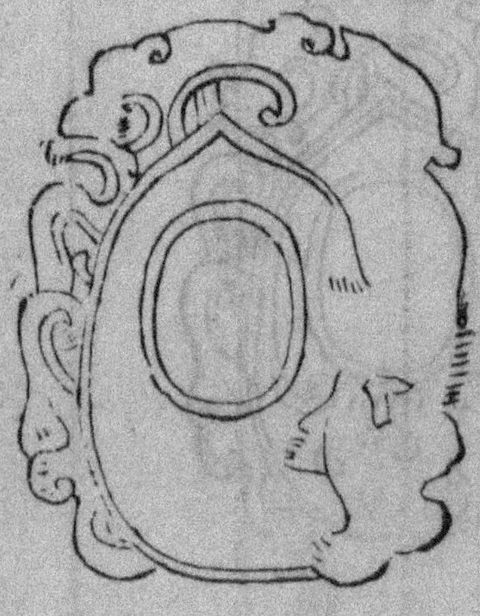

右玦長二寸三分濶一寸七分厚三分玉色
瑩白璊斑若花間錯相染瑑刻單螭繞纏玦
上而分面背焉制作精微乃漢之佳物也

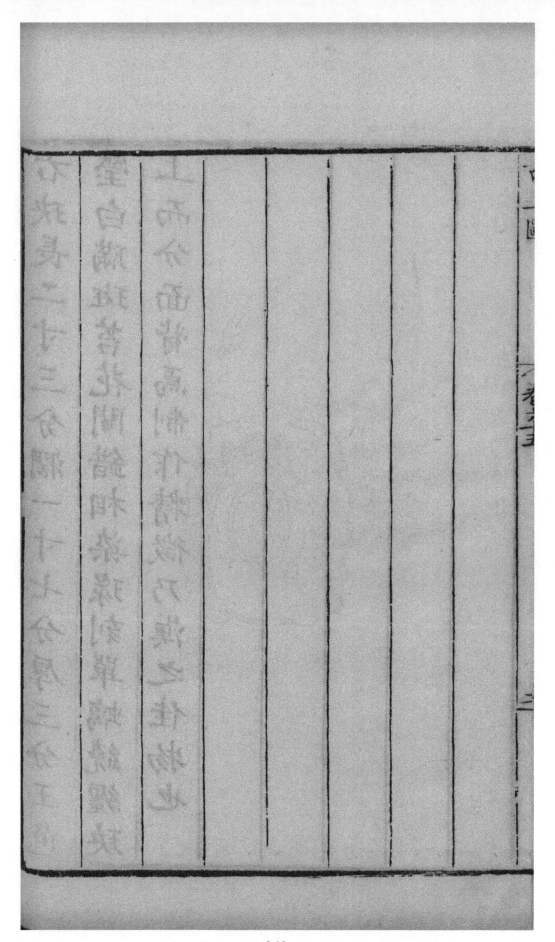

古玉單螭玦 二 兩面琱文

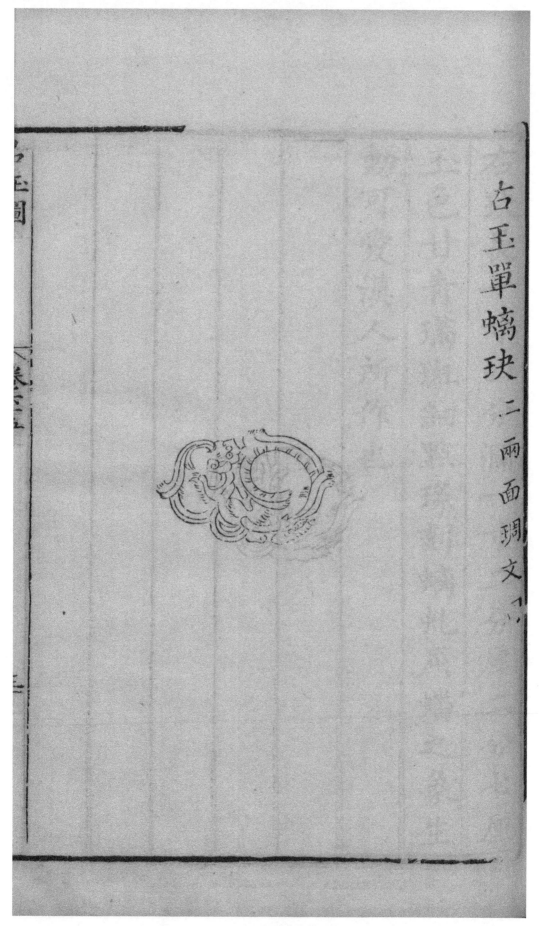

右玦長一寸四分濶一寸二分厚二分七厘
玉色甘青璊斑細點瑑刻螭虬屈蟠之象生
動可愛漢人所作也

動可愛漢人所作也

紅色甘青璊斑細點琢刻蟠虬流螭之象生

右玦長一寸四分濶一寸二分厚三分七厘

古玉雙螭玦

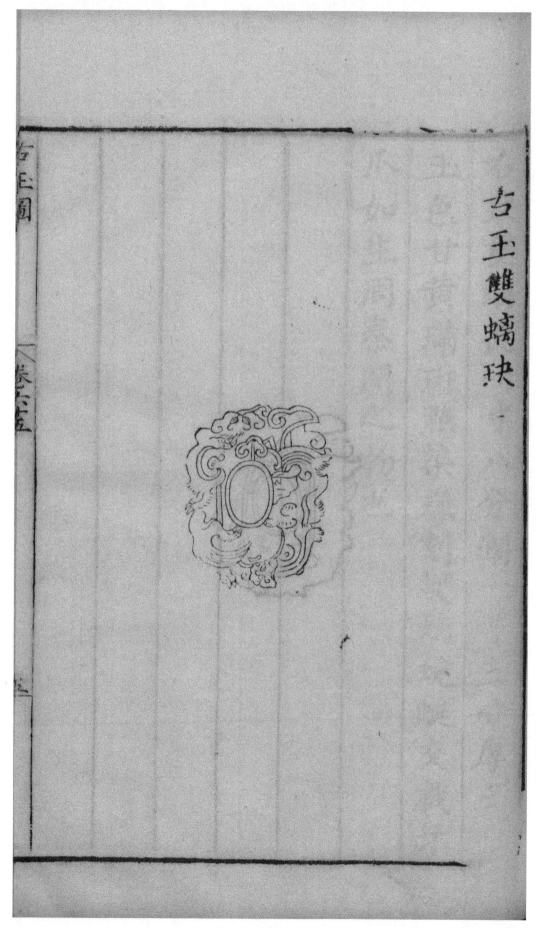

右玦雙螭長一寸八分濶一寸二分厚三
玉色甘黃璊斑點染瑑刻雙螭蜿蜒交戲牙
爪如生周秦間之物也

古玉雙螭玦 二

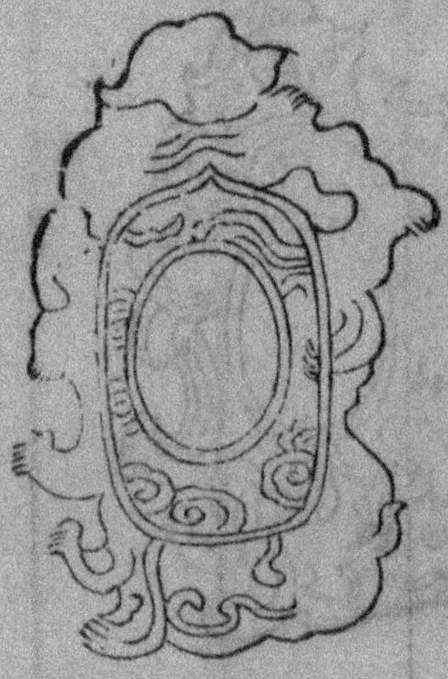

右玦長二寸三分濶一寸二分厚三分三厘
玉色淡碧無瑕瑑刻二螭上下游戲蜿蜒如
生漢之傑作也

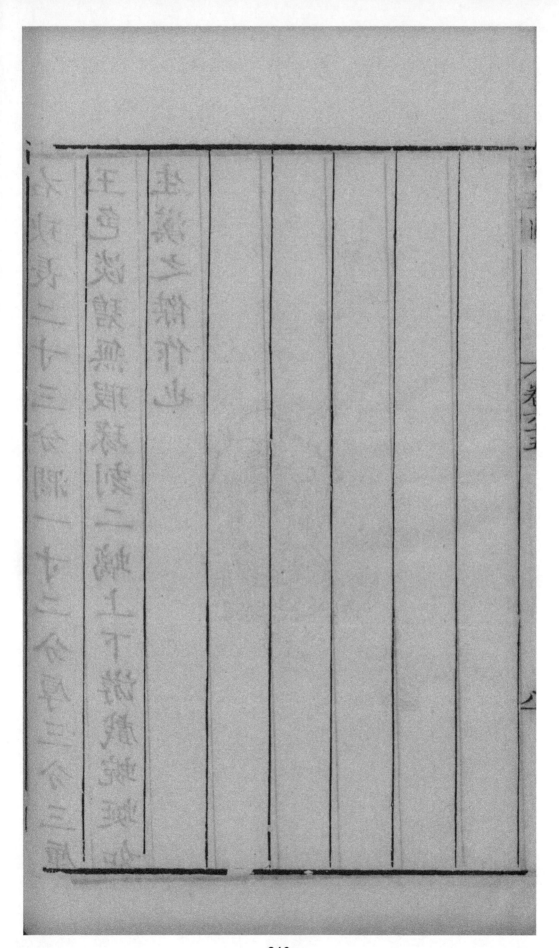

古玉雙螭玦 三

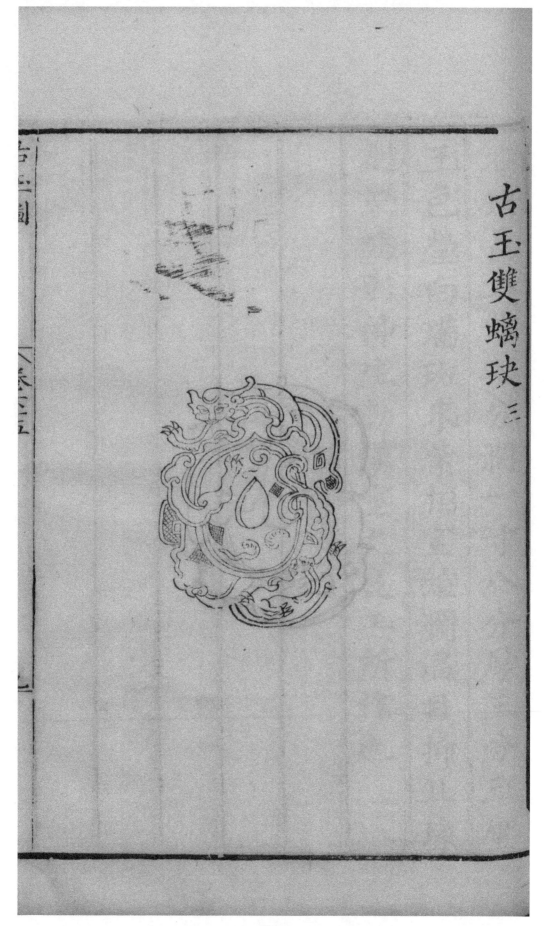

右玦長二寸七分濶一寸八分厚三分三厘
玉色瑩白璊斑朱紫相宣縇瀾溢目抑且瑑
刻雙螭形神生動漢室之良工所作也

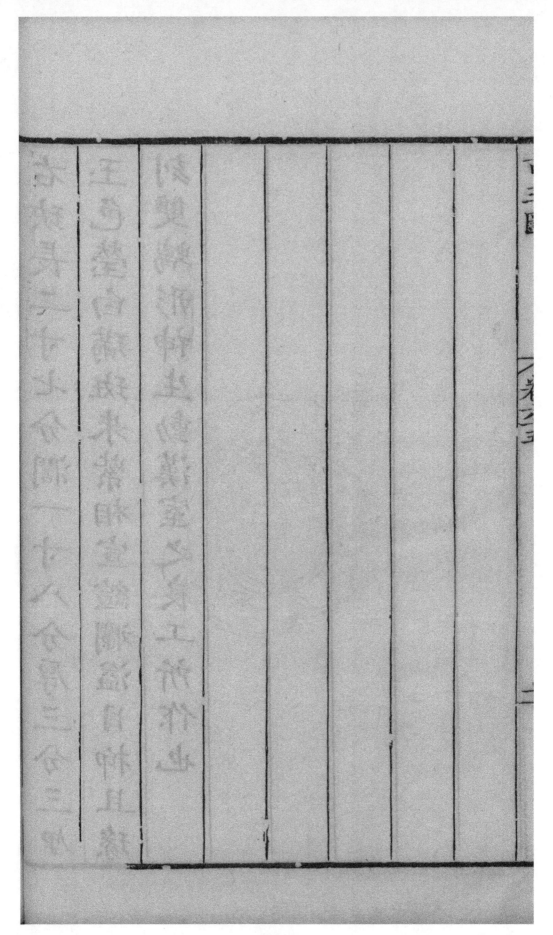

古玉雙螭玦四

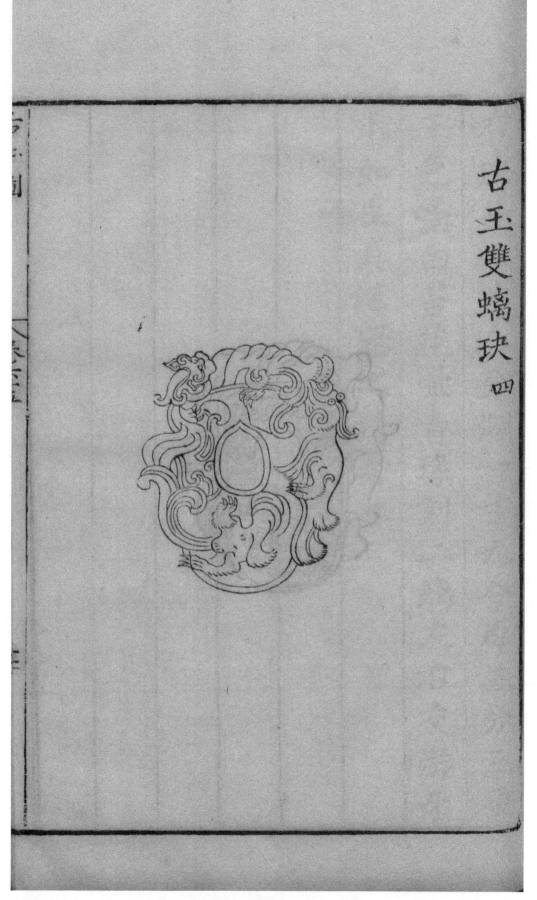

右玦長二寸八分濶一寸九分厚三分三厘
玉色瑩白茖花暈青瑑刻二螭左右交游牙
爪如生真漢器之精者也

古玉圖譜第六十五冊 終

宋淳熙敕編古玉圖譜第六十六冊

古玉雙鰲玦

兩面琱文同

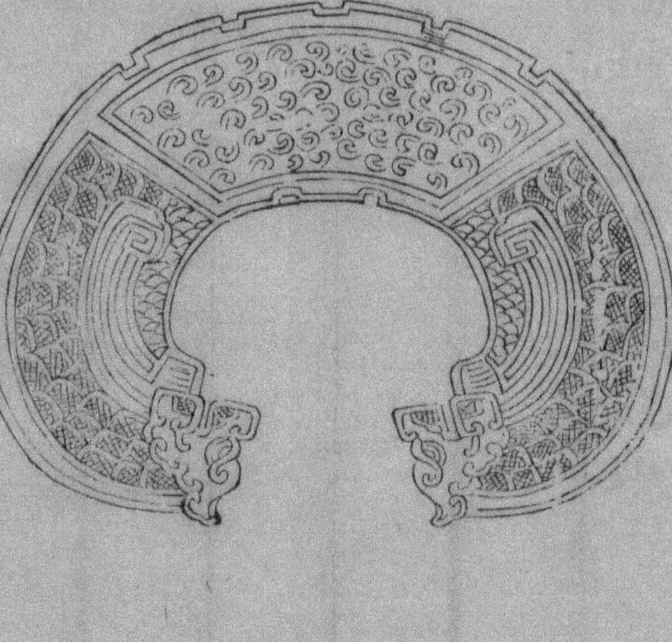

宋淳熙敕編古玉圖譜卷六十六

古玉雙螭玦　兩面螭文圖

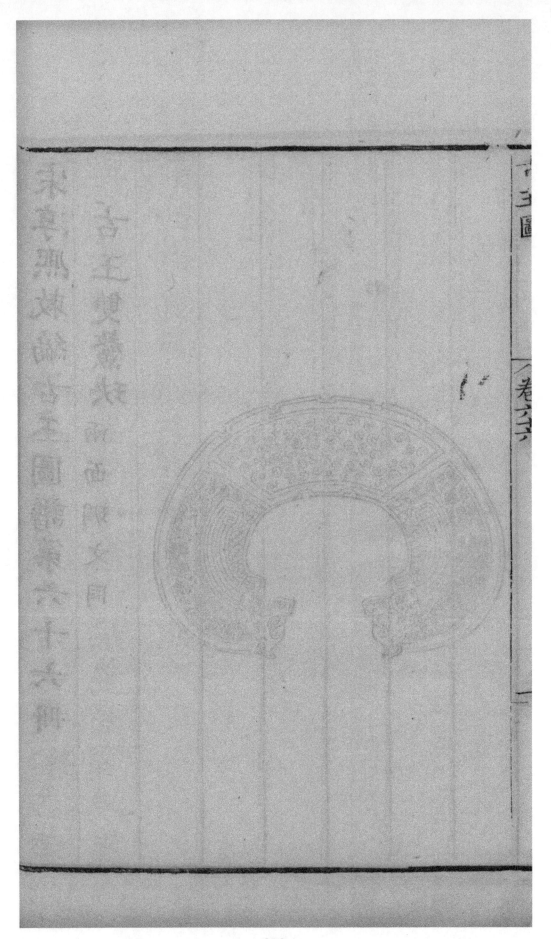

右玦橫長四寸八分濶如之厚三分玉色瑩白土花凝丹琢刻玦首兩頭俱鰲頭烱眸相射周身鱗甲紛披蓋漢魏物也

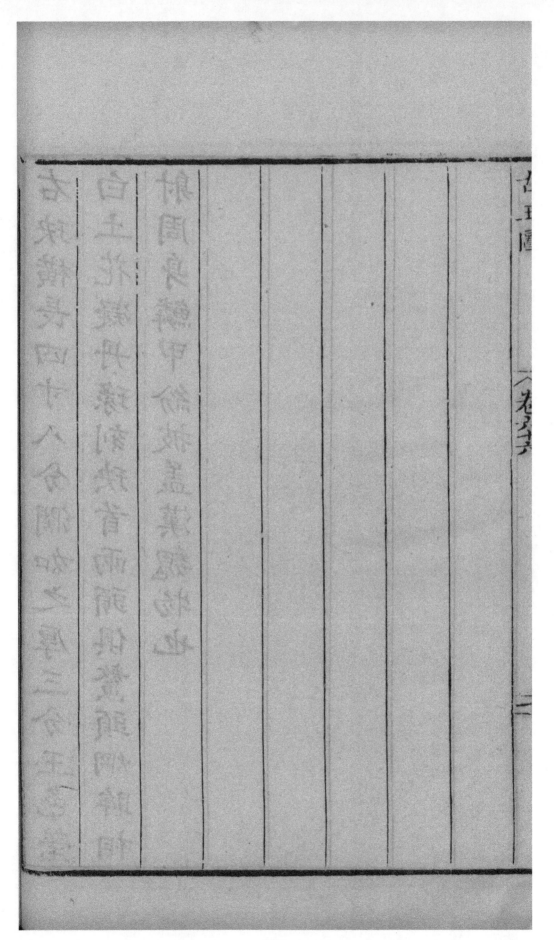

古玉奇文玦

奇文寶玦

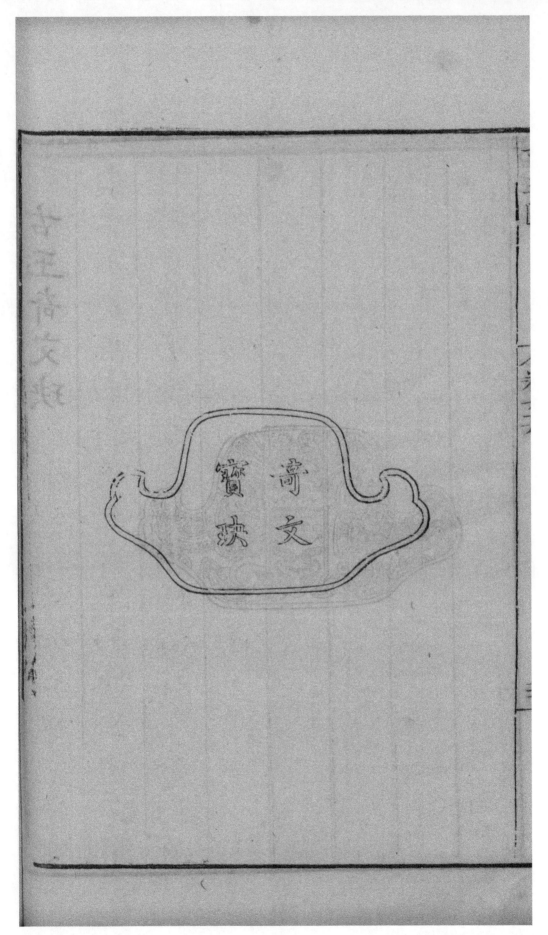

右玦橫長三寸二分濶二寸四分厚三分玉色甘黃璊斑句布瑑刻奇文如虬如螭而間以上下虎首交相糾錯不知何所取義然琱手精微非漢人所能必周器也

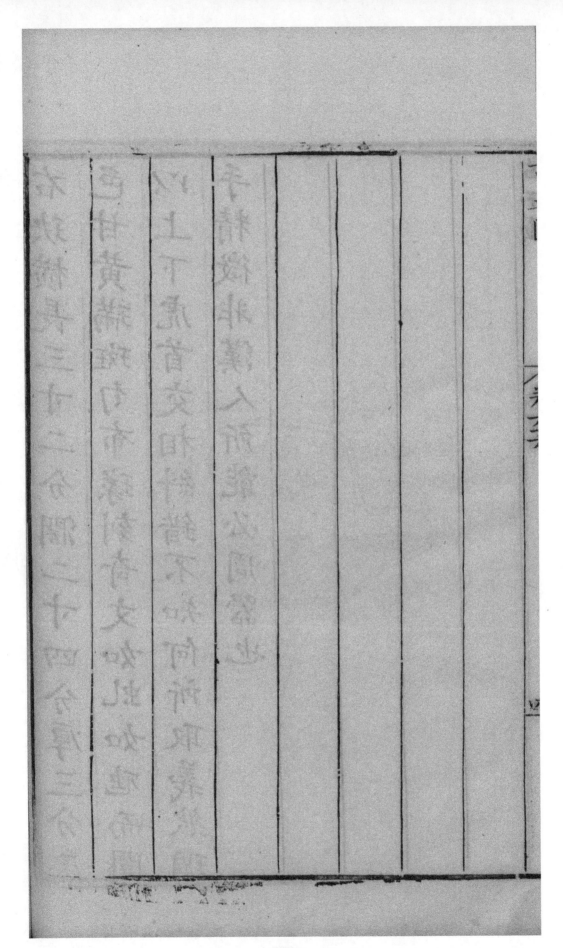

古玉雙螭玦

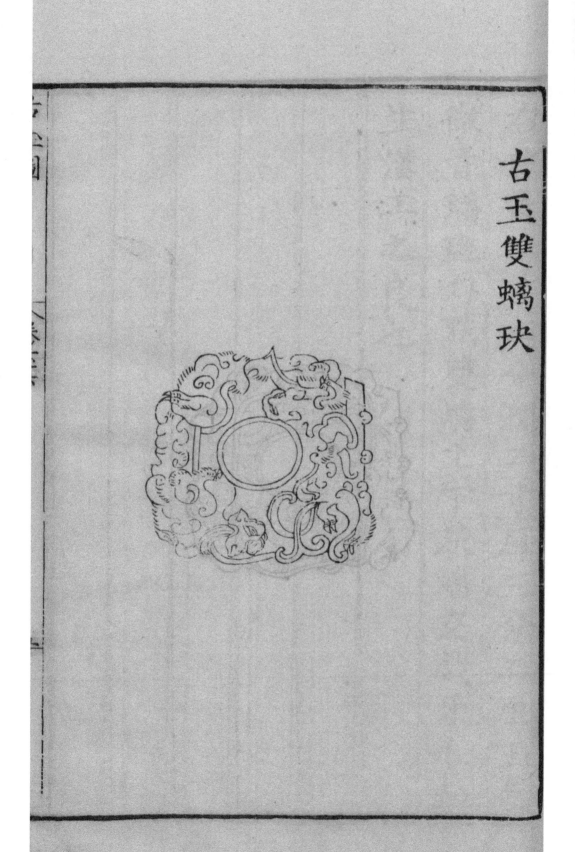

右玦長二寸四分濶二寸厚三分二厘玉色微青璊斑句點雙螭上下屈蟠交戯牙爪如生漢工之良也

主漢工之良也

微青綠斑白點雙螭上下屈曲交敘分爪紋

右玦長二寸四分濶二寸厚三分二厘五合

古玉三螭玦

右玦長二寸三分濶一寸五分厚三分二厘

玉色微紅璊斑細點瑑刻作子母三螭上下

交戲刻法肖生亦秦漢之良工也

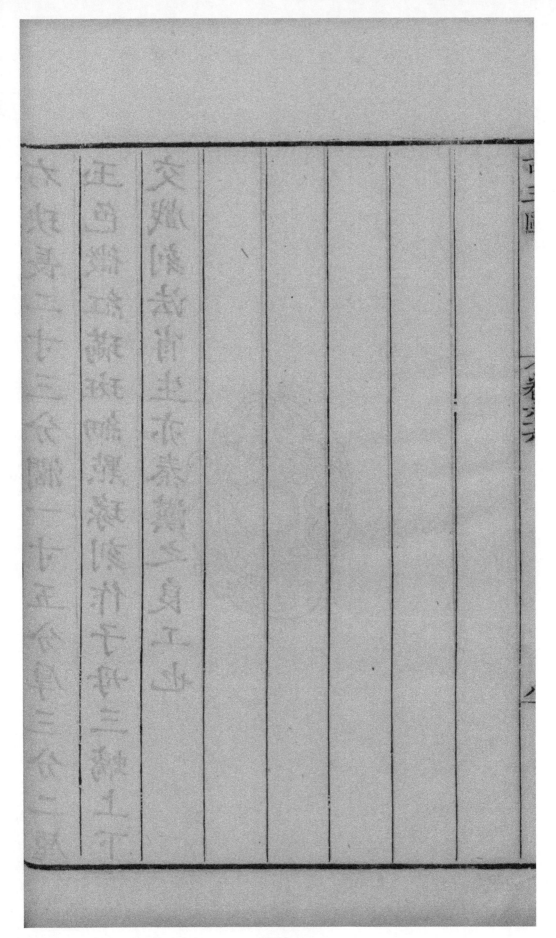

古玉褋佩 兩面瑚文同

右襍佩長二寸四方各濶七分玉色淡碧璘
斑句點瑑刻異獸雲霞之文中通有竅可以
貫繩古之襍佩也

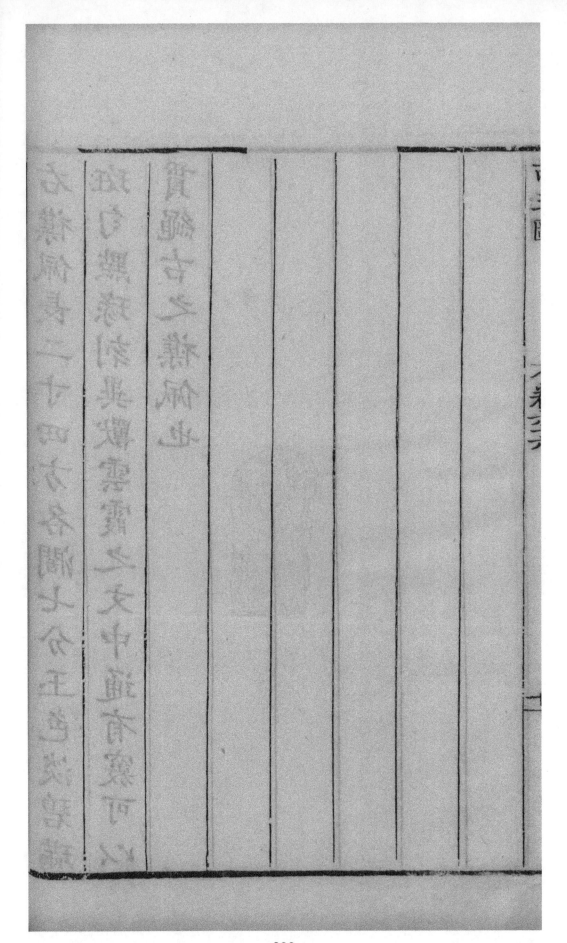

古玉凌霄佩 兩面琱文同

右佩長二寸二分濶一寸三分厚四分五厘

玉色甘黃菭花沁碧瑑刻凌霄之形花丹而

葉碧若出天然真希世之寶也非漢良工不

能

宋淳熙敕編古玉圖譜第六十六冊　終

古玉太平有象硯

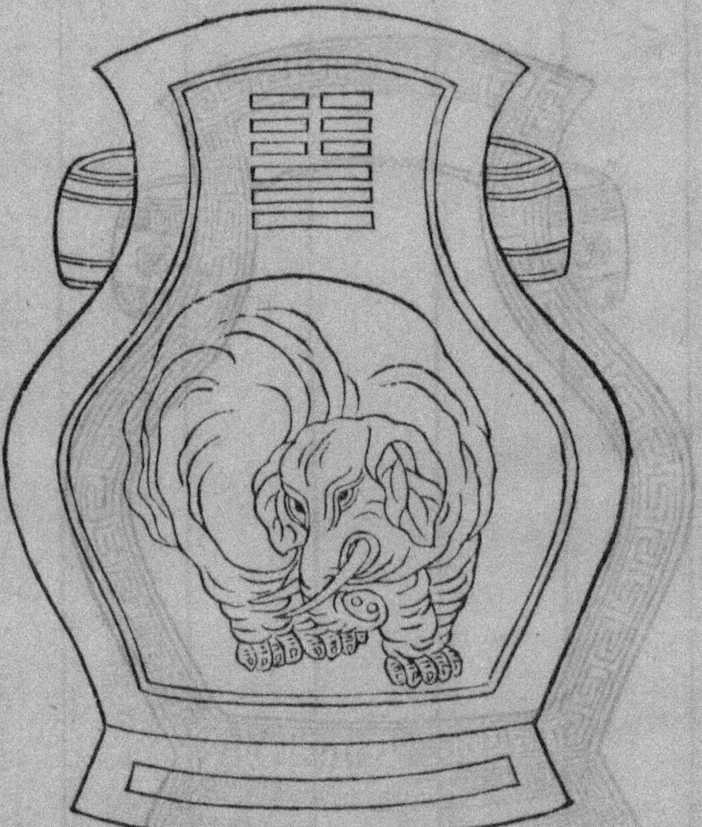

右硯長六寸濶四寸五分厚五分八厘玉色瑩白無瑕硯式琢刻作貫耳弓壺之象硯面作池硯邊作瑣文回闌華縟無比硯背上刻泰卦下列象獸以硯式有似瓶形瓶者平也故稱太平有象焉此晉唐良工之作也

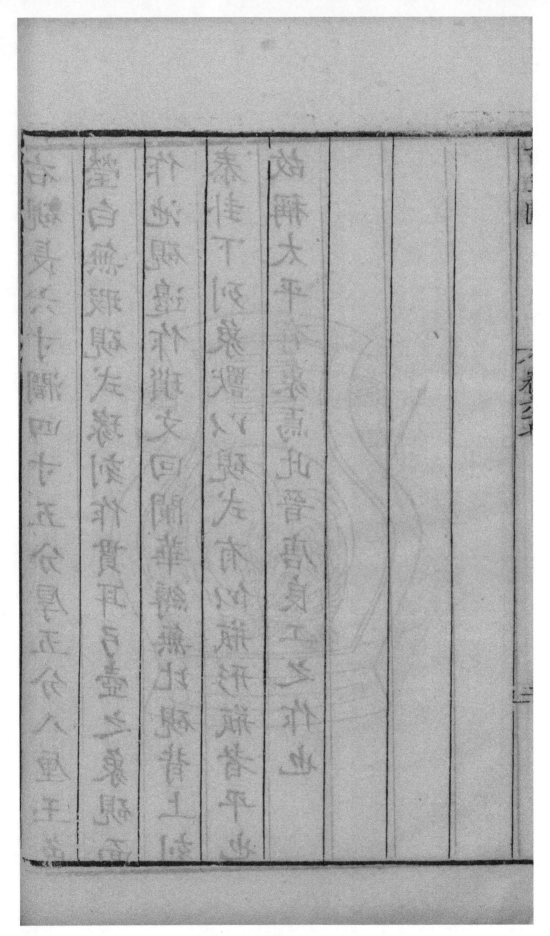

古玉風字硯

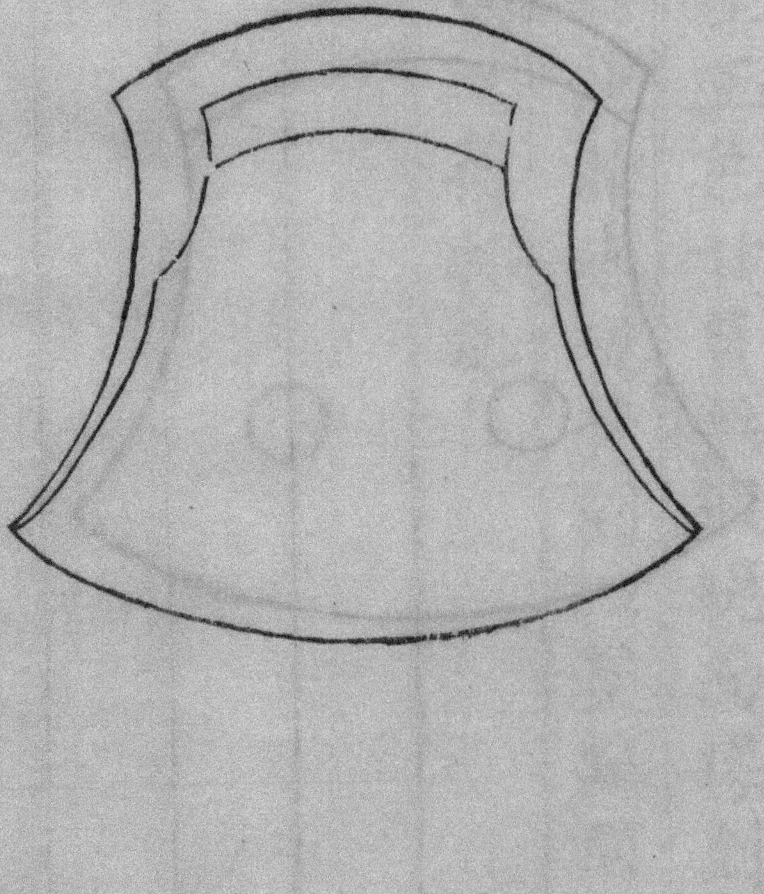

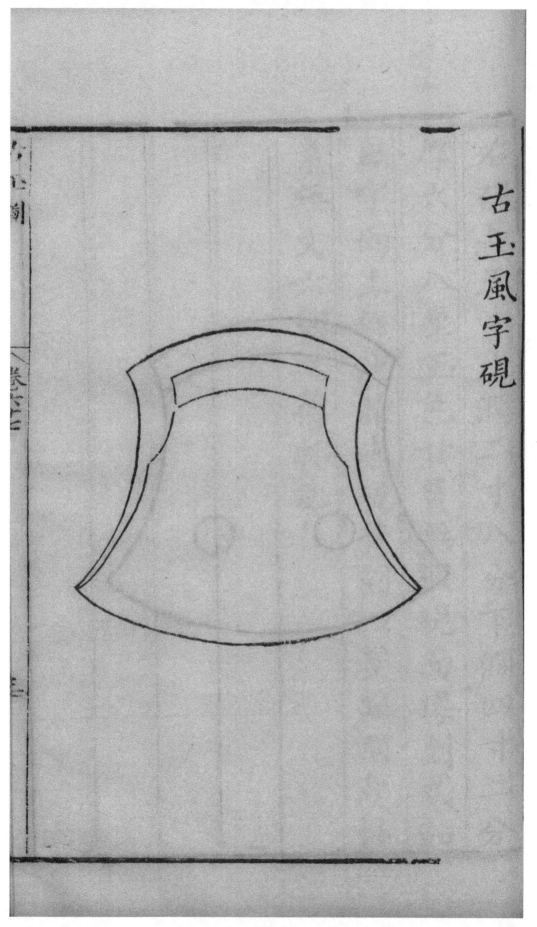

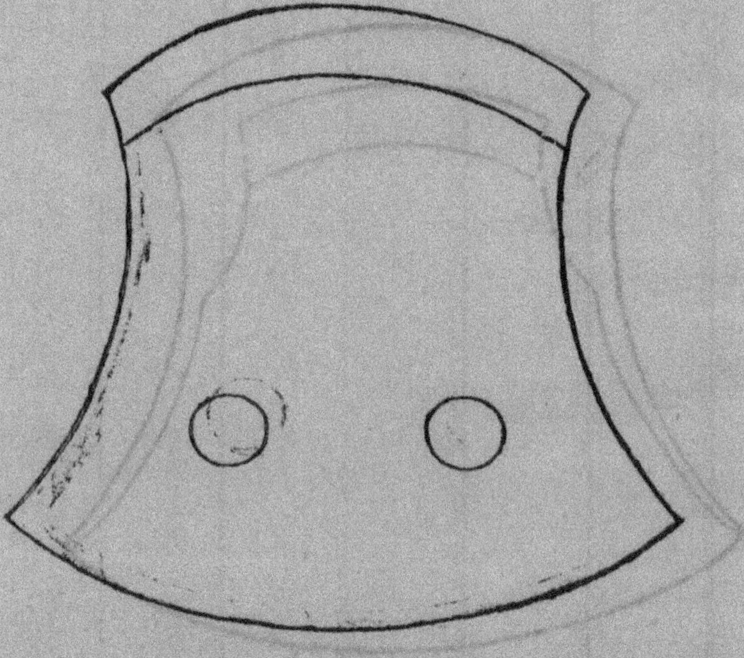

右硯長五寸上濶二寸八分下濶四寸二分厚六分八厘玉色甘黃無瑕硯面琢刻式如風字向上作池貯水硯背刻以雙趾周身朴素無文六朝之舊物也

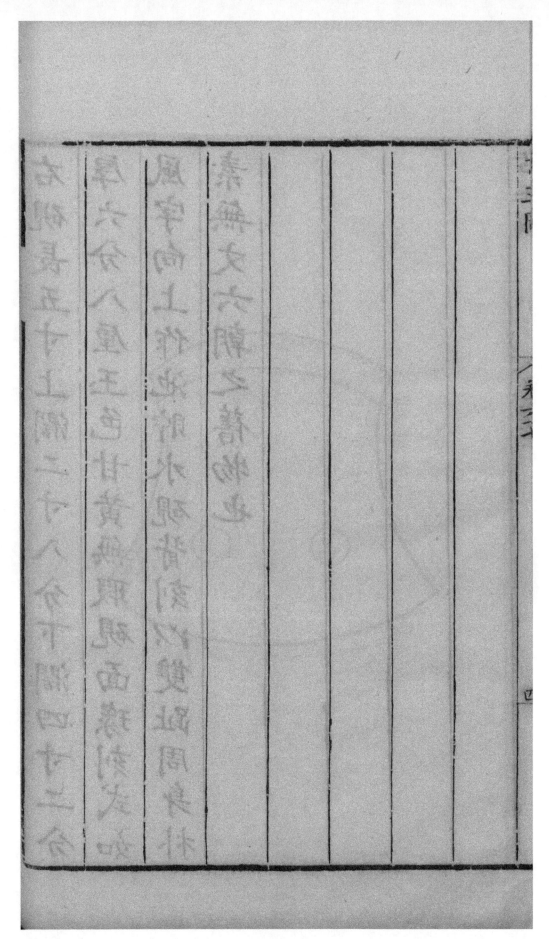

古玉葫蘆硯

古玉圖　卷之二

五

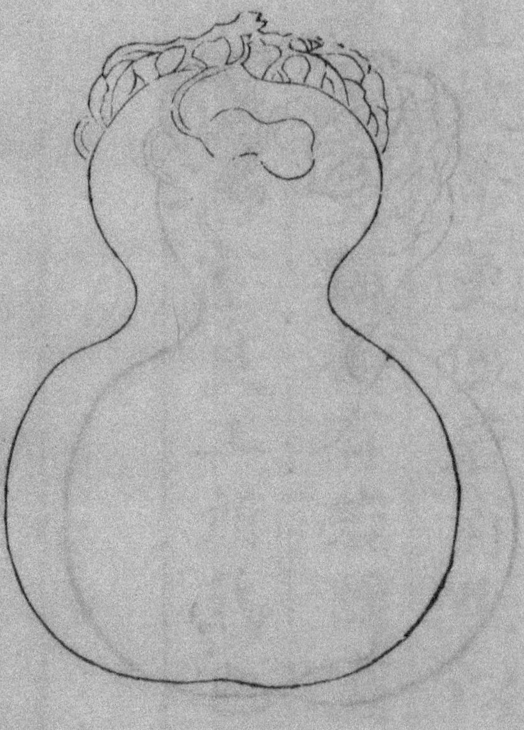

右硯長五寸五分上濶一寸六分下濶三寸厚七分玉色淡碧無瑕而晶瑩硯式制作葫蘆之形其莖枝蒂蔓儼若肖生以一葫子琢為硯洺沼邊葉蔓飄揚有若圖畫而硯背莖枝蔓蒂尤佳真唐室良工所為也

古黃玉宮瓦硯銘十一字

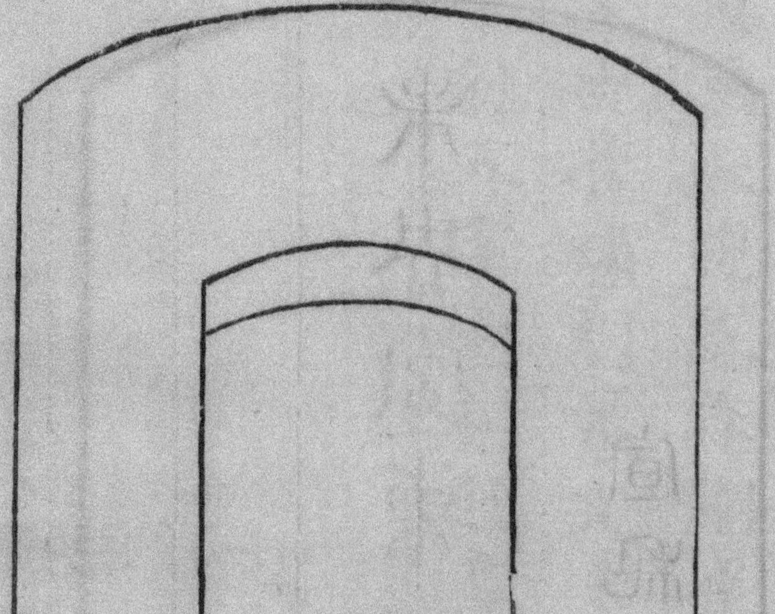

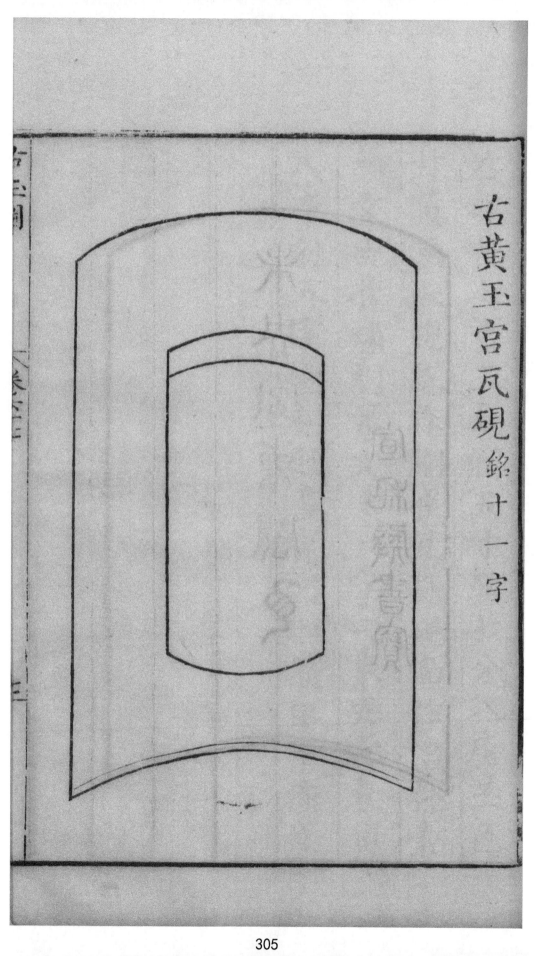

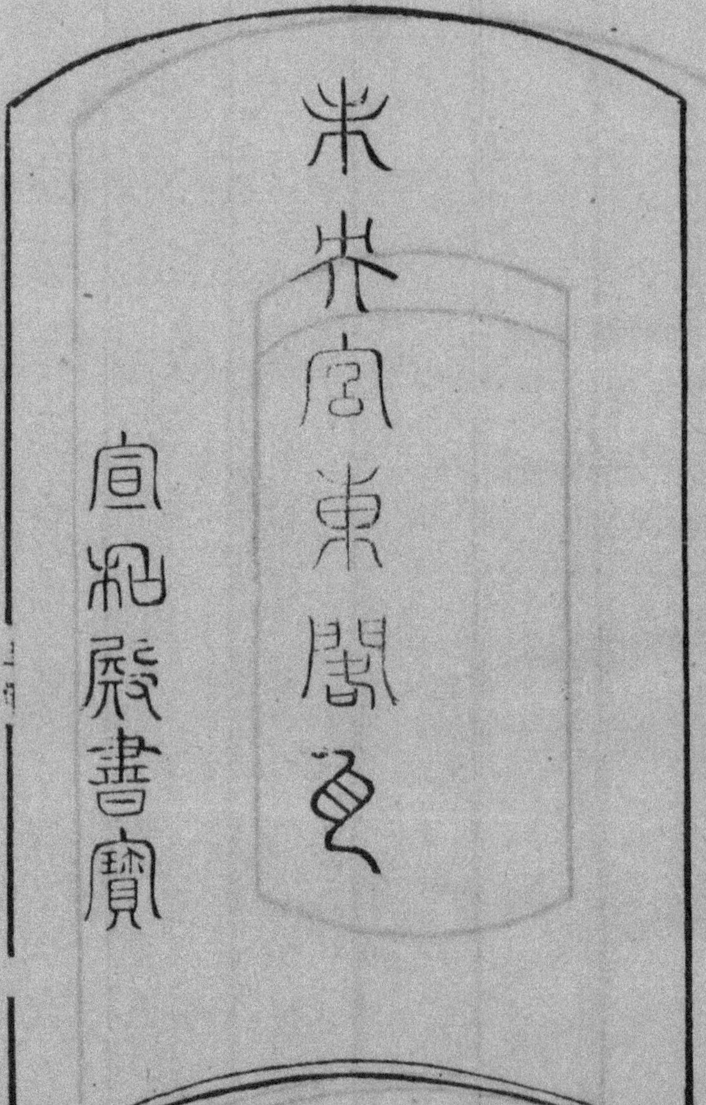
米芾宮東閣
宣和殿書寶

右硯長七寸五分濶五寸厚七分八釐玉色

甘黄無瑕硯式作銅雀瓦樣硯面作沼朴素

無文硯背琢刻篆文十一字曰未央宫東閣

瓦旁刻五字宣和殿書寶則知徽祖所作也

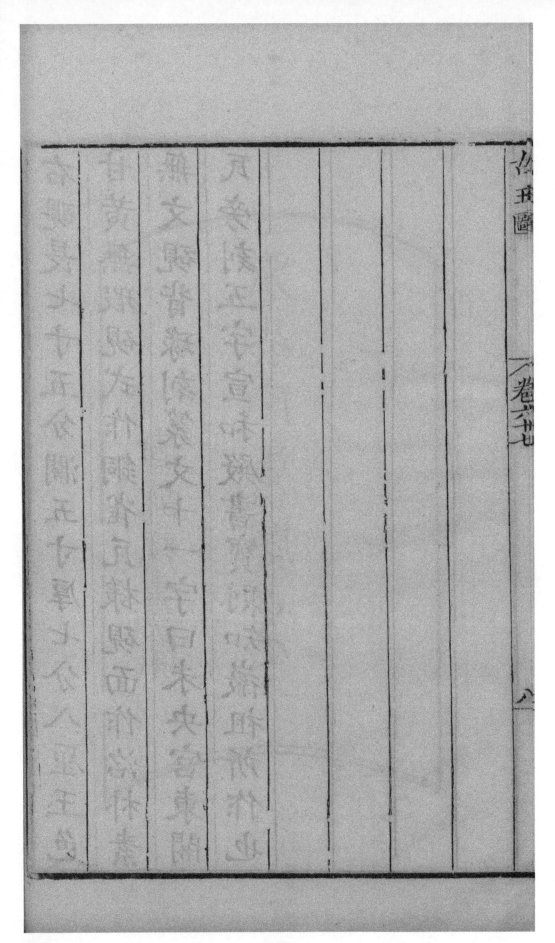

古青玉海天初月硯

銘四字

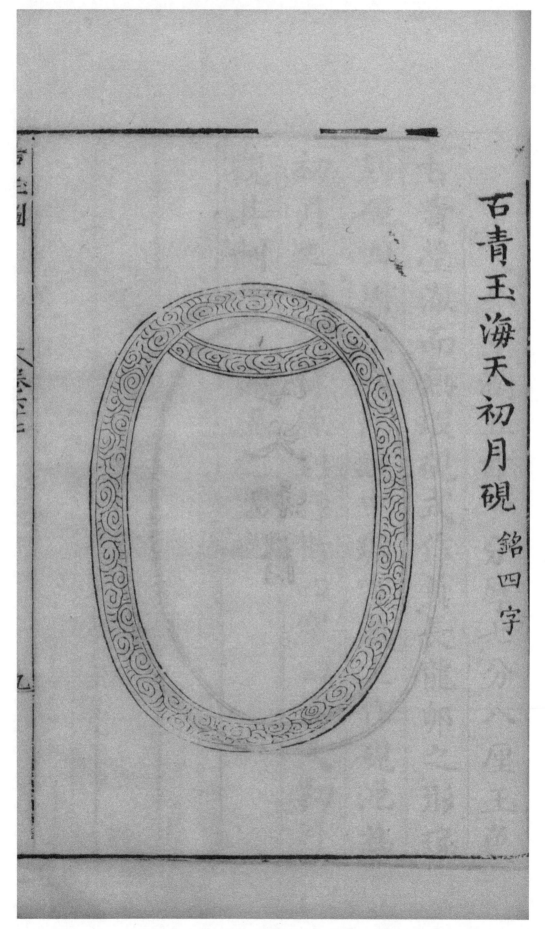

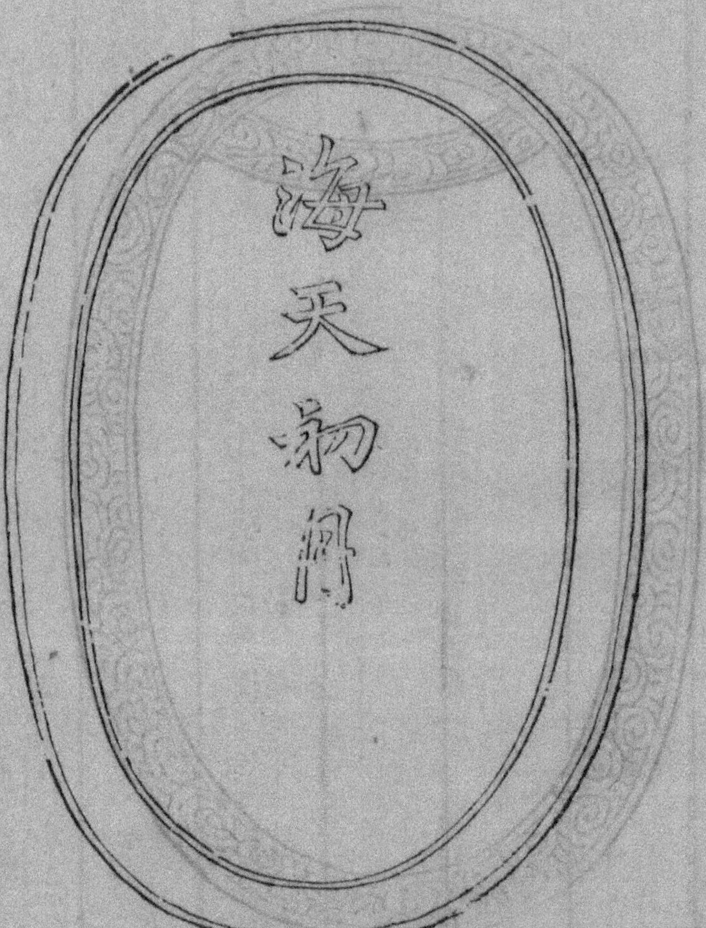
海天初月

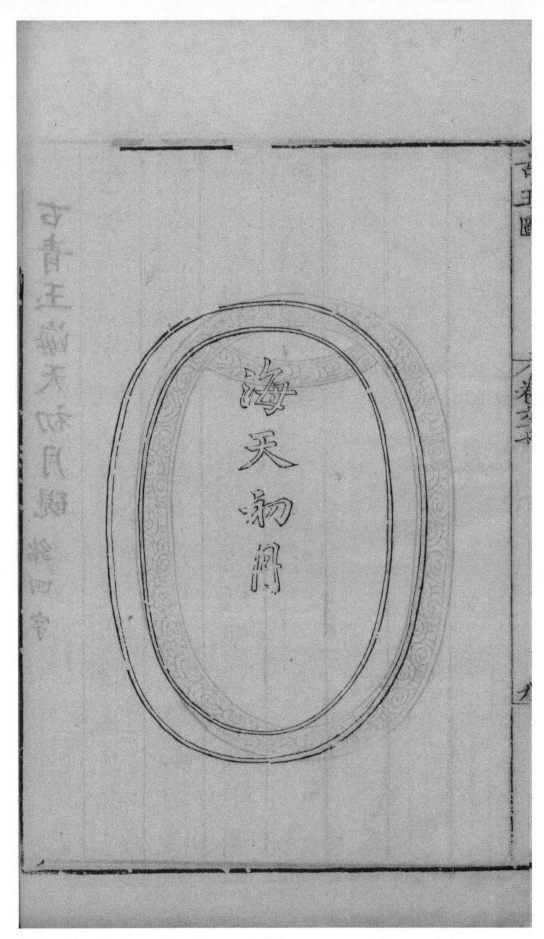

八寸濶五寸一分厚七分八厘玉色
七青瑩澈而無瑕硯式作員長龍卵之形璏
刻硯四周出郭圍繞中琱雲氣上作硯池為
初月之形硯背璏刻行楷四字曰海天初月
觀其制作乃齊梁之器也

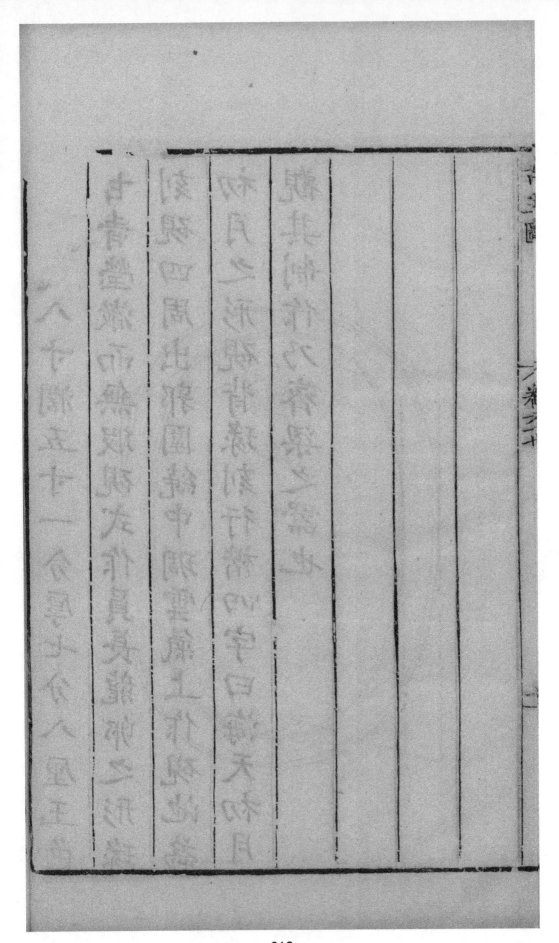

古玉圭硯 銘四字

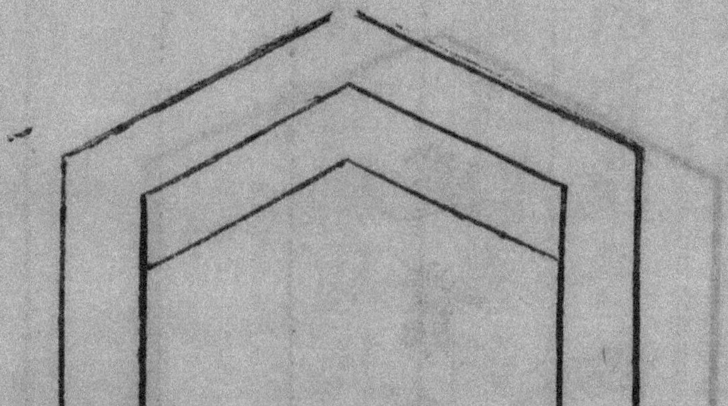

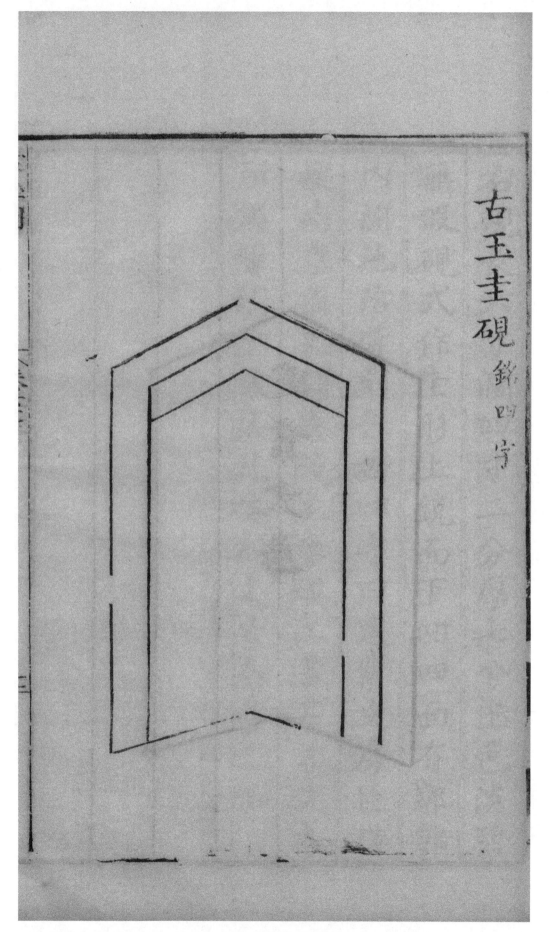

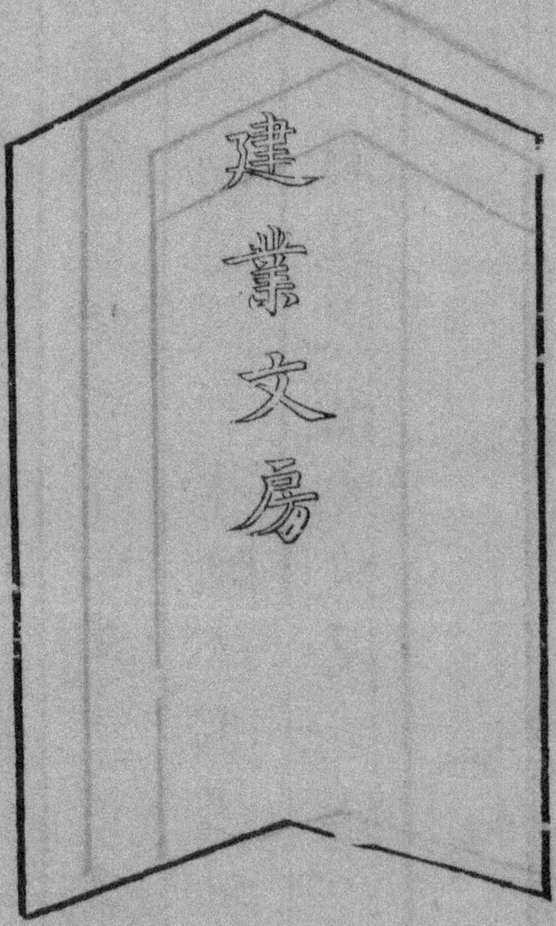
建業文房

右硯長六寸濶四寸二分厚七分玉色淡碧
無瑕硯式作圭形上鋭而下凹四面有郭郭
内開池沿背刻行楷四字曰建業文房臣謹
按南唐國史補唐後主李煜工書畫其文房
所用皆臻至妙按此硯刻文必南唐之物

宋淳熙敕編古玉圖譜第六十七冊終

古玉圖譜

十二

宋淳熙敕編古玉圖譜第六十八冊

古玉江漢朝宗硯

江漢朝宗

右硯四方各六寸厚七分八厘玉色淡碧無瑕而晶瑩硯面四周以郭俱刻雲濤之文上作方沼背刻江漢朝宗四隷字臣謹按硯譜云帝鴻氏有硯背有題字曰帝鴻氏之墨海夫硯沼可以稱海而江漢朝宗之義不背戾矣帝鴻氏黃帝之子也見羅泌路史但上古結繩之治雖有史皇制字未聞用有筆硯文房四寶秦漢之際始有若帝鴻之硯其後人

妄造者乎此硯制作之工必六朝良工所為
也

古甘黄玉黄鐘硯 銘二字

黃
鍾

右硯長七寸一分濶三寸二分厚八分玉色
甘黃無瑕硯式作黃鐘之形項有雙螭為鈕
四周以郭璏刻雷文細入絲髮中作硯池背
刻篆文二字曰黃鐘制度古雅魏晉之物也

古玉玉聯金瑣硯銘四字

玉聯金瑣

右硯長八寸濶六寸二分厚八分玉色瑩白無瑕硯式長方四周以郭瑑刻玉聯金瑣之文循環不絕中開硯沼最為大雅之式不知出自何代良工之所作也

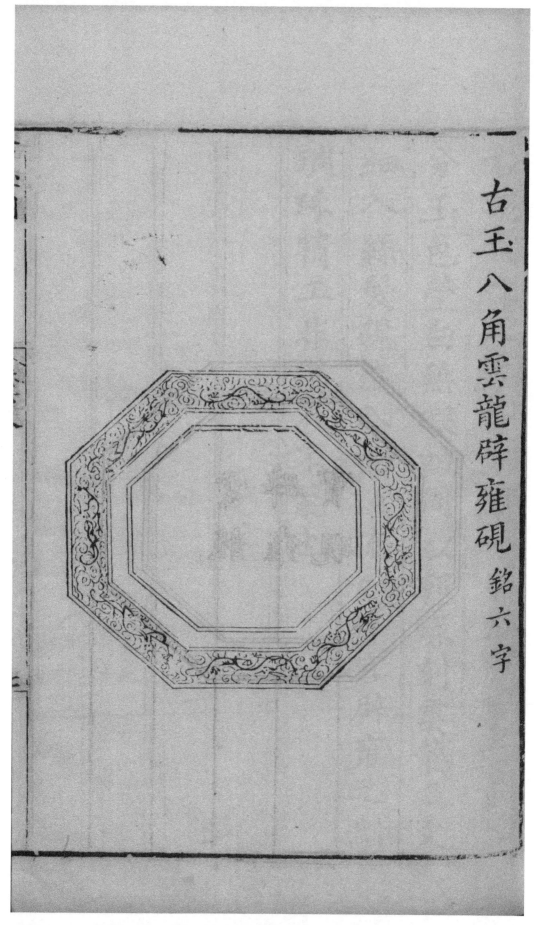

古玉八角雲龍辟雍硯 銘六字

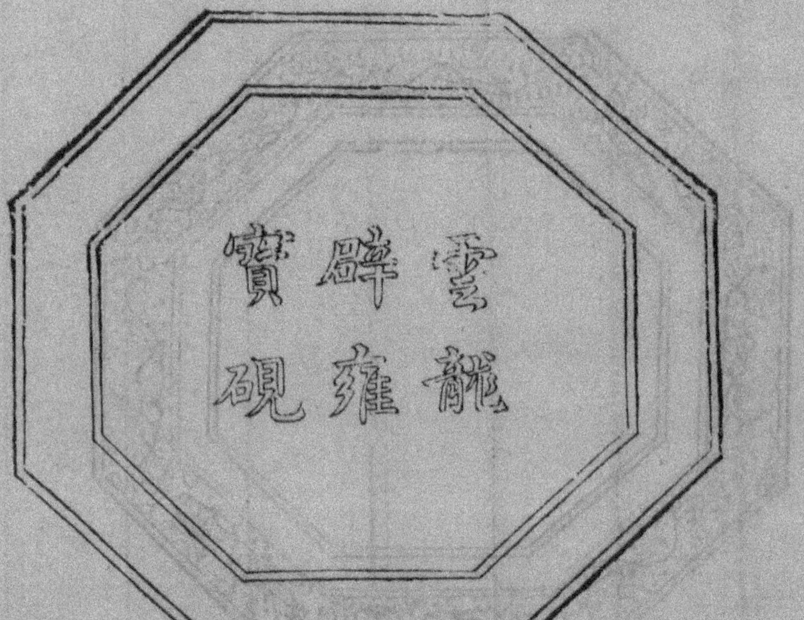
雲龍辟雍寶硯

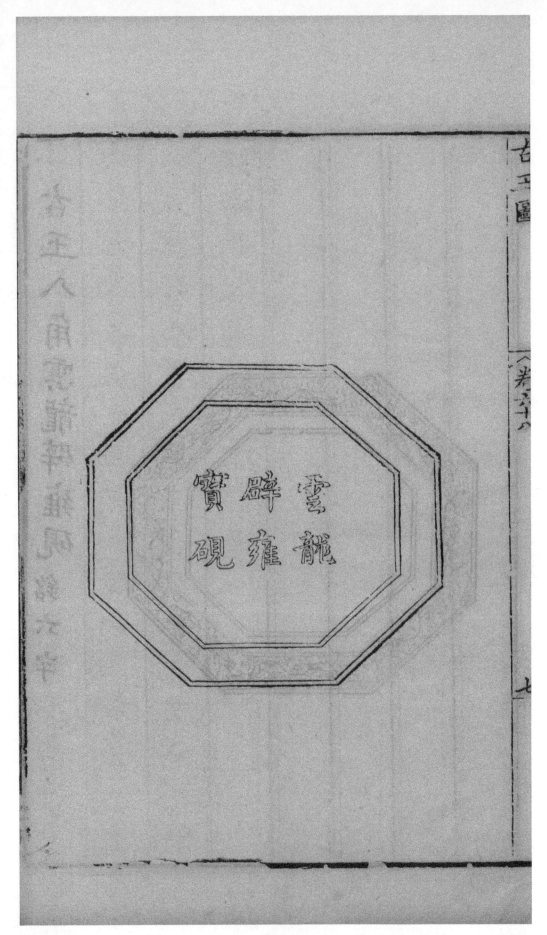

右硯式作八方每方潤一寸五分厚一寸二分玉色瑩白無瑕四周以郭琢刻雲龍之文細入絲髮硯沿八面通流如泮宮辟雍之制琱琢精工非漢人不能也

琱琢精工非良人不能也

細入絲髮硯溝入面通流如井宮屏風之制

分玉色瑩白無瑕四周以律琢討寶龍之文

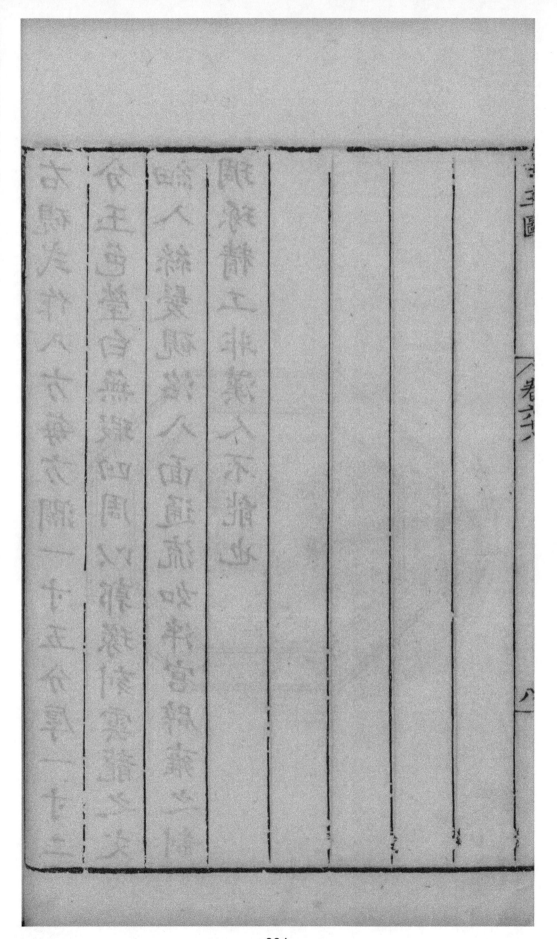

右硯長寸八方每方闊一寸五分厚一寸三

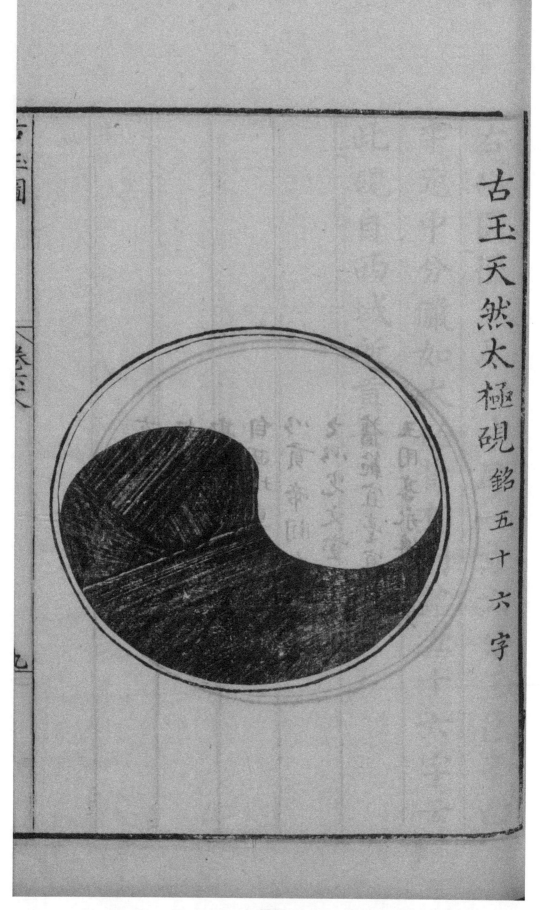

古玉天然太極硯銘五十六字

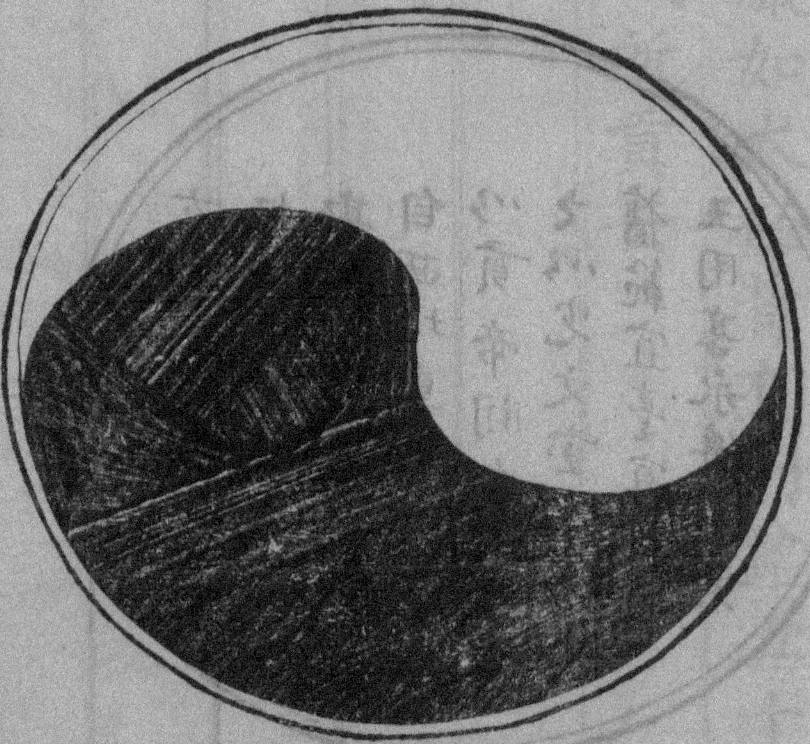

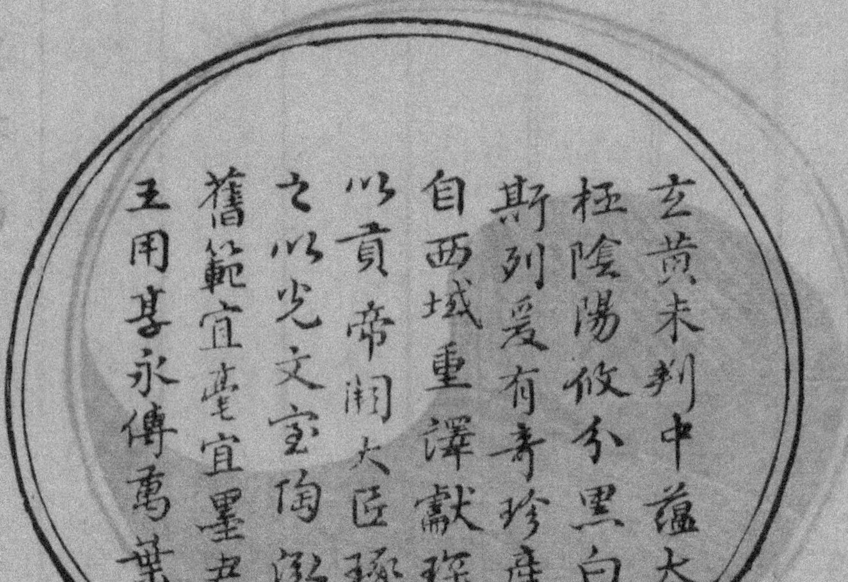
玄黄未判中蘊太
極陰陽攸分黑白
斯列爰有奇珍產
自西域重譯獻琛
以貢帝閽大匠琢
之以光文室陶泓
舊範宜毫宜墨君
王用朞永傳萬葉

右硯圓徑一尺一寸厚一寸六分玉色半白

半元中分儼如太極背有刻銘五十六字云

此硯自西域所貢云

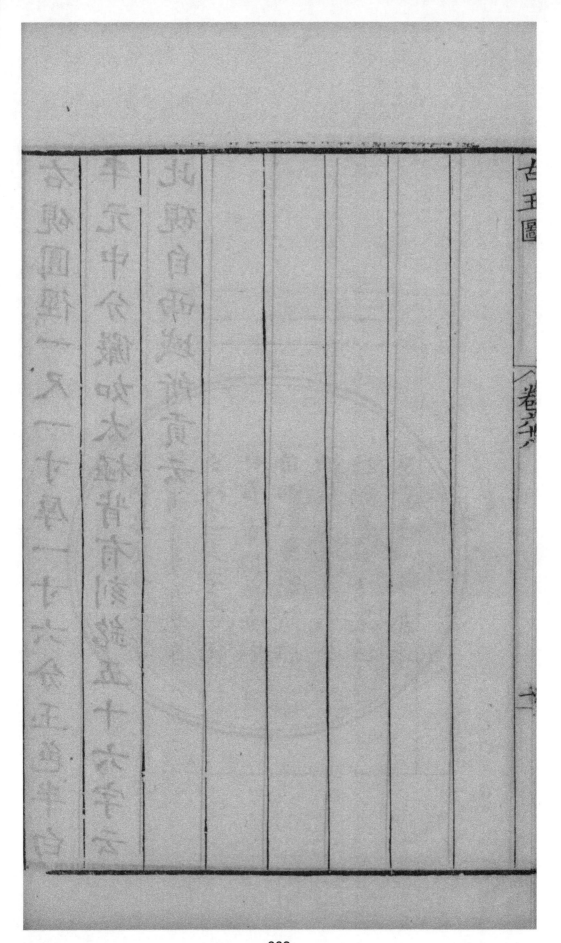

古玉玉堂硯銘四字

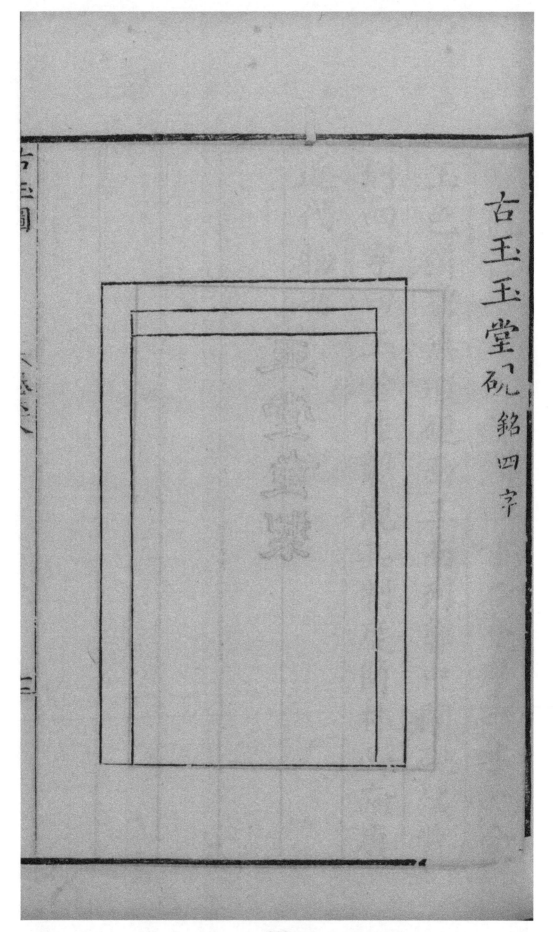

玉堂監製

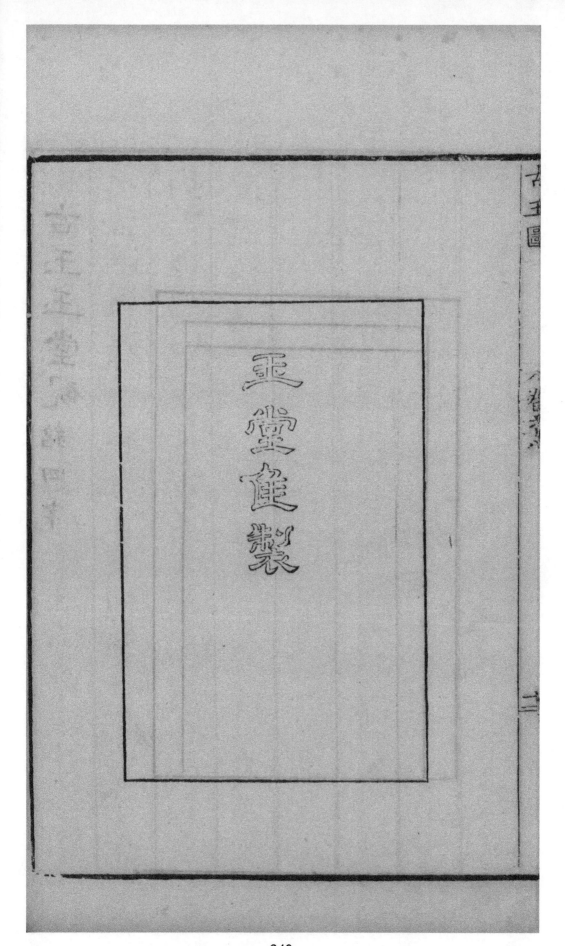

右硯長七寸三分濶四寸二分厚一寸一分

玉色淡碧無瑕硯面三面列郭中開硯沼背

刻四字曰玉堂佳製觀其制度簡朴必南唐

近代物也

宋淳熙敕編古玉圖譜第六十八冊 終

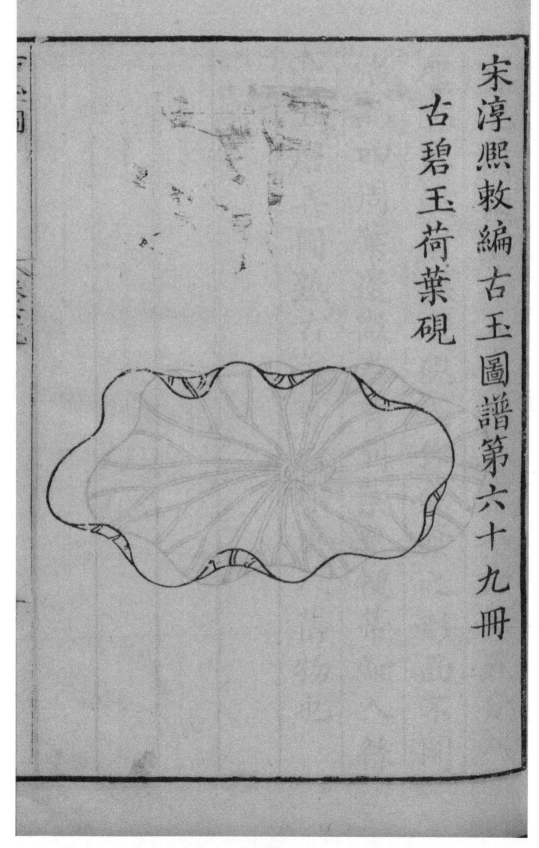

宋淳熙敕編古玉圖譜第六十九册

古碧玉荷葉硯

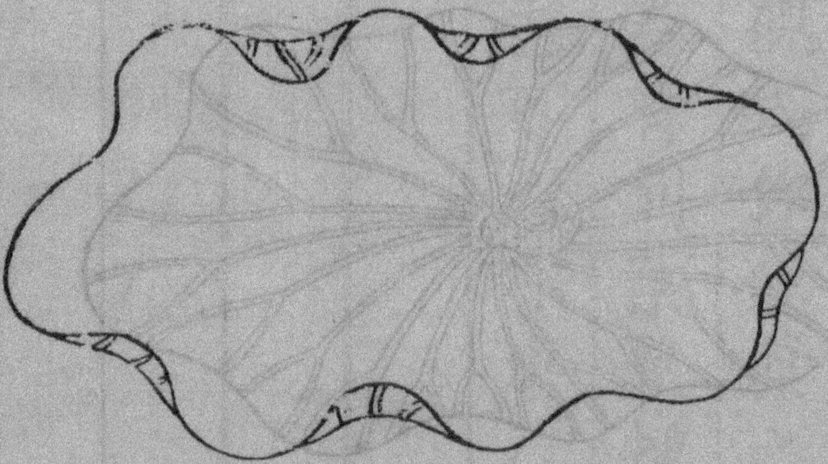

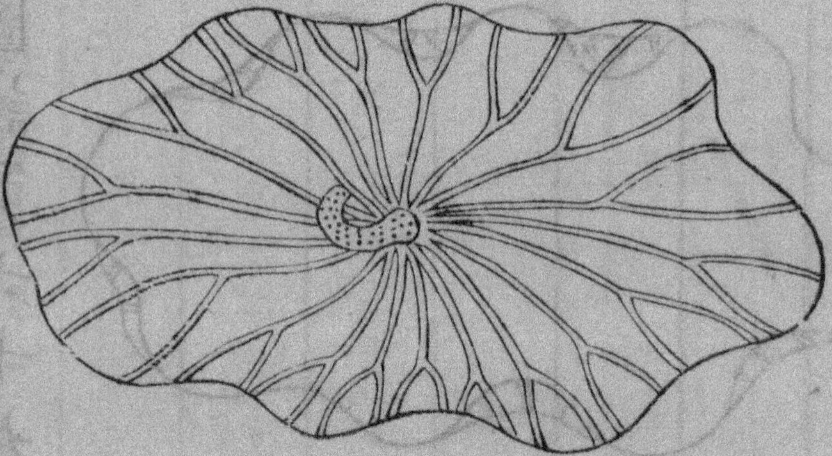

右硯橫長四寸五分濶二寸八分厚五分八厘玉色淡碧無瑕硯式作蓮葉之形面不開沼而四周葉邊微卷背刻葉莖梗蒂細入絲毫且磨弄圓熟古色可人亦唐人舊物也

古墨玉圭池硯銘二字

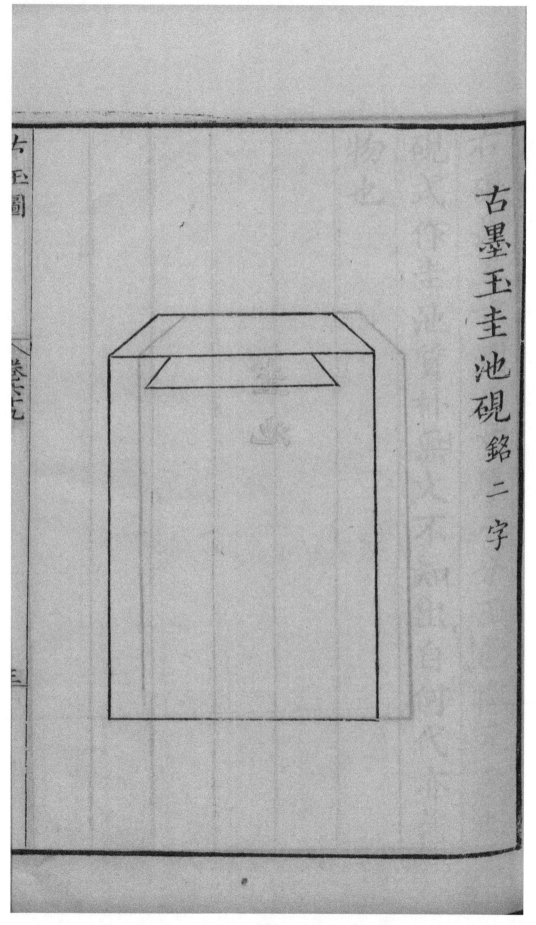

圭池

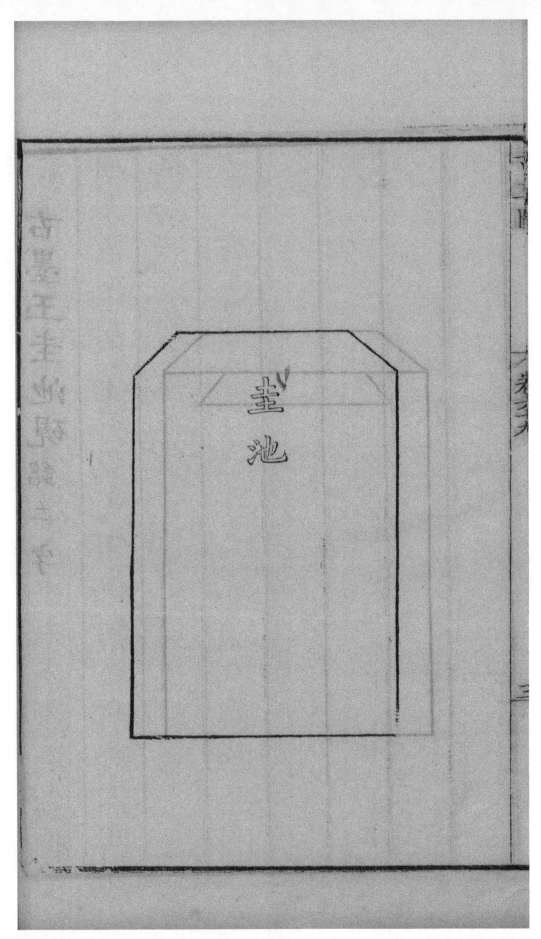

右硯長五寸濶三寸厚八分玉色微元無瑕

硯式作圭池質朴無文不知出自何代亦舊

物也

古甘黃玉湘斑筆管 計二矢

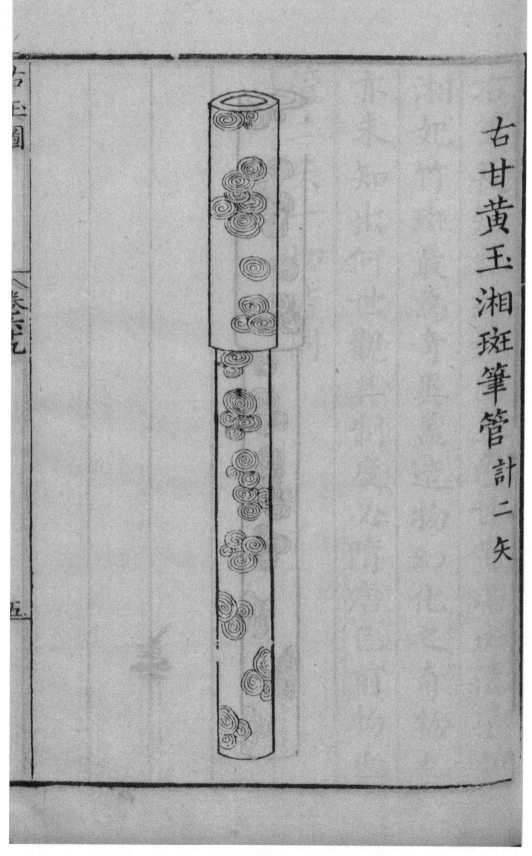

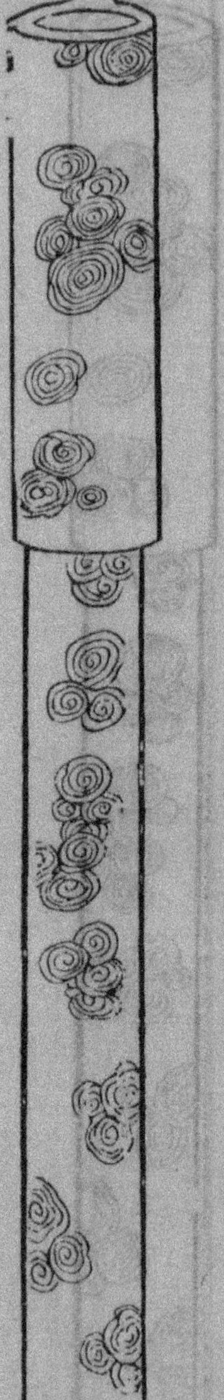

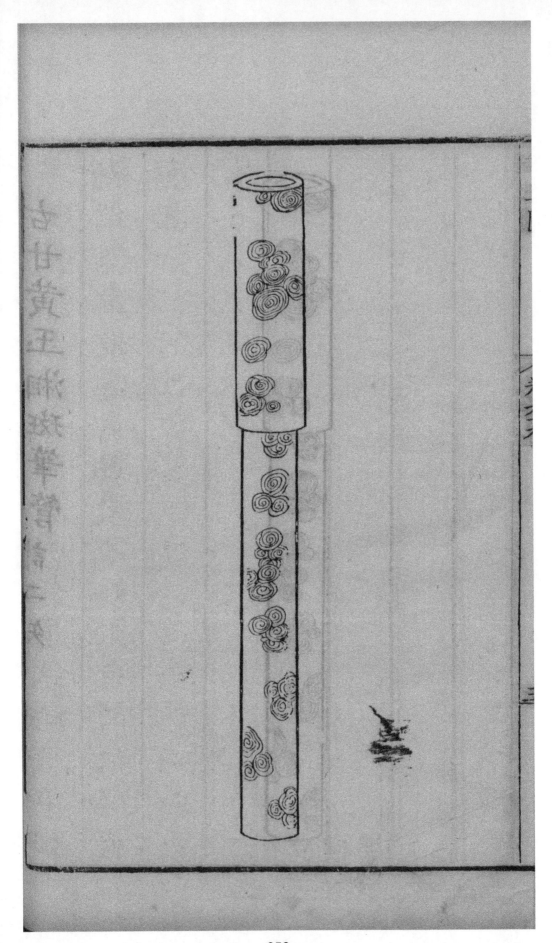

右筆長短粗細如圖玉色甘黃璊斑漬染如湘妃竹斑最為奇異蓋造物幻化之奇物也亦未知出何世觀其制度必隋唐已前物也管二矢一切皆同

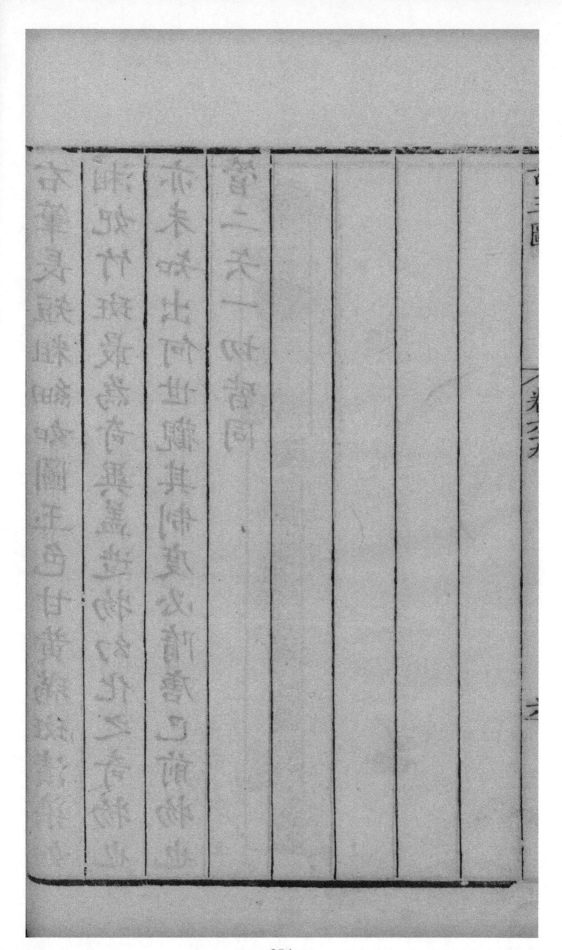

古白玉雙龍筆管計二矢

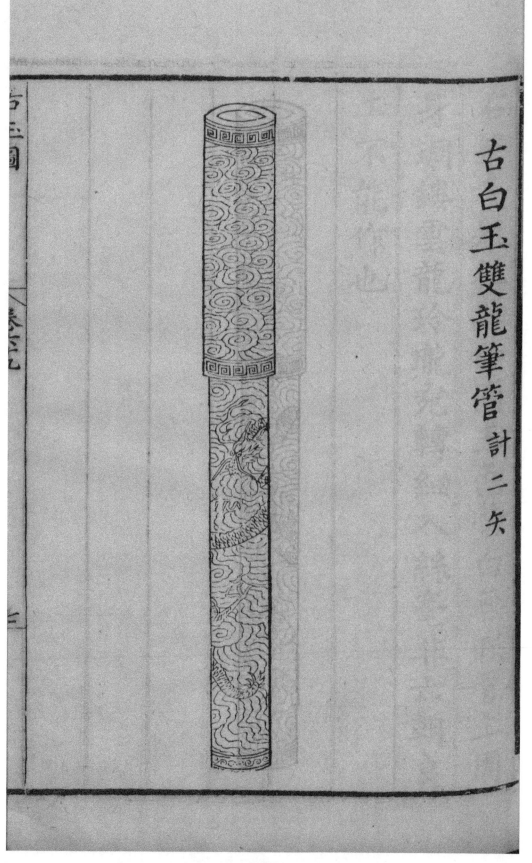

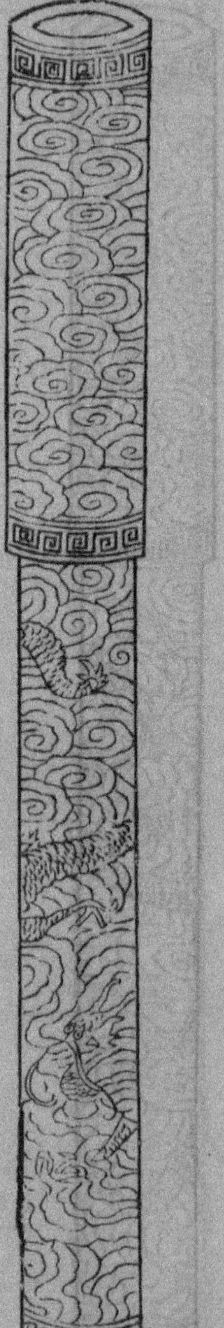

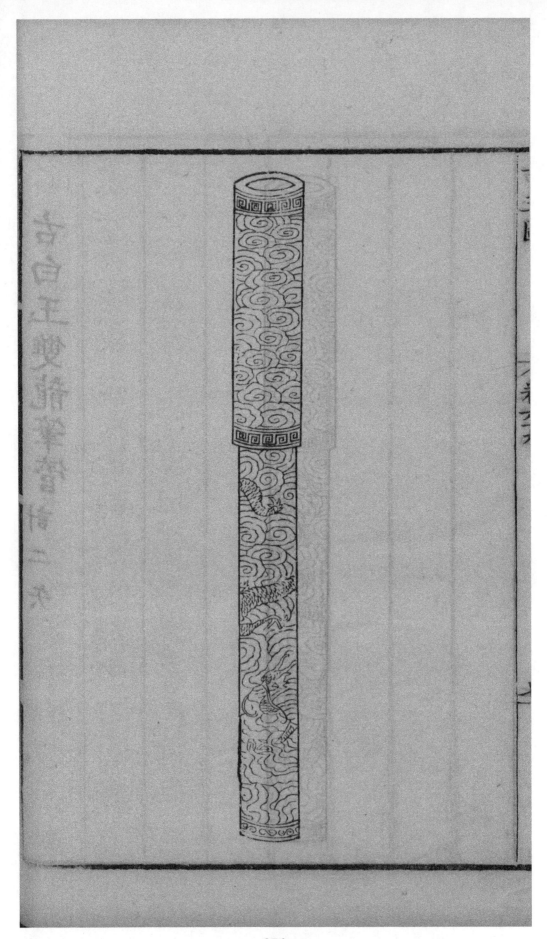

右筆長短粗細如圖玉色瑩白無瑕管上周身琱鏤雲龍玲瓏宛轉細入絲毫非六朝良工不能作也

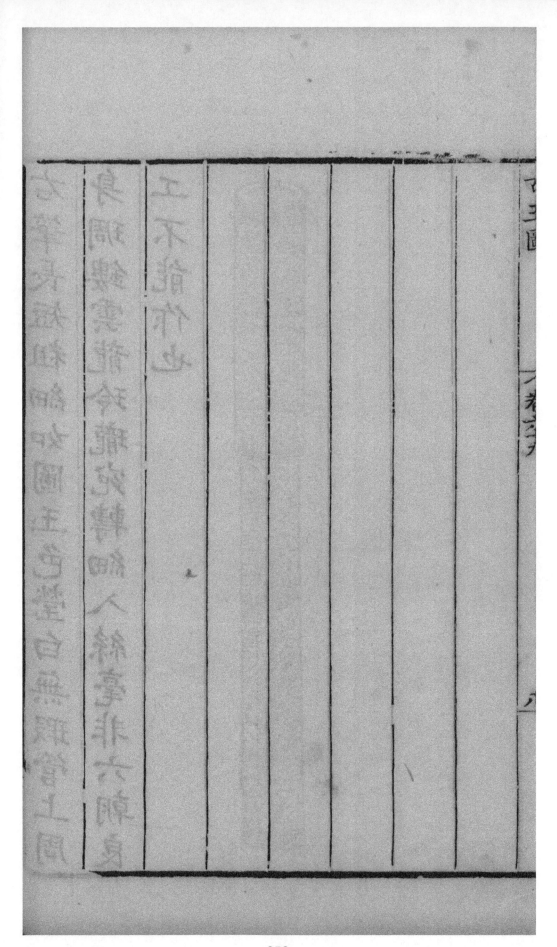

古玉建業文房筆管

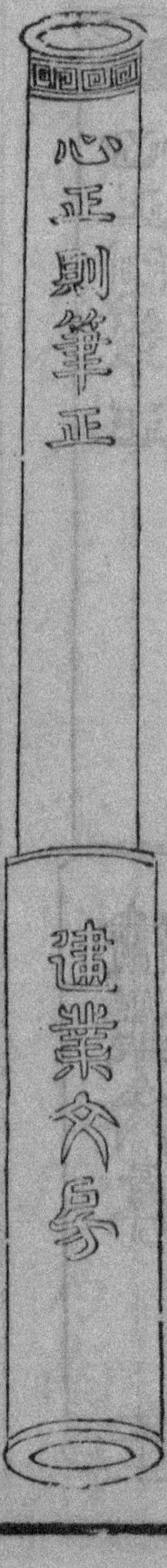

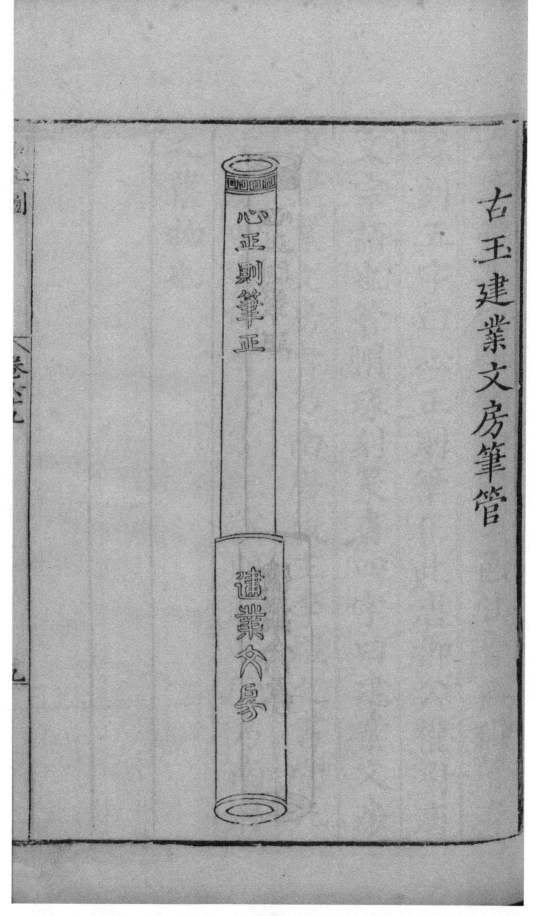

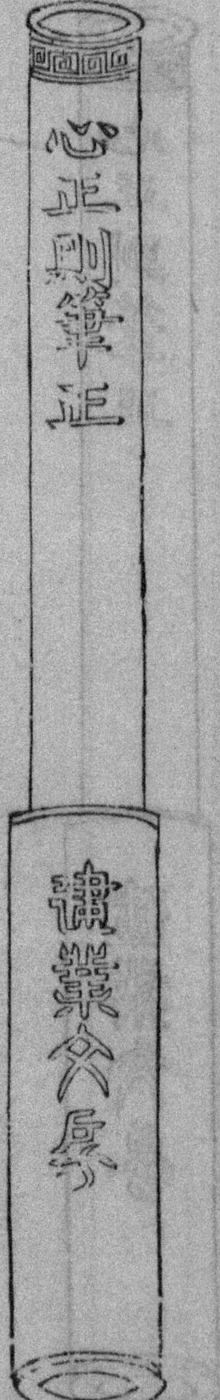
心正則筆正
讀業文房

右筆管長短粗細如圖玉色甘青無瑕管身瑑刻五字曰心正則筆正此唐柳公權對唐文宗語也管帽瑑刻篆書四字曰建業文房夫建業文房者乃南唐後主李煜之書堂凡文房四寶俱有此等記號則知此管乃南唐之舊物也

之舊物也

文房四寶俱有此等記識則知此當乃南唐

夫建業文房者乃南唐後主李煜之書堂也

文宗語也嘗聞篆刻家書四字曰建業文房

篆刻五字曰心正則筆正此唐柳公權對唐

名筆管長短粗細如圖正面甘青無瑕紋潔

古白玉雲龍琱文筆管 討二矢

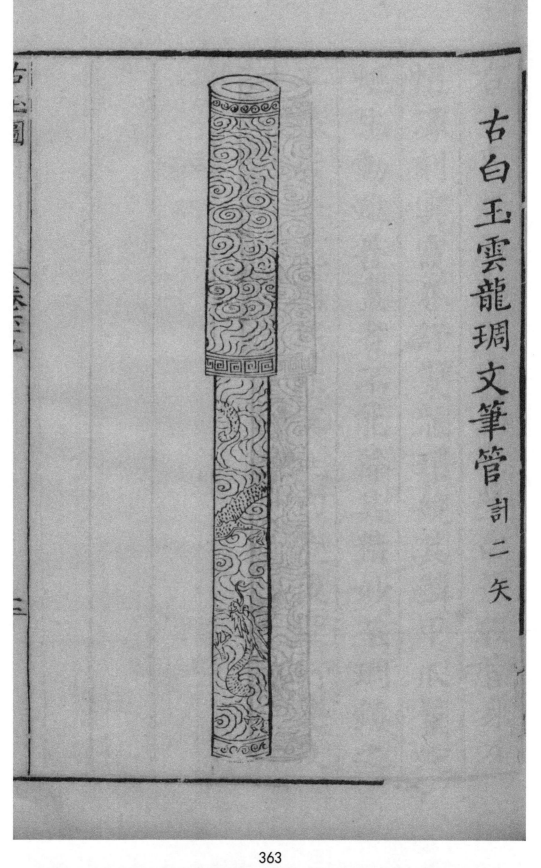

右筆長短粗細如圖玉色瑩白無瑕管身及帽瑑刻雲霞卷舒雙龍環繞其鱗甲爪鬣蜿蜒生動雖善畫者不能臻其精妙至琱鏤之工絲若牛毛繭絲非漢廷內造後世何能及之

宋淳熙敕編古玉圖譜第六十九冊 終

宋淳熙敕編古玉圖譜第七十四

古玉素質筆管 計二矢

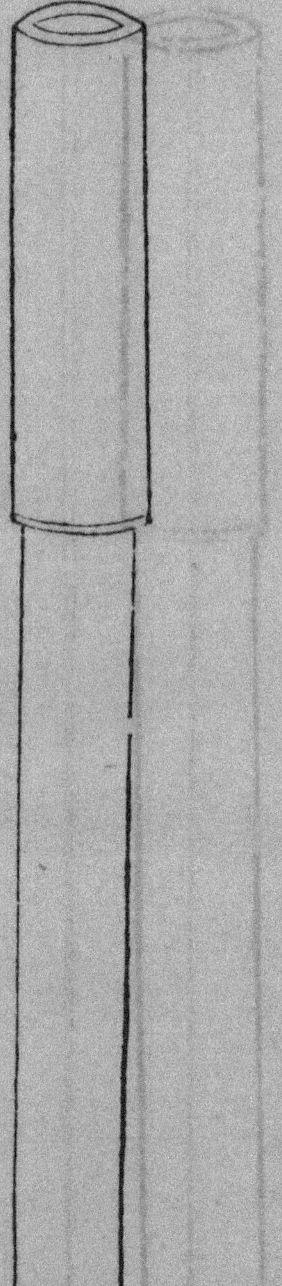

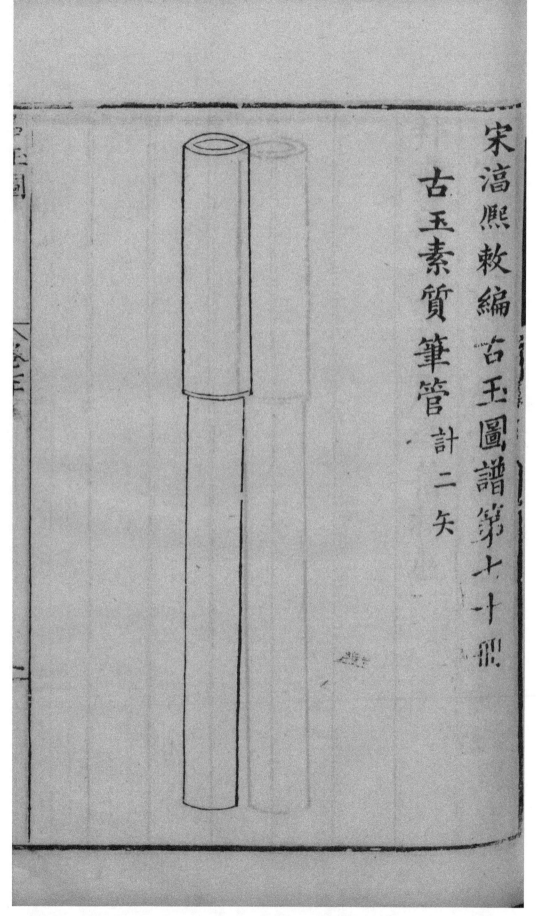

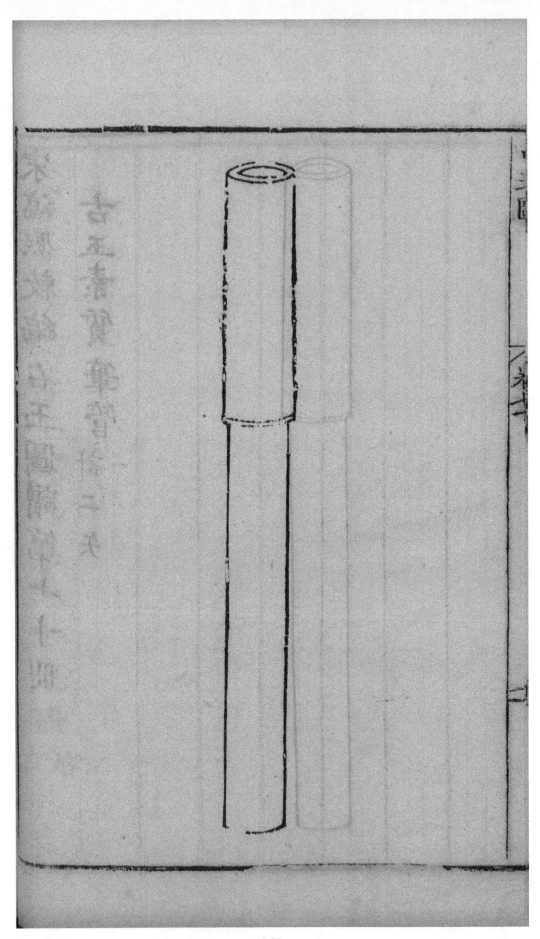

右筆管長短粗細如圖玉色淡碧無瑕周身
朴素無文亦隋唐之舊物也

古玉琱文筆管 討二矢

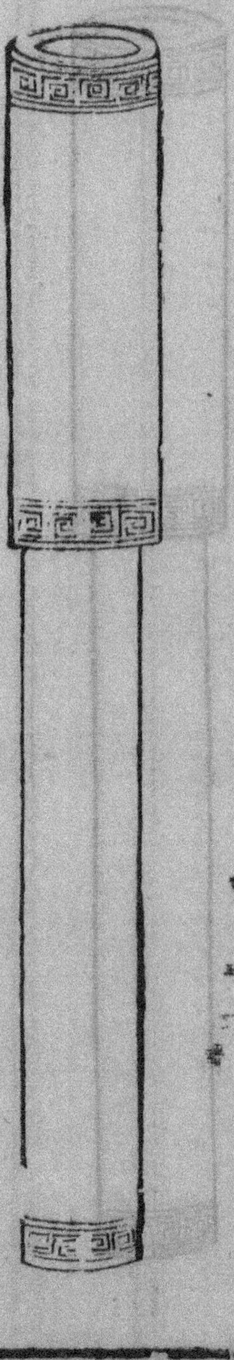

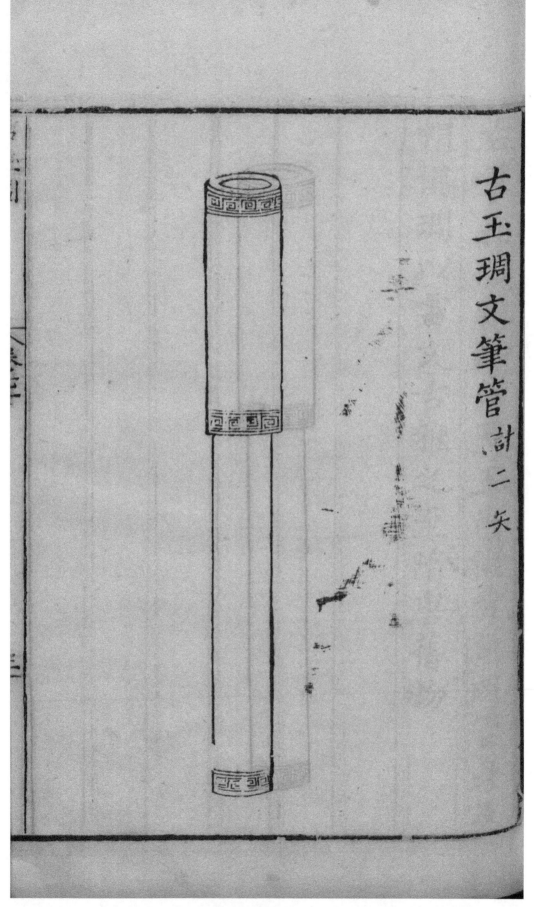

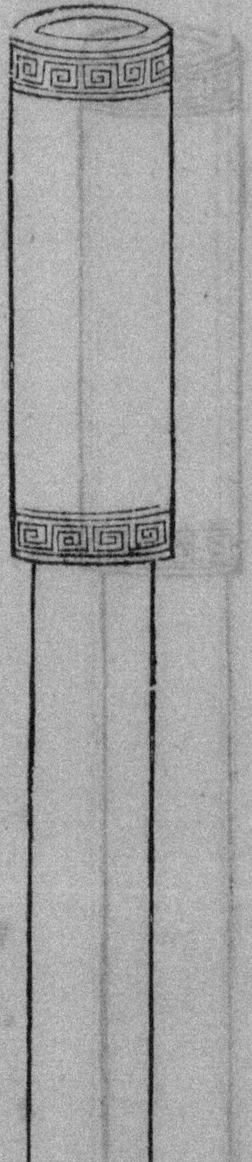

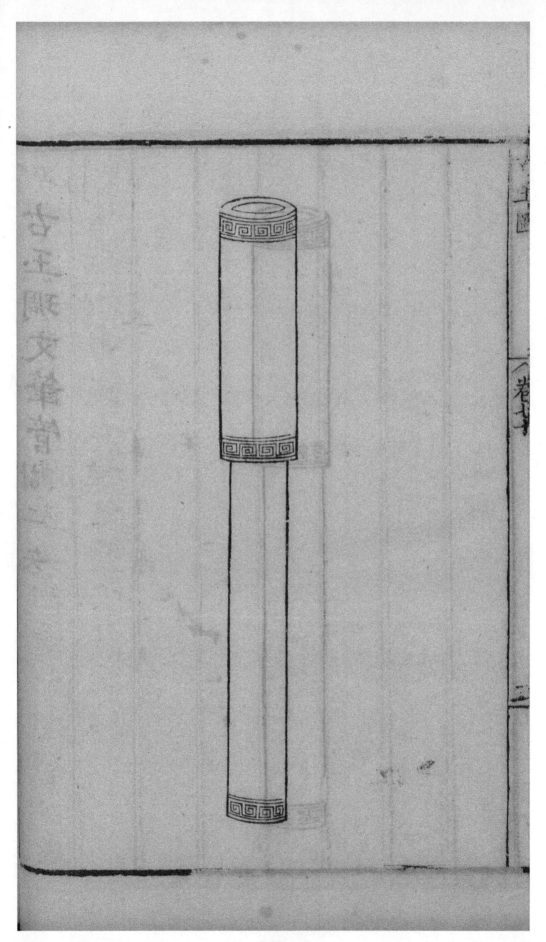

右筆長短粗細如圖玉色微黃無瑕管身及帽俱琱以雷文古雅之至隋唐舊物

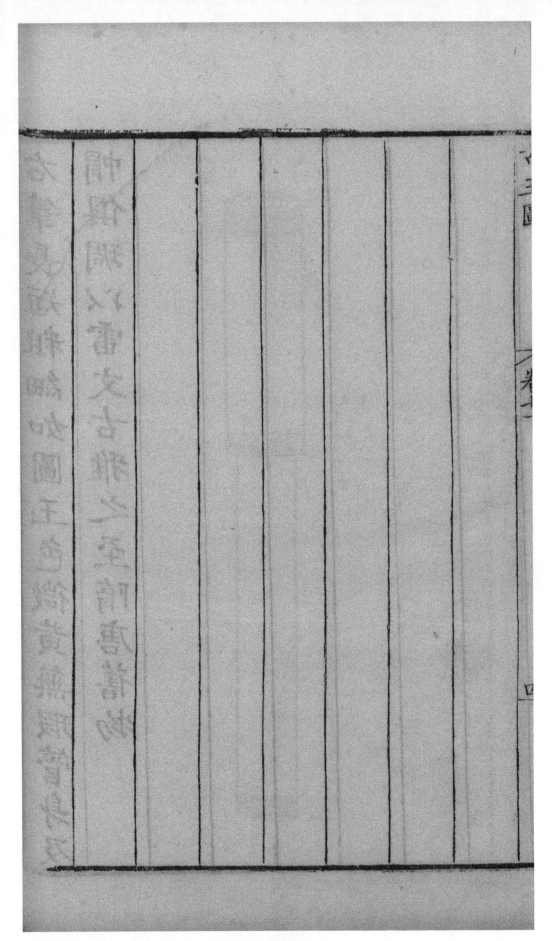

古玉天然硯山

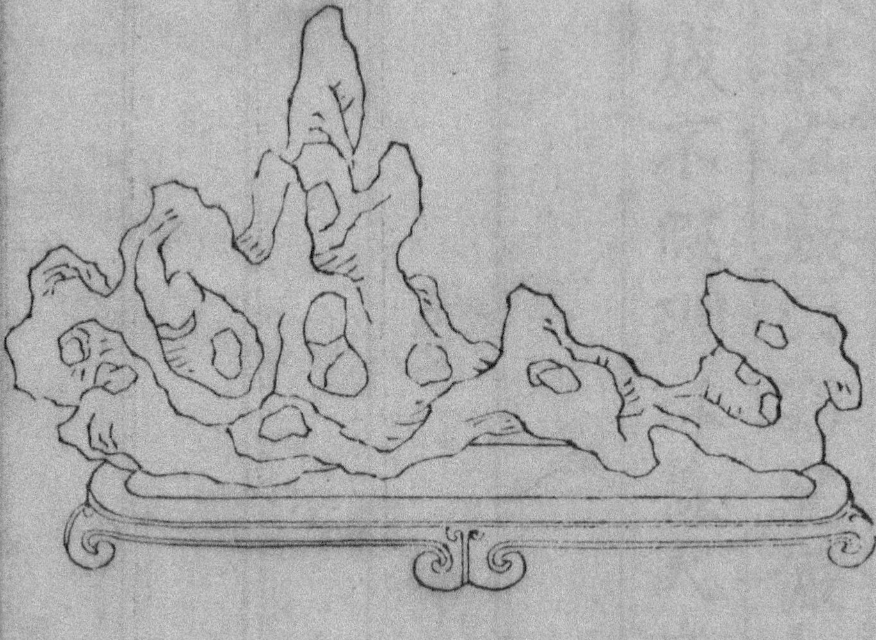

宋王大綠銅山

右硯山長短廣狹高低如圖玉色瑩白而微
青而玉質嵯峨嵌空巉穴窈窕儼如靈壁英
德之石天然而成不假琱琢蓋天産文房之
奇寶也

古玉天然硯山 二

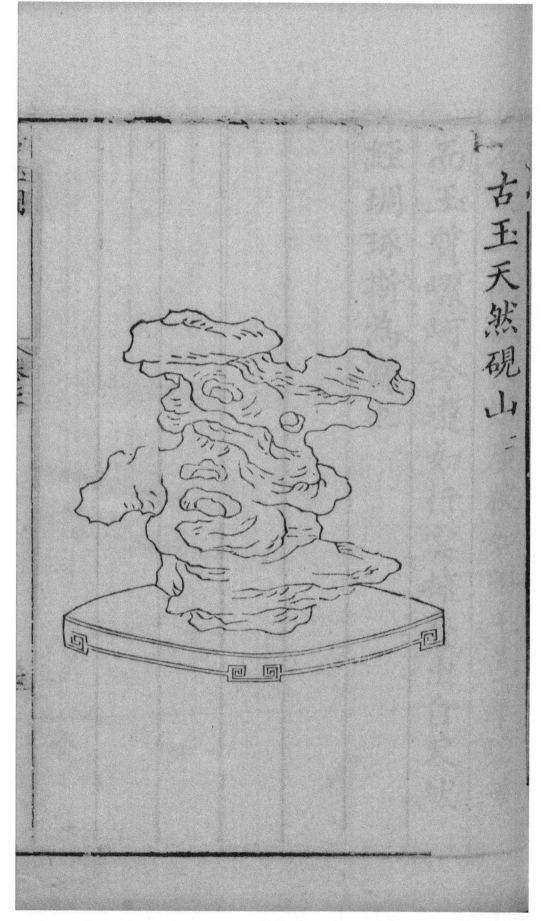

古玉天然硯山一

右硯山高低長短廣狹如圖玉色翠碧無

而玉質螺峒玲瓏如行雲擁疊出自天然

經琱琢斯為寶也

古玉天然硯山三

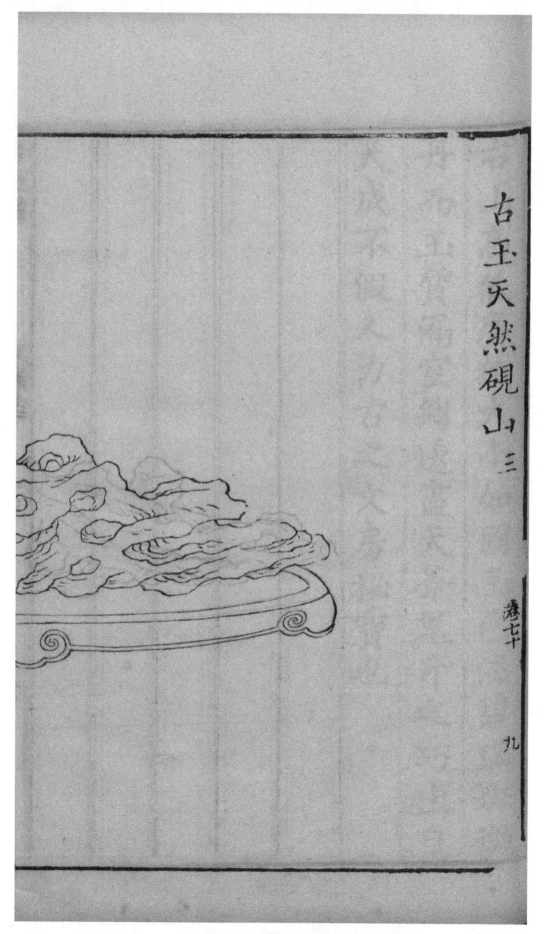

右山高低廣狹大小如圖玉色淡碧璊斑微丹而玉質漏空綿透盡天斧鬼斤之巧出自天成不假人力古之文房秘寶也

古玉天然硯山 四

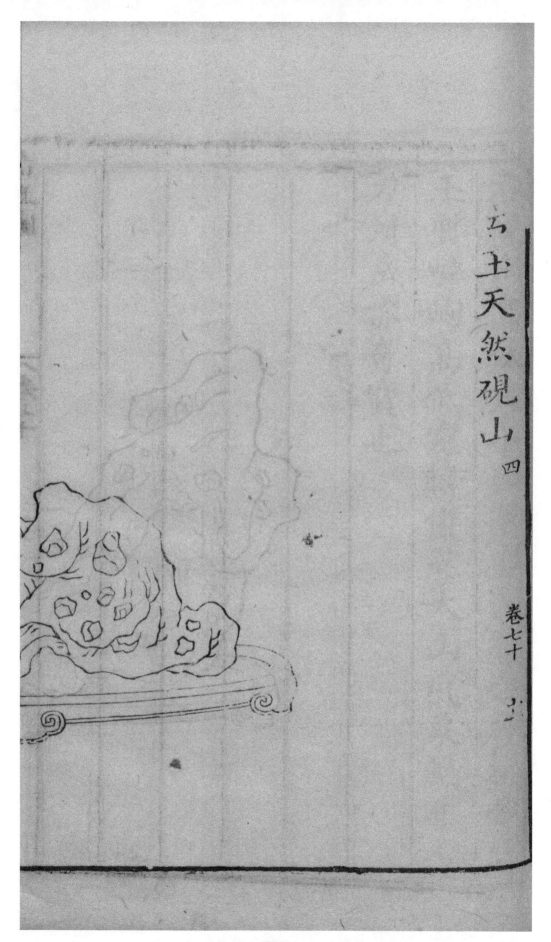

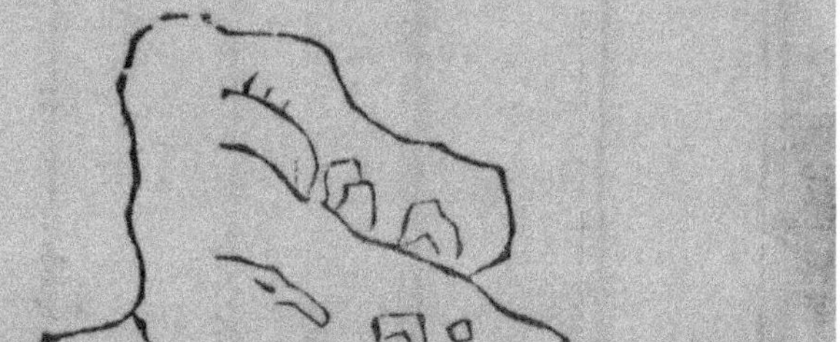

右硯山高低大小如圖玉色瑩白苔花暈綠玉質嶙峋高低宛轉儼然大山氣象絶非人力所成亦奇寶也

宋淳熙敕編古玉圖譜第七十冊 終

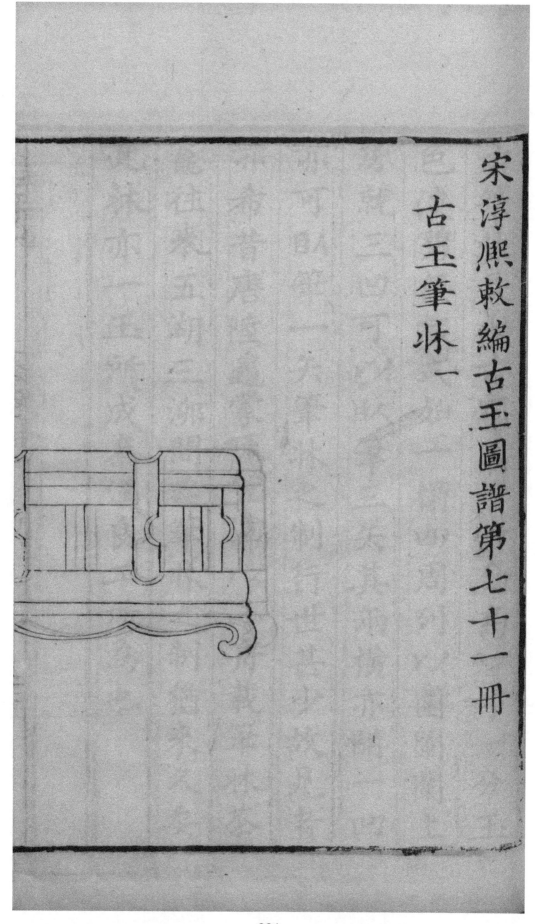

宋淳熙敕編古玉圖譜第七十一冊

古玉筆牀一

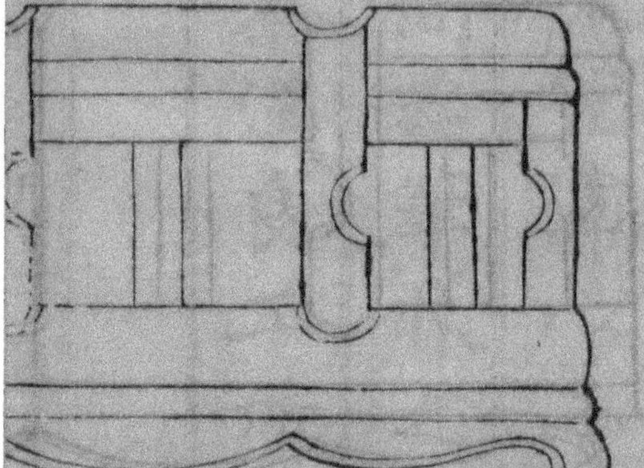

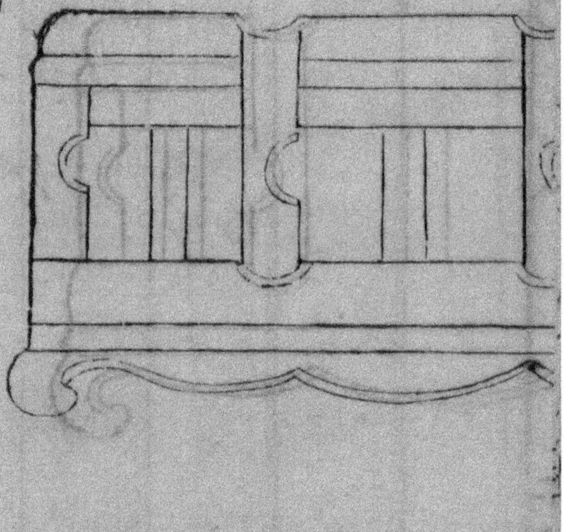

右筆牀長七寸濶三寸一分高一寸一分玉色淡碧無瑕式如一榻四周列以圍闌闌上琢就三凹可以卧筆三矢其兩横亦開一凹亦可卧筆一矢筆牀之制行世甚少故見者亦希昔唐陸龜蒙隱笠澤以小舟載筆牀茶竈往來五湖三泖間葢筆牀之制猶来久矣此牀亦一玉所成秦漢良工所為也

此林亦一王所成秦漢良工所為也
盧往來五湖三泖間益筆林之制尚未久今
亦希昔唐陸龜蒙隱笠澤以小舟載筆林茶
亦可臥筆一矣筆林之制行世甚少故見者
琢就三凹可以臥筆三矣其兩橫亦開一凹
色淡碧無瑕狀如一橋四周列以圍闌闌上
右筆林長七寸闊三寸一分高七寸一分五

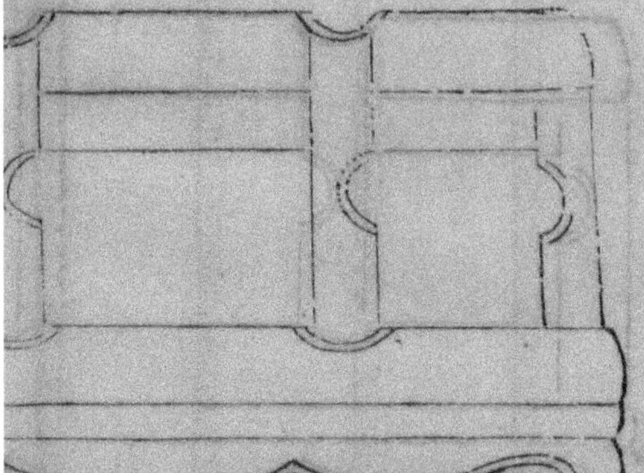

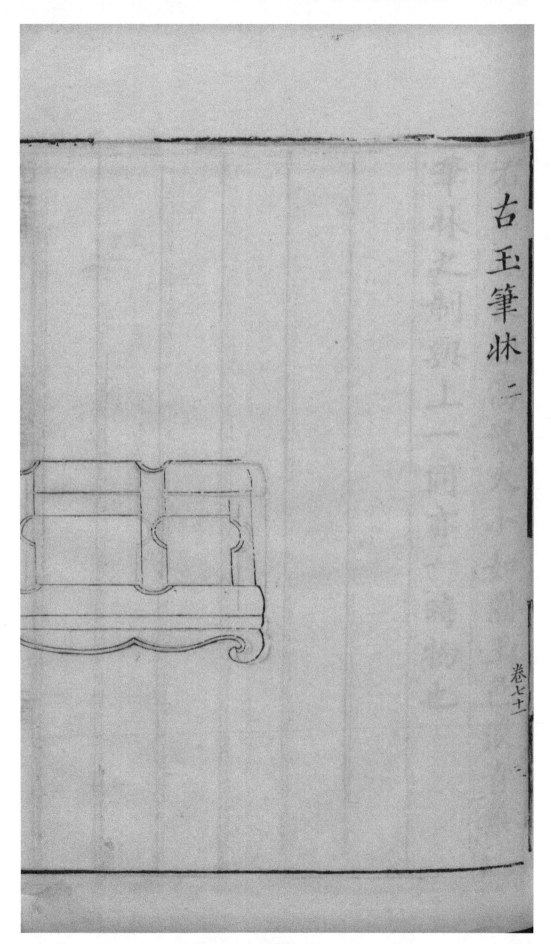

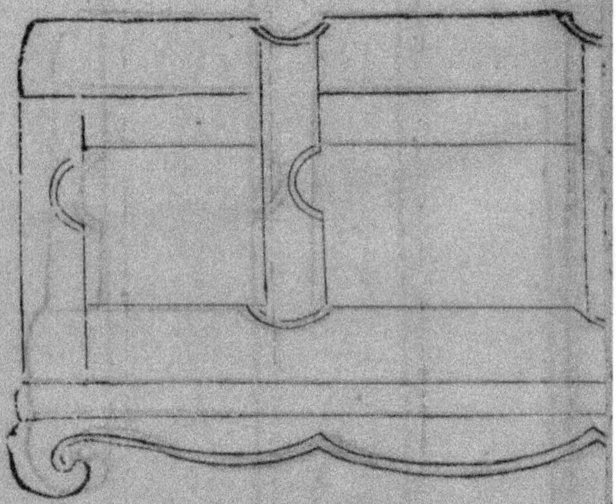

右筆牀長短高低大小如圖玉色淡青無圡

筆牀之制與上一同亦一時物也

華林久制與上一同亦一時物也

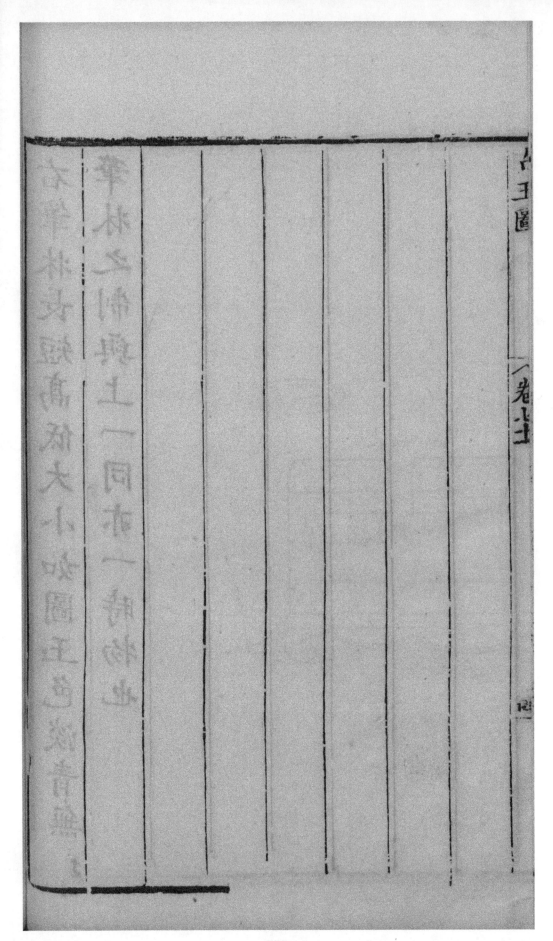

右華林玫盌通依大小如圖玉色淡青無

古玉甘露甕水丞

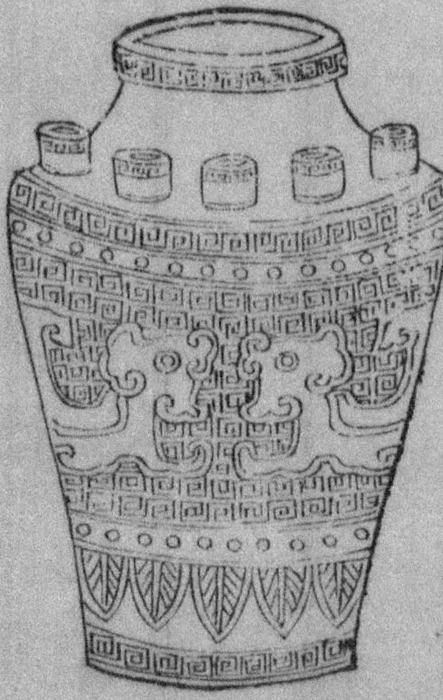

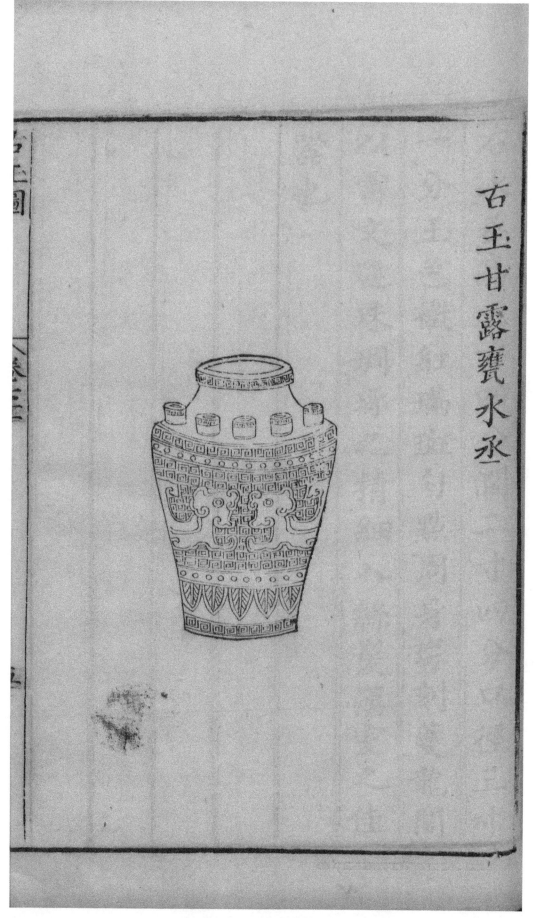

右水丞高三寸四分濶二寸四分口徑三寸一分玉色微紅璊斑勻點周身琢刻夔龍間以雷文連珠琱琢之精細入絲髮漢室之佳器也

古玉螭耳水丞

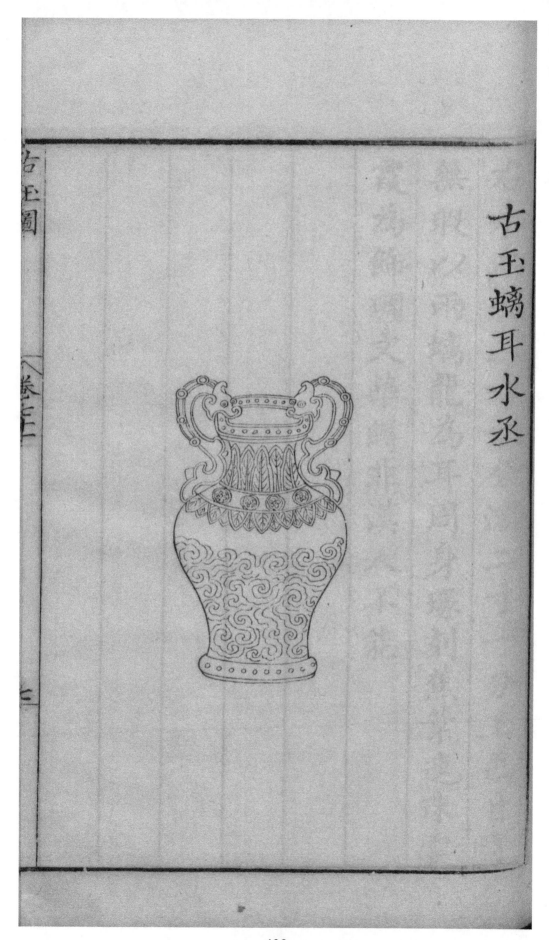

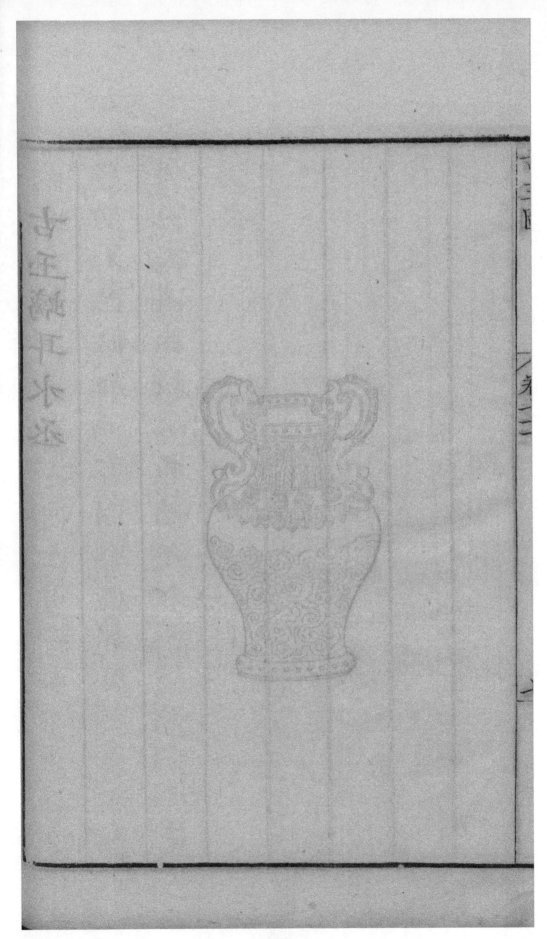

右水丞長三寸一分濶二寸一分玉色甘青
無瑕以兩螭龍為耳周身瑑刻蕉葉連珠雲
霞為飾琱文華縟非漢人不能

古玉如意銜環水丞

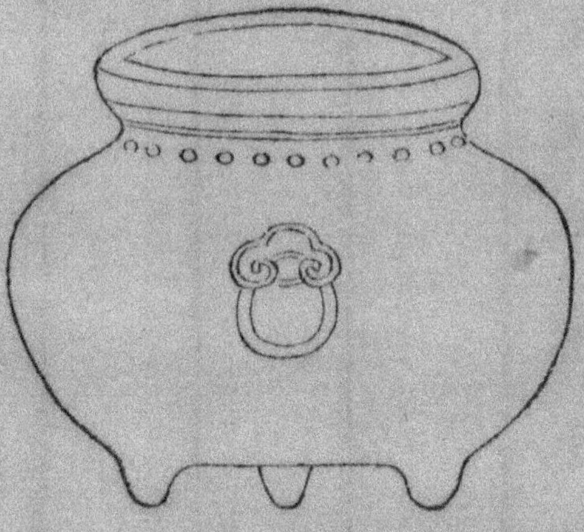

古玉合卺觥水盂

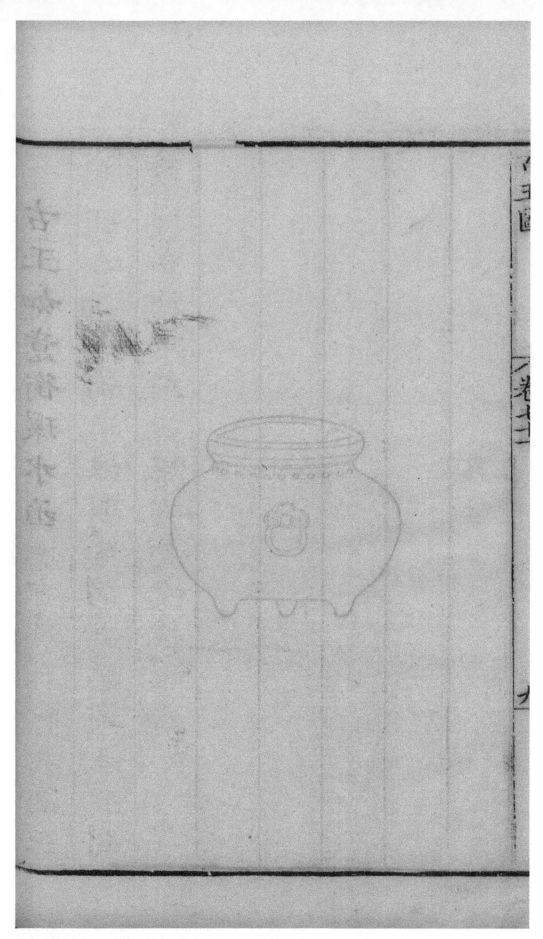

右水丞高二寸三分圓徑六寸三分足高三分三厘玉色瑩白無瑕瑑刻如意銜環脰間飾以連珠最為古雅六朝之佳器也

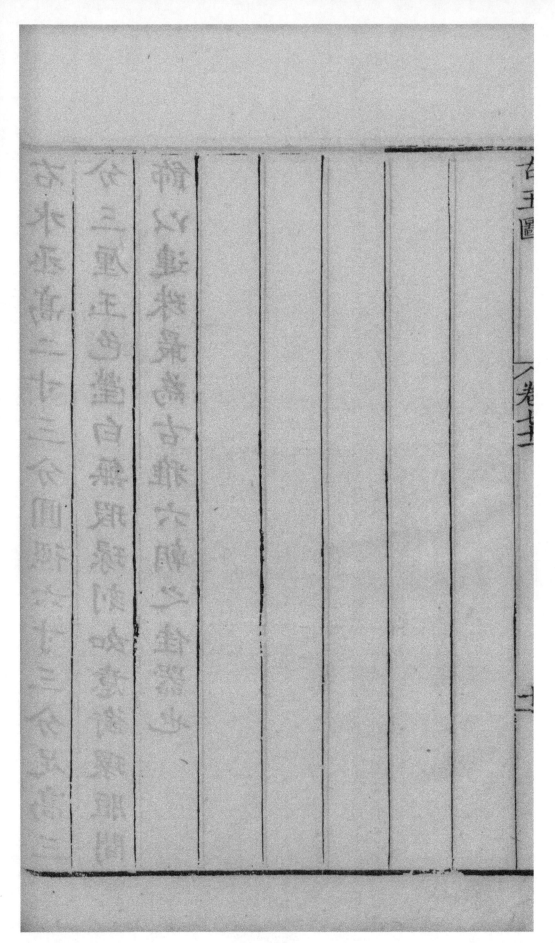

古玉雷簋水丞

古玉提梁水丞

右雷簋高一寸八分圓徑六寸八分玉色淡碧土銹凝丹脂間飾以連珠腹上雷文為飾足上環以二箍式甚古雅漢器也

一提梁水丞高三寸三分圓徑六寸九分提梁連環長二寸五分有蓋連于梁上玉色甘黃璊斑勺布琢刻精工秦漢物也

黄為斑紋布緑刻精工秦漢物也

梁連環長二寸五分有蓋連于梁上玉色甘

一提梁水承高三寸三分圓徑六寸九分提

足上環以二螭式甚古雅漢器也

梁上鏤螭文周遭間飾以連珠腹上雷文為飾

右壺蓋高一寸八分圓徑六寸八分玉色淡

古玉雷文豆水丞

右雷文豆高二寸五分圓徑六寸八分玉色瑩白無瑕脰間飾以雷文腹上飾以銜環獸面線口高足繞以三環更用碧玉鸕鷀杓為副六代名賢之美器也

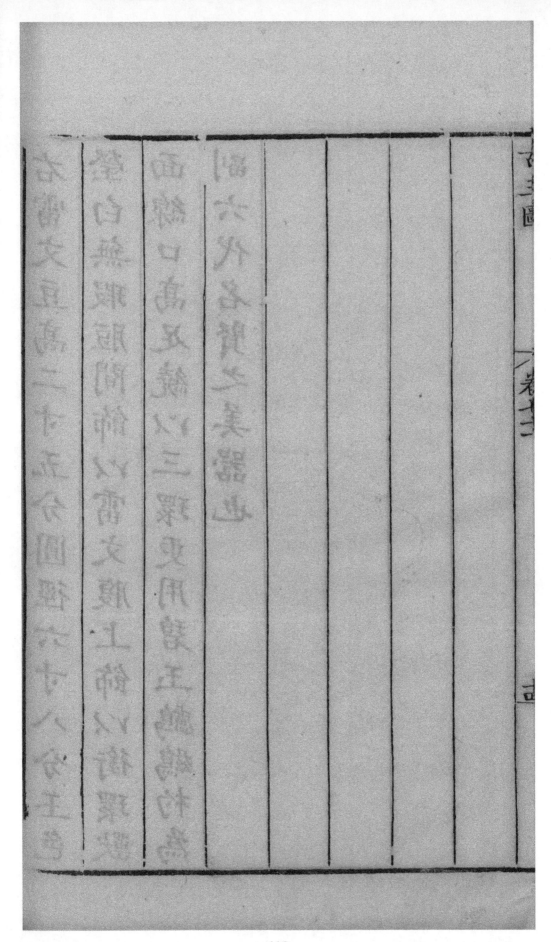

古玉如意足水丞

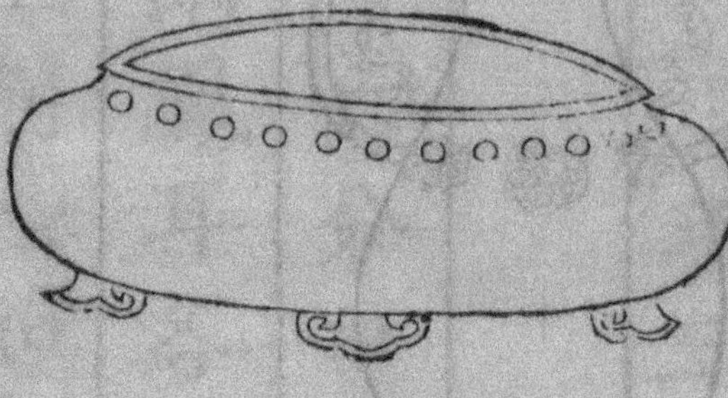

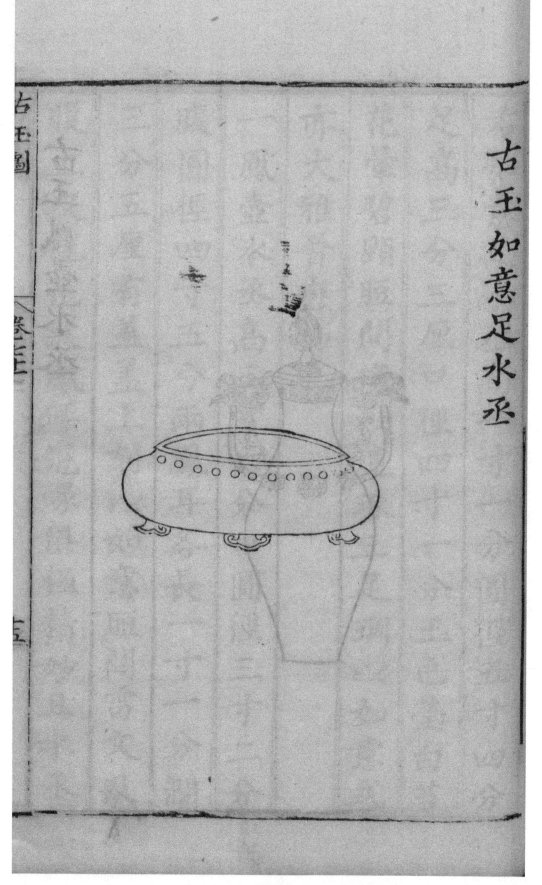

古玉鳳壺水丞

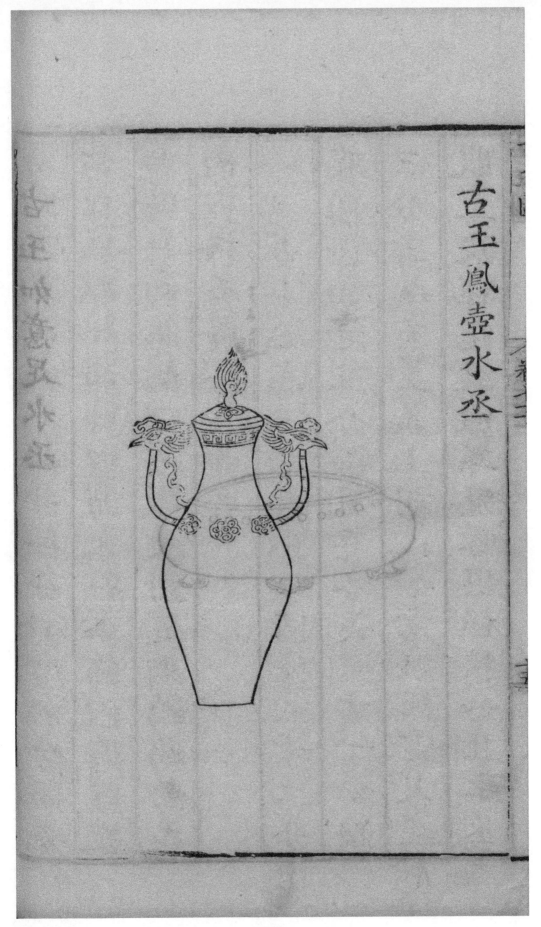

右如意足水丞高一寸一分圓徑五寸四分足高三分三厘口徑四寸一分玉色瑩白菩花暈碧頸脰間瑑以連珠三足琱以如意式亦大雅晉唐物也

一鳳壺水丞高三寸六分口圓徑三寸二分腹圓徑四寸五分兩鳳耳各長一寸一分濶三分五厘有蓋蓋上刻以如意脰間雷文及腹上皮毬花紋鳳耳冠喙俱極精妙且水丞

有蓋以免鼠竊塵埃之穢蓋隋唐已来之佳器也

宋淳熙敕編古玉圖譜第七十一冊　終

宋湻熙敕編古玉圖譜第七十二冊

古玉鉢盂水丞

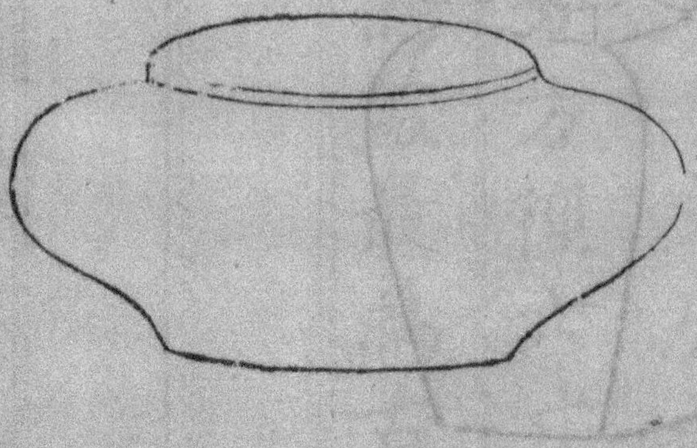

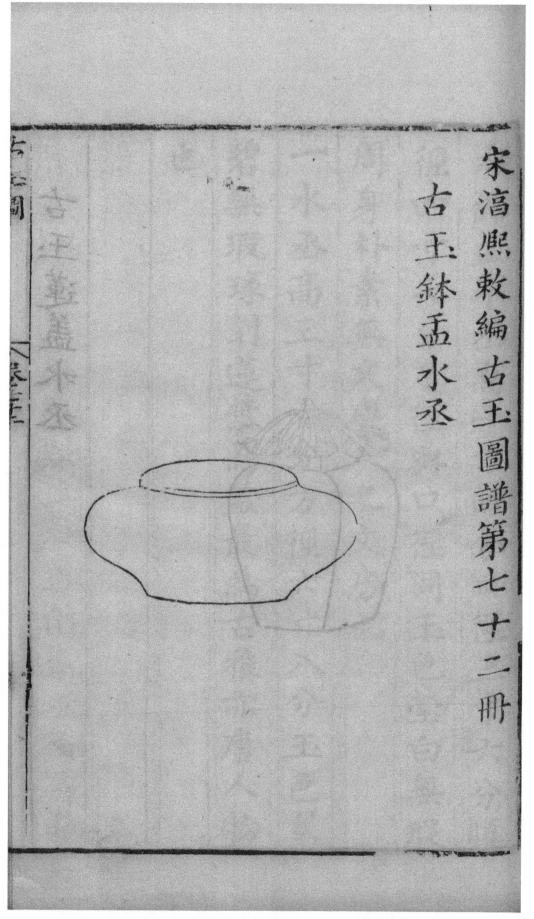

古玉蓮盖水丞

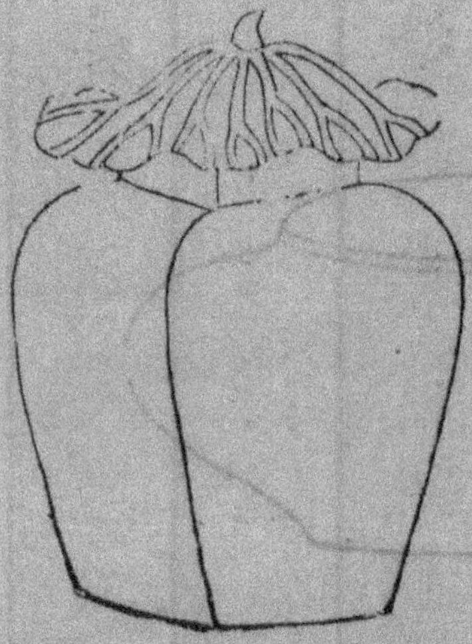

右鉢盂水丞高一寸四分口徑三寸六分腹徑四寸七分足徑與口徑同玉色瑩白無瑕周身朴素無文唐人之文房也

一水丞高三寸一分方徑六寸八分玉色翠碧無瑕瑑刻蓮葉為蓋最為古雅亦唐人物也

也

器無瑕纇刻蕉葉為盧最為古雅亦唐人物

一水丞高三寸一分方徑六寸八分玉色㴱

圓身朴素無文唐人之文房也

徑四寸七分足徑與口徑同玉色瑩白無瑕

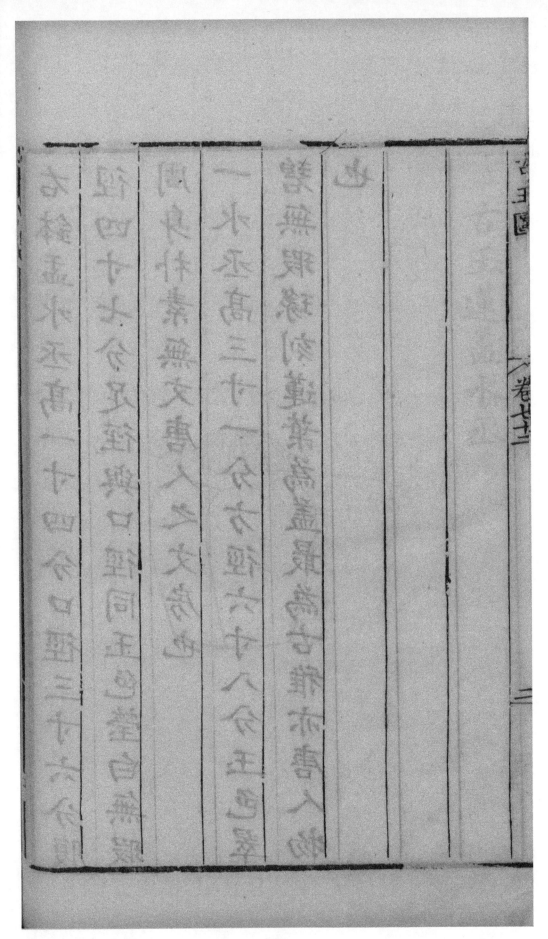

右鉢盂水丞高一寸四分口徑三寸六分通

古玉眠鵞水注

古玉臥羊水注

右鷟注長二寸七分高二寸鷟首昂起八分玉色瑩白璊斑匀布琢刻羽毛喙嗉宛然如生且琢工精妙無比漢人傑作也以喙中出水以供硯滴

一羊注長三寸一分高二寸四分羊首昂起九分色甘青無瑕琢刻羊身跪臥頭角足尾安詳得所晉唐之物取羊口出水以供硯滴

古玉蓮房水注

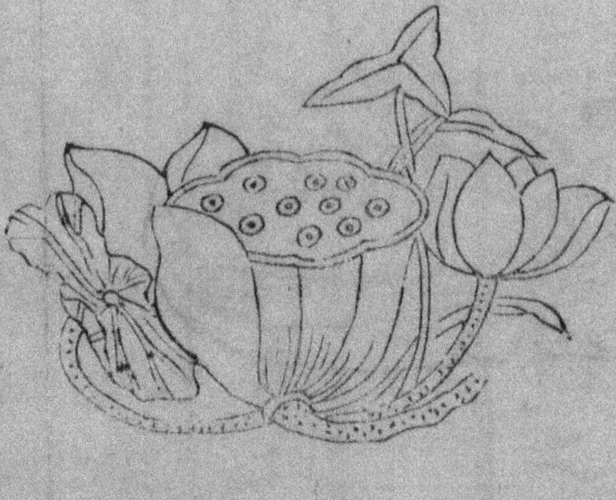

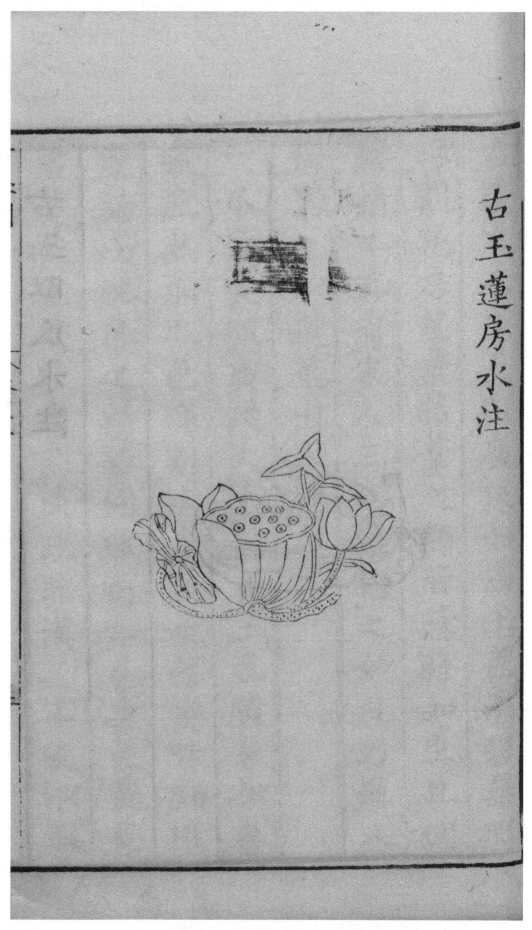

古玉臥瓜水注

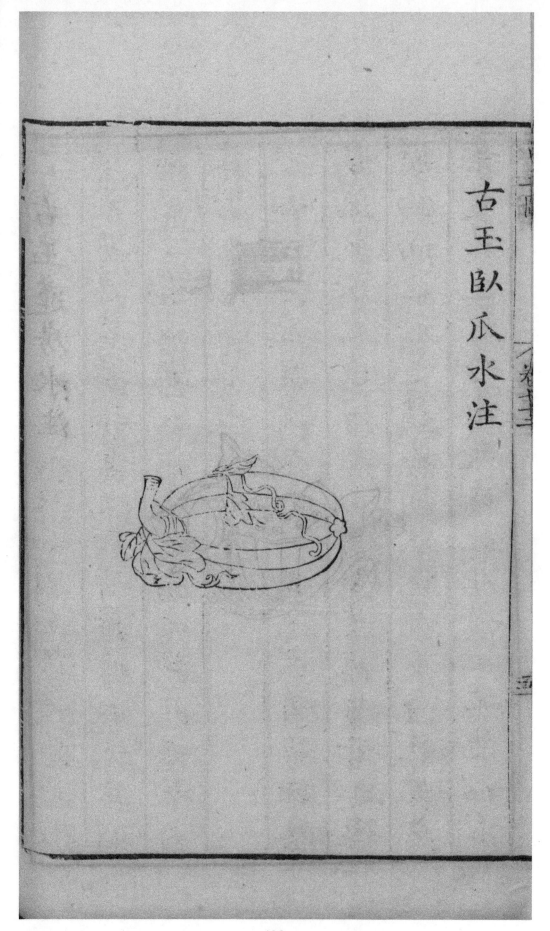

右蓮房水注長短廣狹如圖玉色淡碧無瑕琢刻花房莖葉蘋葦之類皆葱蔚如生且琱鏤精工真有宋人三年為楮之妙此乃漢人佳器也以蓮莖出水供硯滴

一瓜注長短廣狹大小如圖玉色黄碧相參儼然熟瓜之色琢刻瓜身莖葉藤蔓皆細碾雙鈎而配色之精若同賦色如瓜身色黄莖葉蔓枝色碧若出天成此非漢工不能以瓜

蠖出水而供硯滴者故此非漢工不能以水

雙鉤而配色之精若同賦色如乃身色黄蟲

儀琛緻乃之色琢刻乃身連葉蔗蔓昔細碾

一乃注長短廣狹大小如圖玉色黄碧相参

佳器也以進奉出水供硯滴

纔精工真有宋人三年為楮之妙此乃漢人

琢刻花鳥蓮葉蘋葉之精皆為蔚如生且潤

右進呈水注長短廣狹如圖玉色淡碧無瑕

古玉蟾蜍水注一

古玉蟾蜍水注二

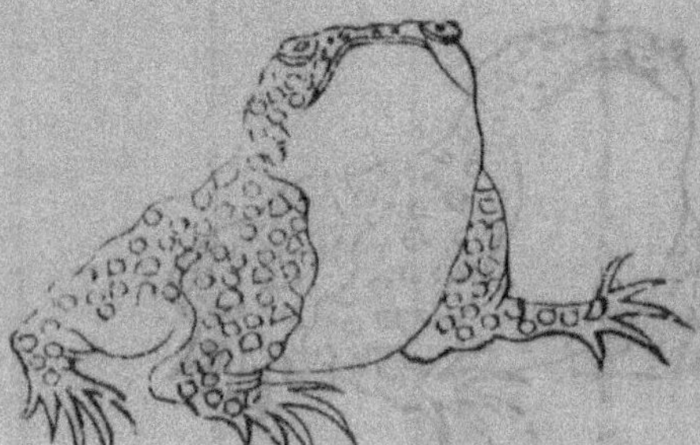

右蟾注長二寸八分高一寸六分蟾首昂起八分腹空貯水口出以供硯滴乃漢之奇珍也玉色甘黃無瑕琢首絕佳其高低大小玉色琢刻悉同前注

古玉元武水注一

古玉元武水注 二

右元武水注長二寸四分高一寸七分龜首昂起七分腹空口中吐水以供硯滴玉色元黑無瑕瑑刻龜身甲爪細同圖畫儼若生成且元武北方水屬以之飾注其義合宜與後器皆漢制也

後一器長二寸八分高二寸一分龜首昂起八分龜腹空以口出水皆與前相同玉色亦如之唯龜雄傑有異於前耳

如上法施轉條有與本前平
入分通腹空以口出水許數節同主色赤
後一器長二十八分方二十一分通首尋處
器器發轉也
且元次北方水屬以之藏注其義合空與後
黑無限務到適身中承納同圖畫廉者生成
罪起七分腹空口中吐水以傍瓶滿五色元
人元北水生成三十四分方一十七分通首

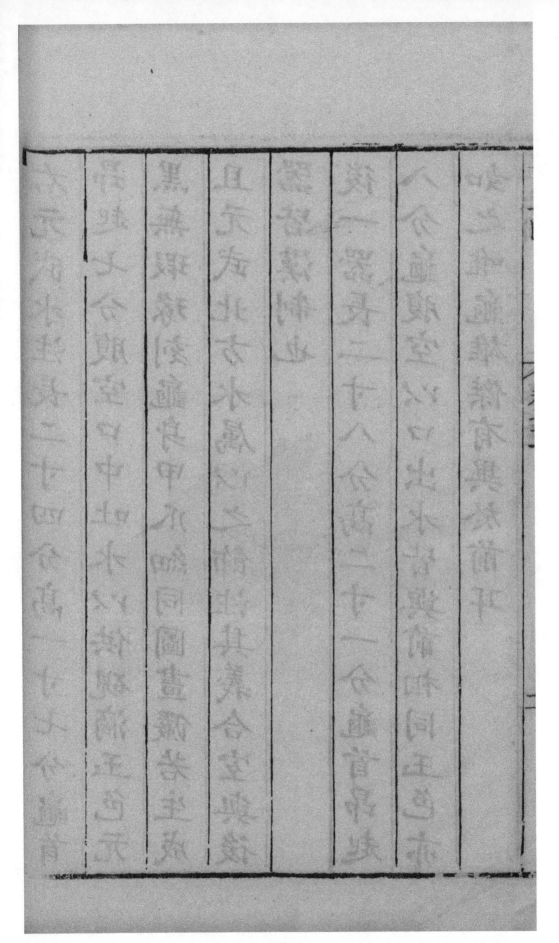

古玉辟邪水注

右辟邪注長六寸六分高二寸玉色甘黃璊斑匀布瑑刻辟邪之形頭角鬚髮無不精工腹空貯水從口出之真漢良工所作也

宋淳熙敕編古玉圖譜第七十二冊 終

宋淳熙敕編古玉圖譜第七十三[illegible]

古玉三元豆水注

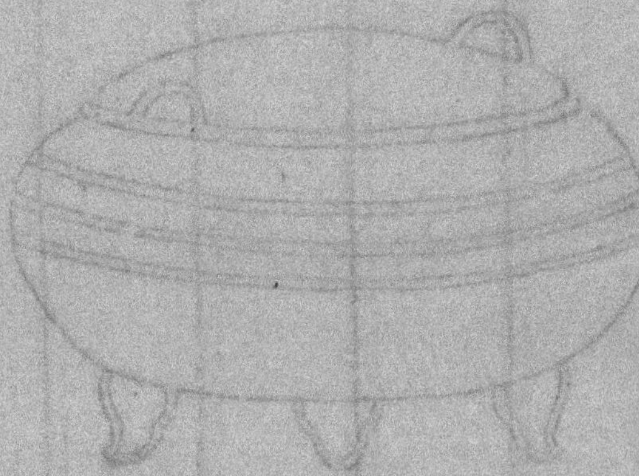

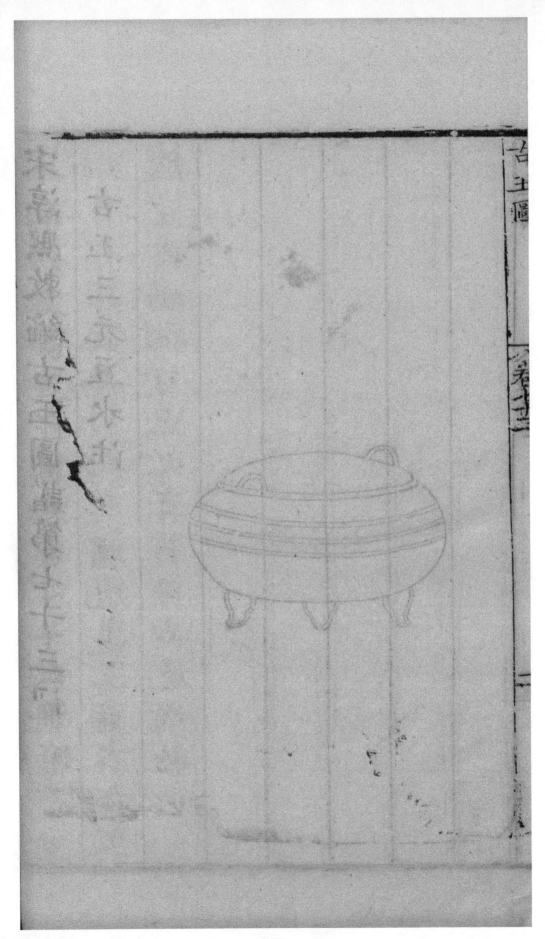

右豆高二寸五分圓徑六寸八分足高□分二厘有蓋蓋上列以三環腹上三箍亦如之色甘黃璊斑勾點制度質朴必近代物也

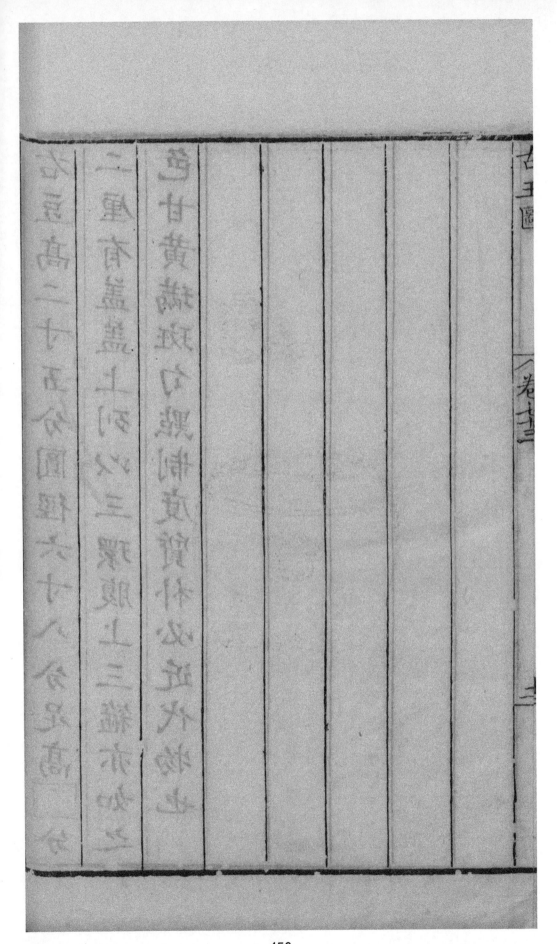

古玉玉斗水注

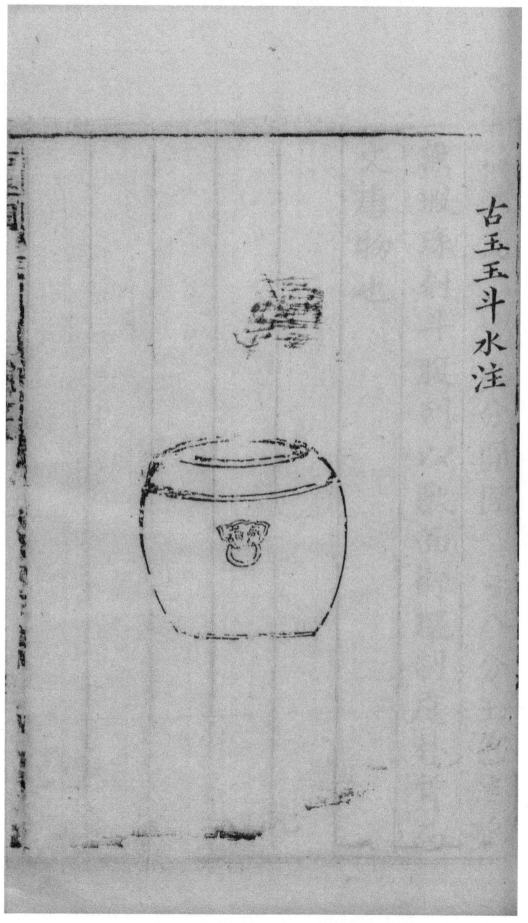

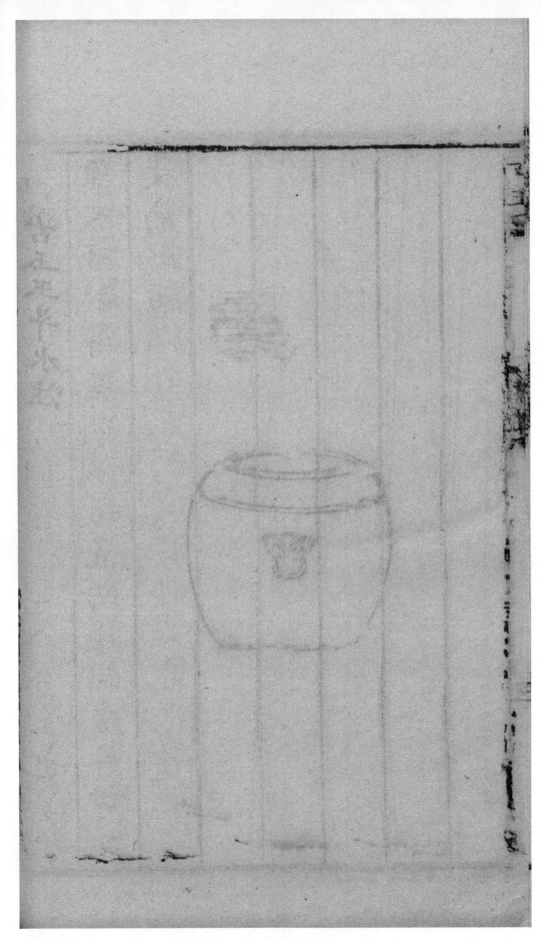

如法高二寸九分圓徑一寸八分玉色淡碧無瑕瑑刻斗腹列以獸面銜環制度朴質而文唐物也

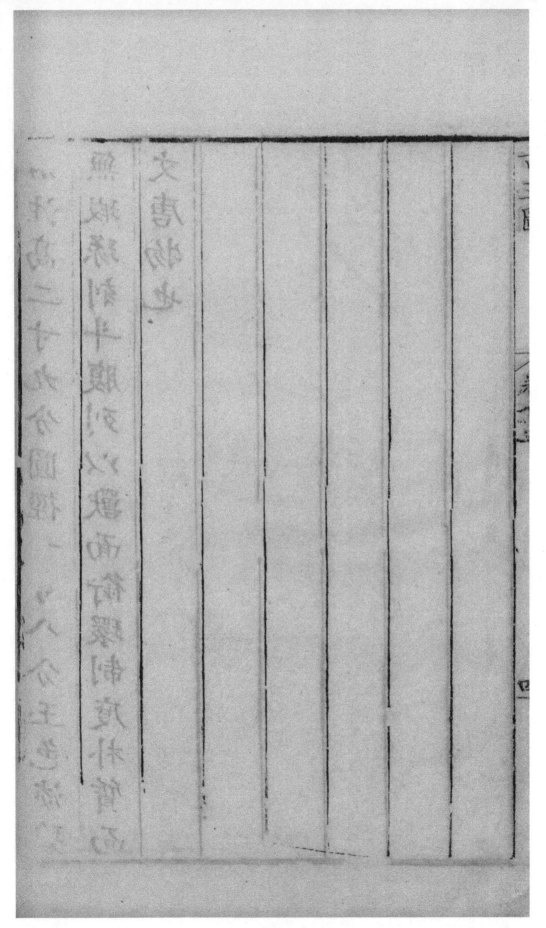

古玉雷簋水注

右注長二寸九分濶一寸八分深一寸二分
足高四分玉色甘青無瑕脰間瑑刻雷文足
如意精鏤入妙式制臻奇漢之佳器也

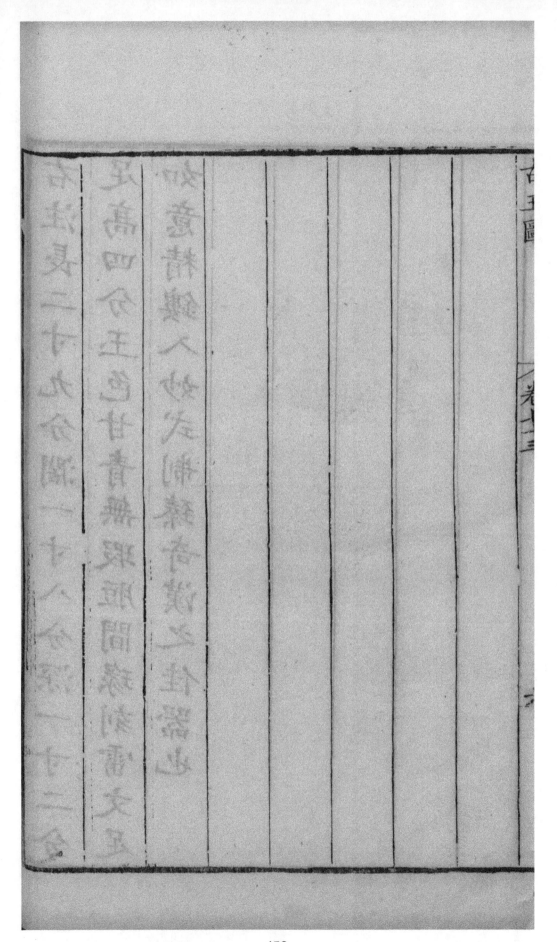

古玉蟠獅書鎮

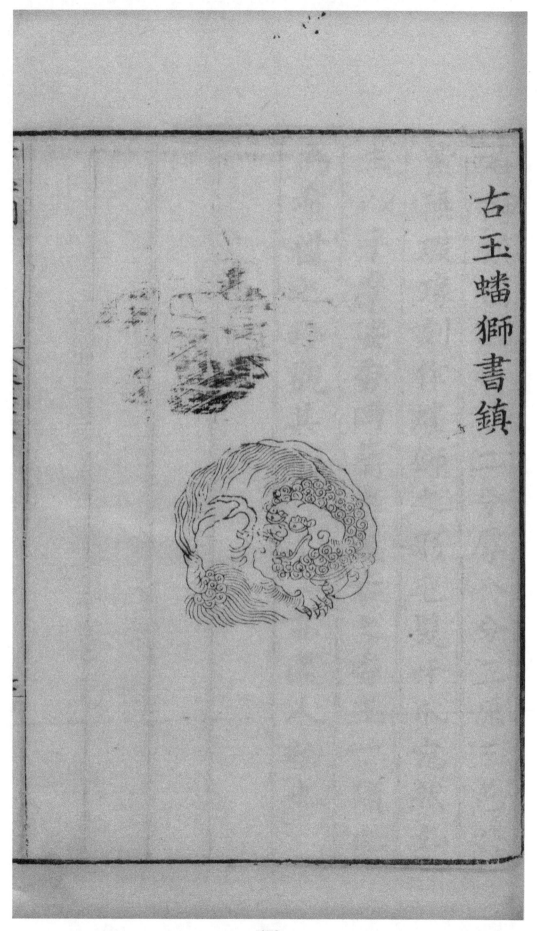

右獅鎮圓徑七寸二分厚八分三厘玉色純紫無瑕瑑刻作蟠獅之形毛髮牙爪宛然如生以手摩娑香同蘭麝蓋古之香玉一類也為希世之珍觀其制作之工亦漢人物也

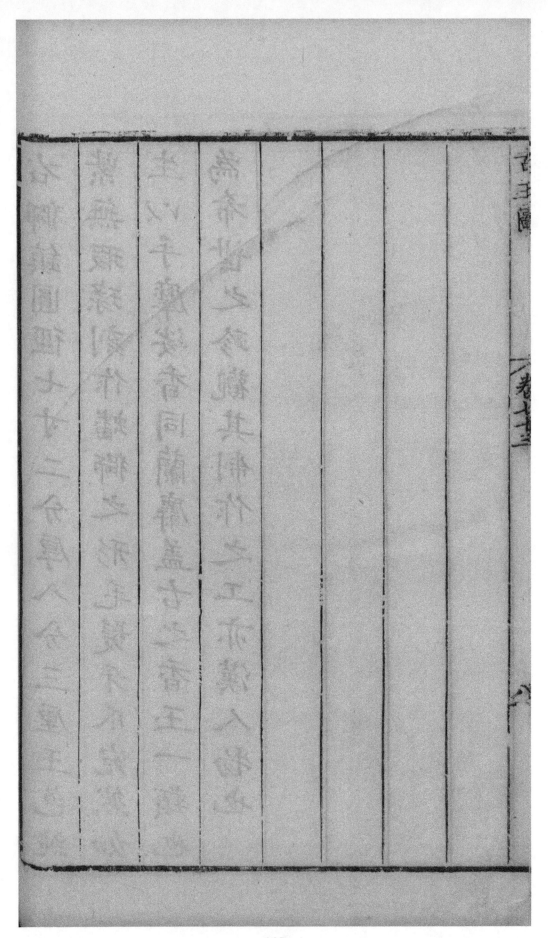

古玉天禄書鎮

右天祿高三寸長四寸一分玉色淡碧無瑕琢刻作天祿獸形其頭角鬚髮筋骨爪尾俱極精細真漢代之佳器也

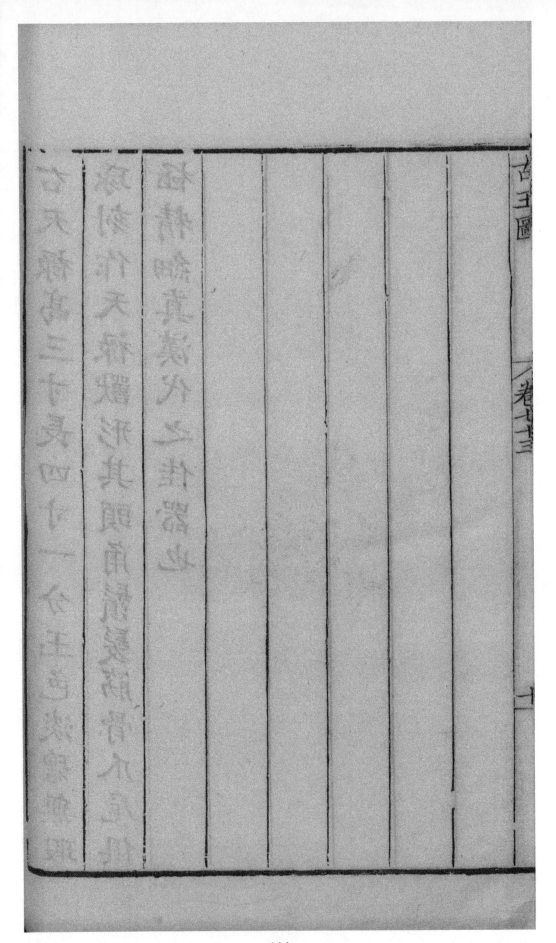

古玉辟邪書鎮

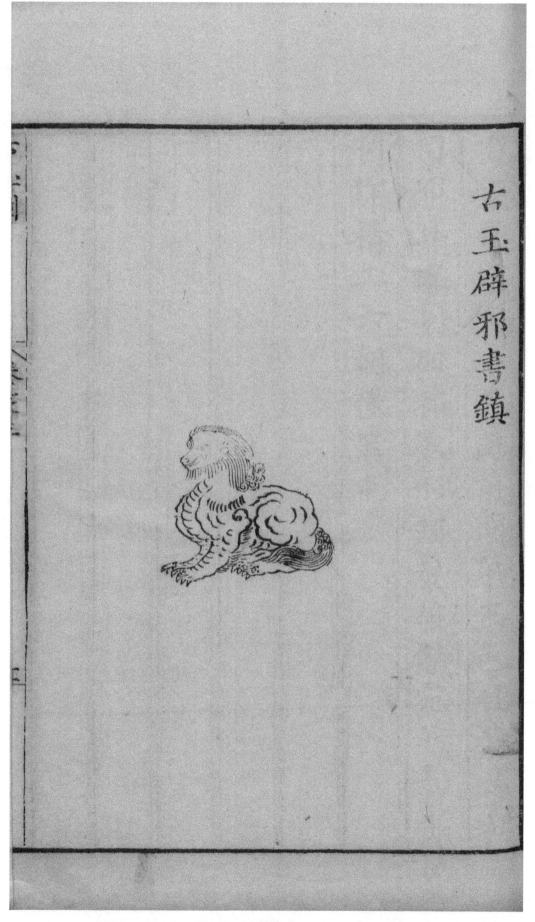

右鎮長短大小畧與前同第玉色甘黄璊斑勻布耳瑑刻辟邪獸形頭髮雄傑宛然如生制作精工六朝佳器也

宋淳熙敕編古王圖譜第七十三册 終

古玉圖譜

十三

宋淳熙敕編古玉圖譜第七十四册

古玉文犀書鎮

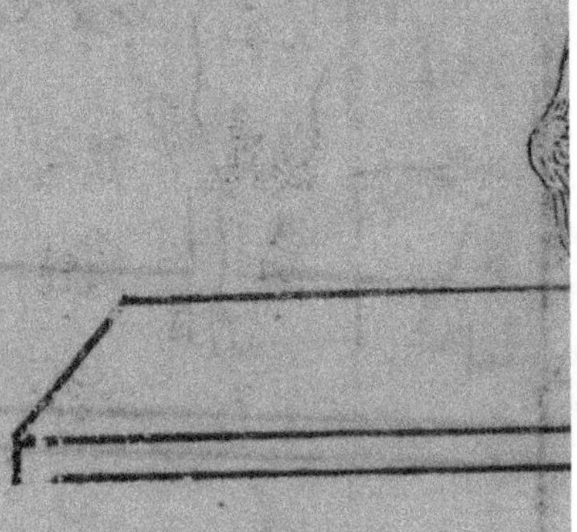

右犀鎮犀身長二寸八分高二寸下書尺長八寸一分濶一寸三分厚四分玉色淡碧無瑕璘刻犀獸頭角如生臣按獸經云犀之為物能食荆棘角可分水而有一種名通天者角中之文具百種之形日月雲霞人物魚龍花卉之象以角貯米飼雞啄之則駭故名駭雞之犀亦名曰靈犀鎮制作古雅晉唐之物也

也

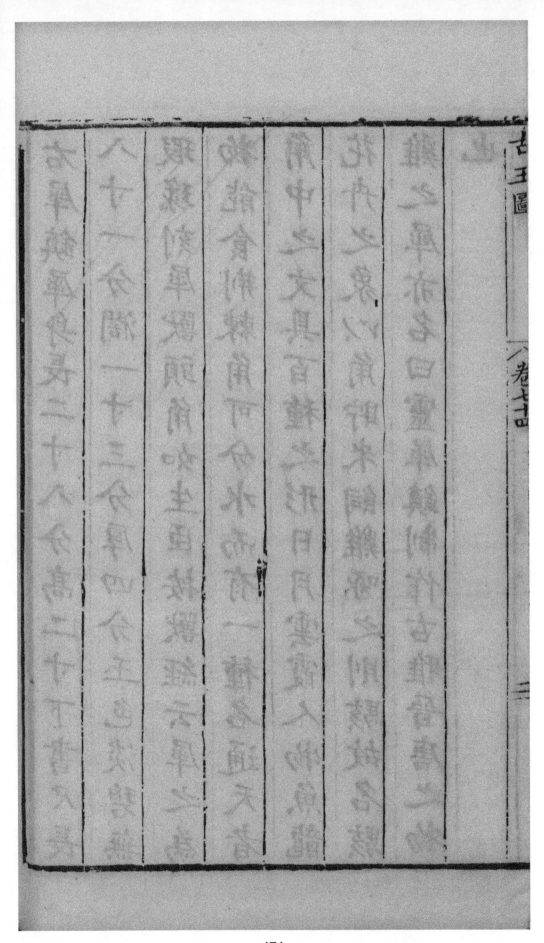

雖之屏亦名曰靈屏鎮制作古雅奇雋之物花卉之象以爲時米綯雜繆之用瓔珞名號屏中之文具百種之形日月連環人物魚龍犀能食荆棘角可分水爲有一種名通天者琅琢刻屏獸頭角如生且狻獸雜天屏之高八寸一分闊一寸三分厚四分玉色淡綠右屏鎮屏身長三寸八分高二寸下寸寺文景

古玉虎墩書鎮

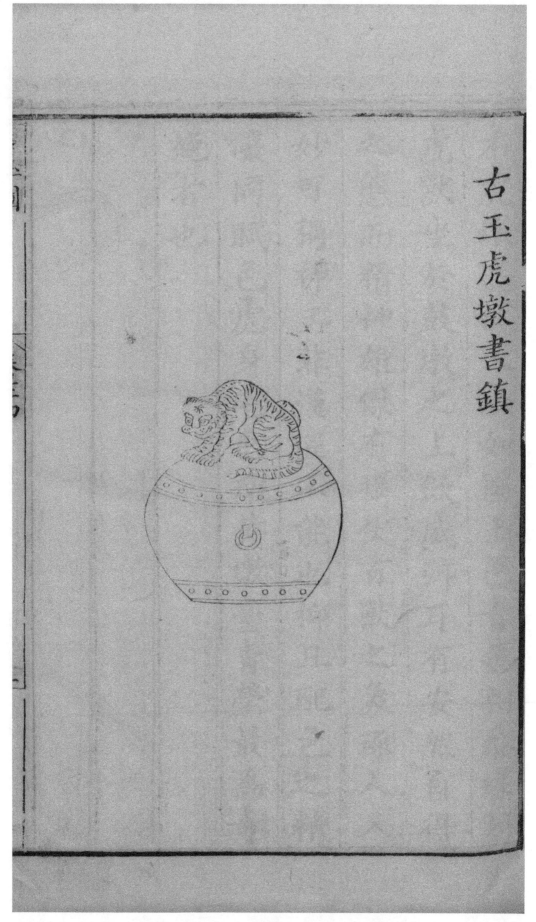

右虎墩高低大小如圖玉色青黃相參琢刻虎獸坐於鼓墩之上斂威弭耳有安然自得之態而精神雄傑有攝伏百獸之象琢人入妙可稱神工非漢匠不能也抑且配色之精儼同賦色虎身毛色斑黃墩臺青瑩最為奇絕者也

古玉眠羊書鎮

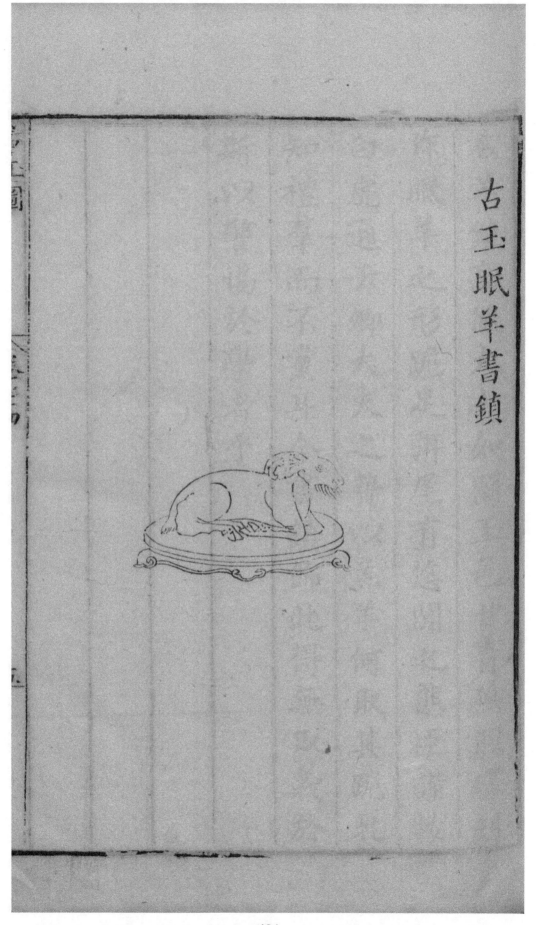

右羊鎮高低大小如圖玉色甘青無瑕璲刻
作眠羊之形跪足弭尾有悠閒之態臣謹按
白虎通云卿大夫之贄以羔羊何取其跪乳
知禮羣而不黨耳今書鎮飾此得無取義於
斯以警惕於學者乎

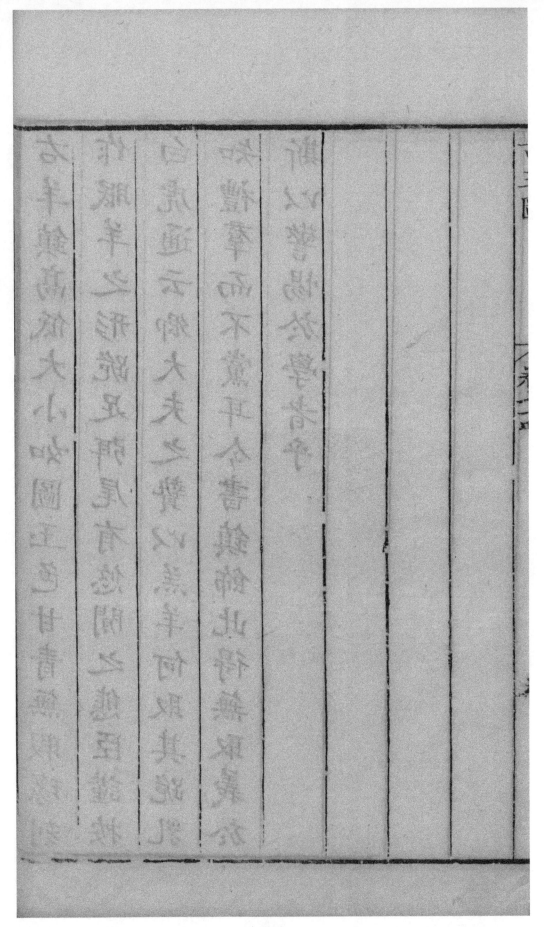

古玉鼓墩書鎮

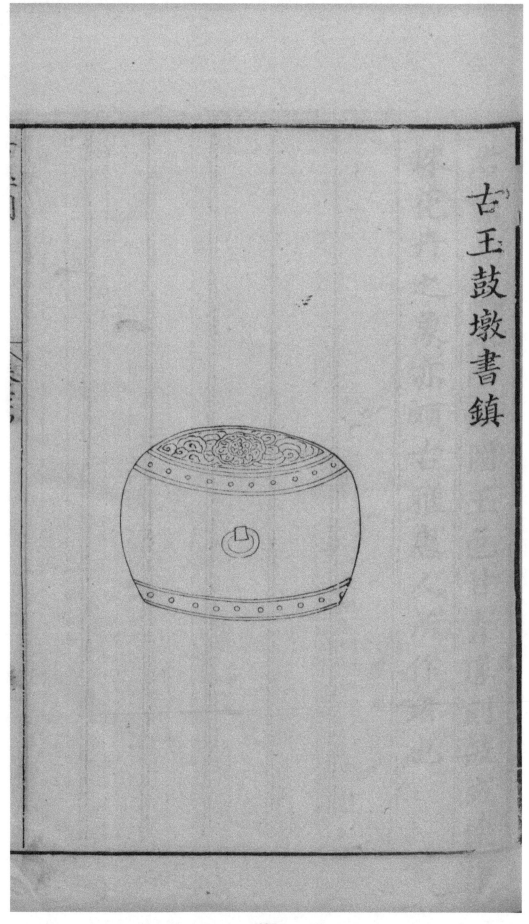

古玉鼓樂書鎮

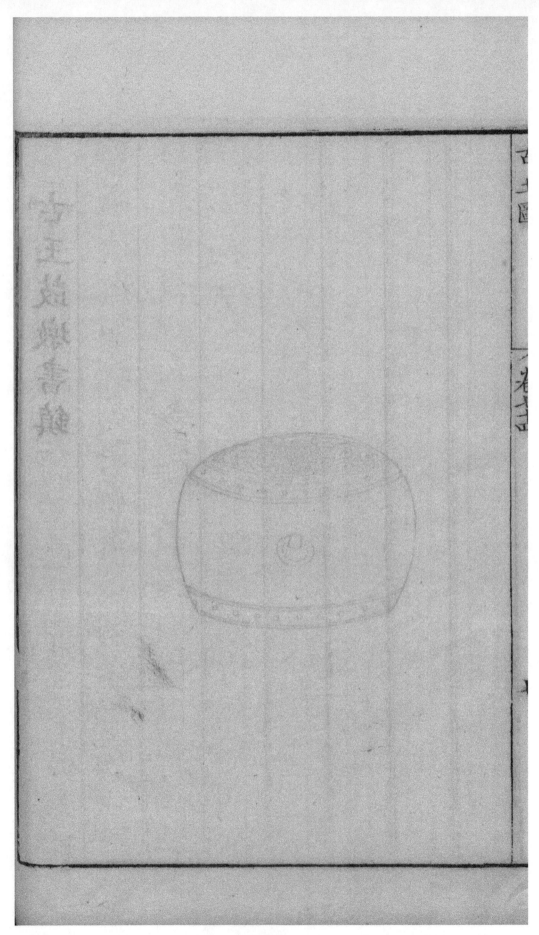

右鎮高低大小如圖玉色甘青璏刻鼓式連
珠花卉之象亦頗古雅唐人所作者也

珠在升之象亦頗古雅唐人所作者也

右鎮圭依大小如圖王包甘青[illegible]

古玉坐哇書鎮

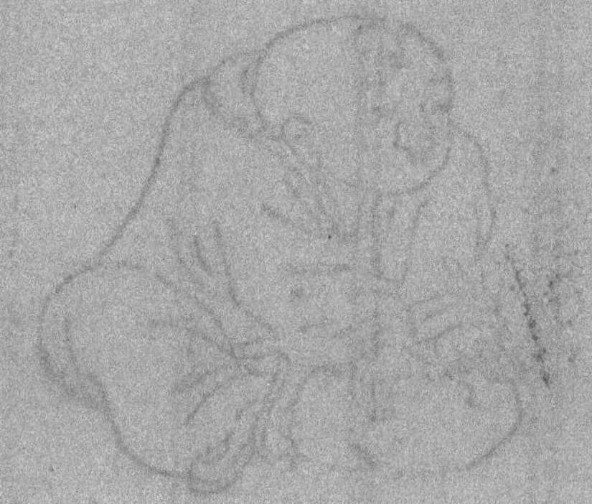

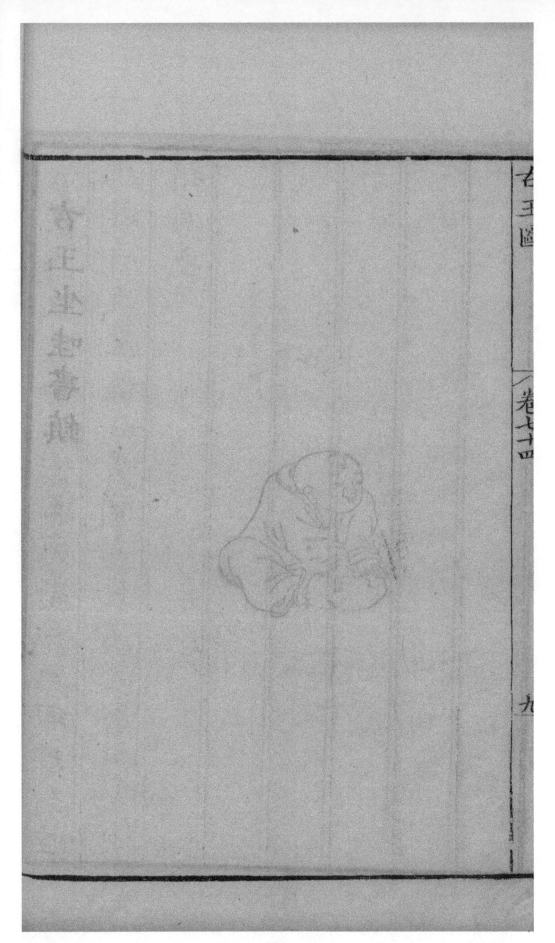

右鎮高低大小如圖玉色瑩白無瑕瑑刻哇
兒眉目色笑儼如畫圖真晉唐名賢玩物之
精品也

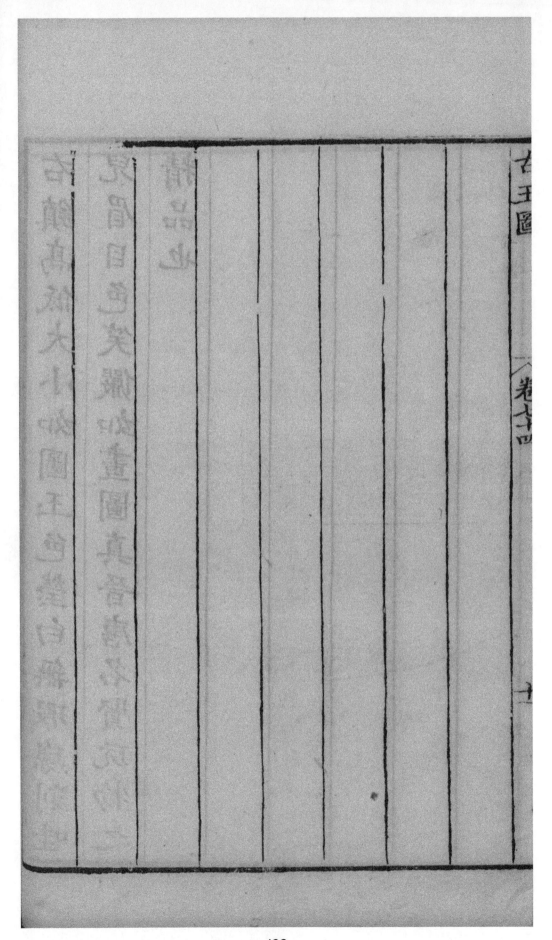

古玉琱文書尺一

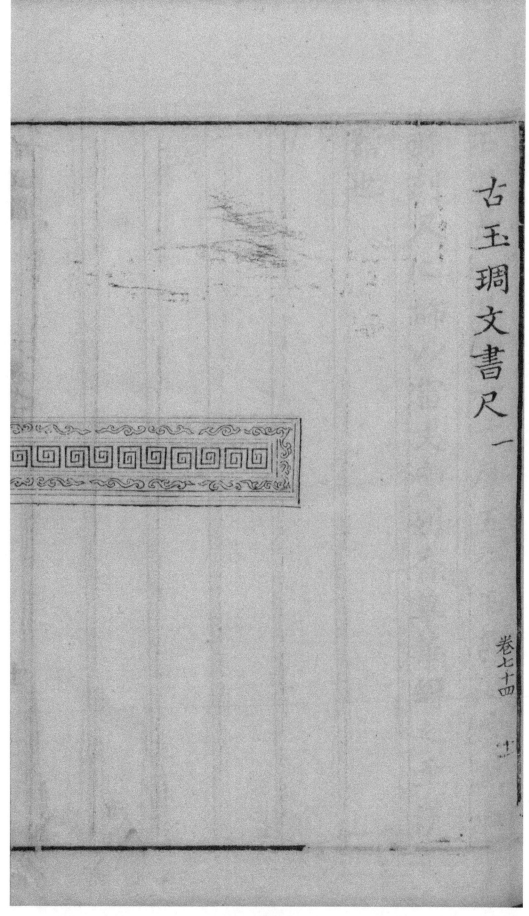

右尺長一尺濶一寸厚五分玉色淡黄無瑕一

瑑刻尺心飾以雷文旁列香草華縟之至漢

器也

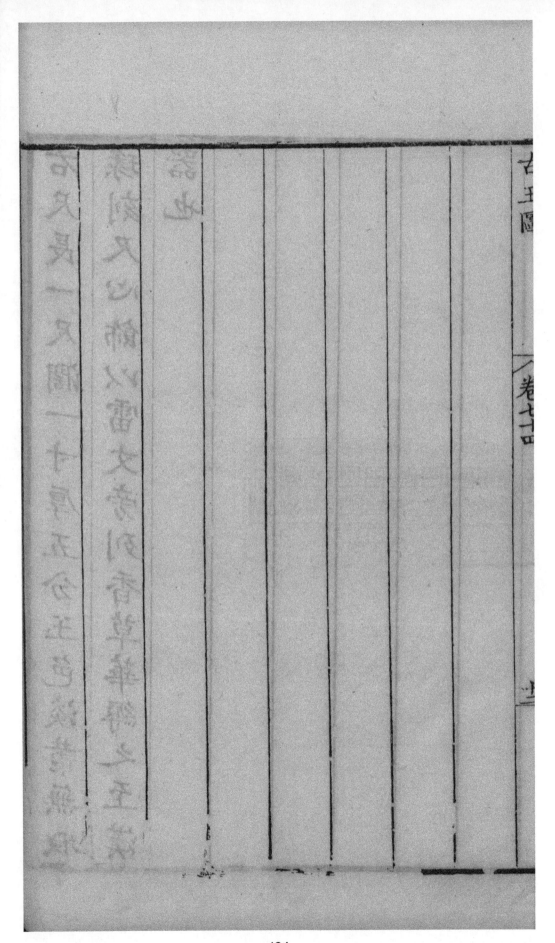

古玉琱文書尺二

右尺長短濶狹同前惟玉色瑩白無瑕琢刻尺心作雲霞之文古雅可喜亦晉唐之舊物也

宋淳熙敕編古玉圖譜第七十四冊 終

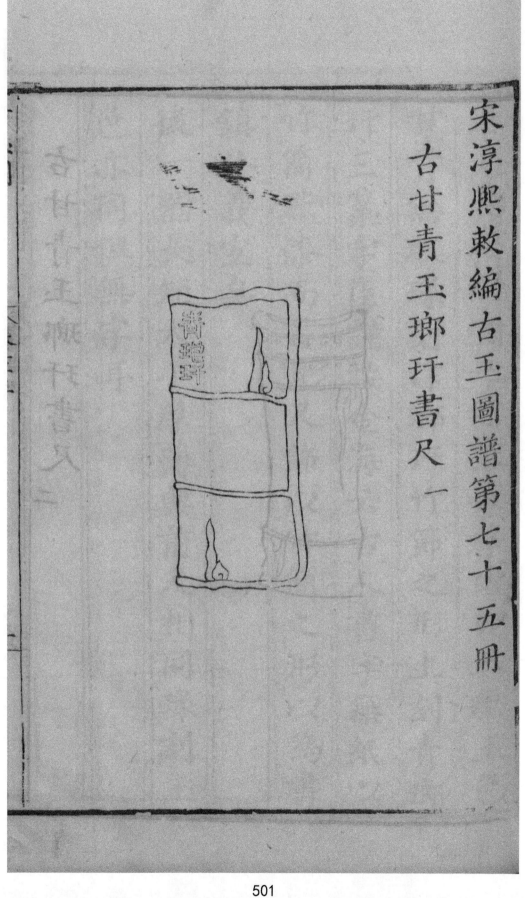

宋淳熙敕編古玉圖譜第七十五冊

古甘青玉瑯玕書尺一

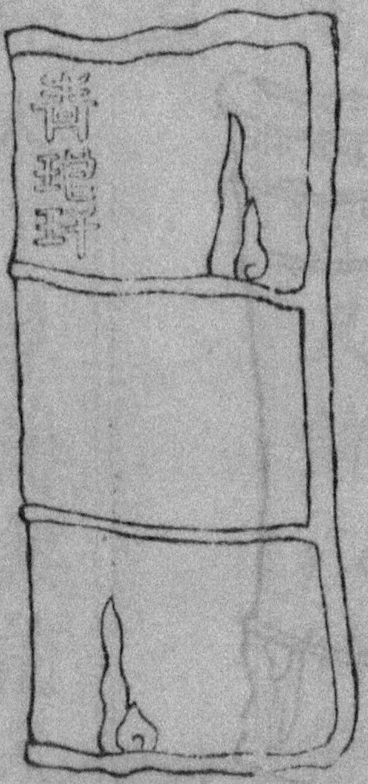

古甘青玉瑯玕書尺 二

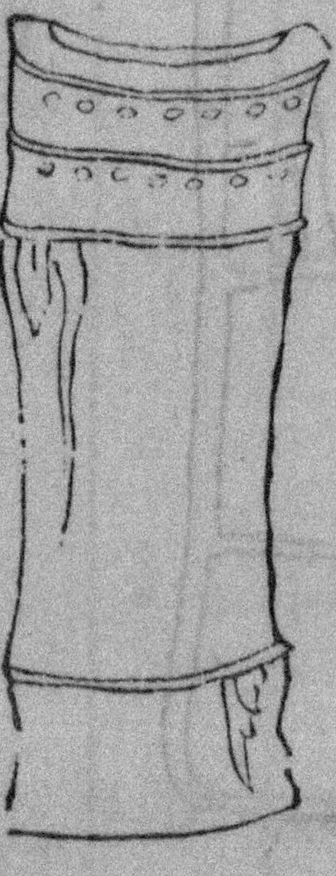

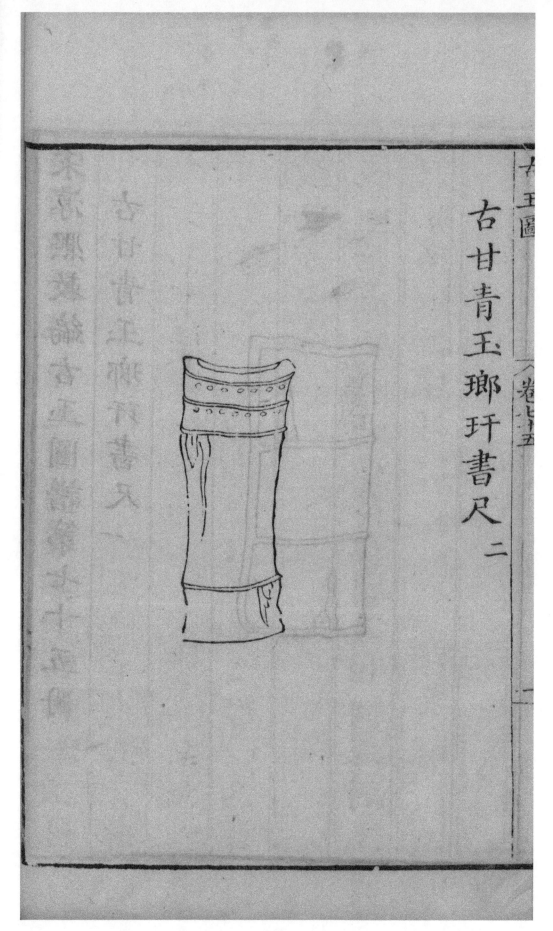

右尺長七寸濶一寸三分厚四分三厘玉色甘青無瑕瑑刻作瑯玕竹節之形上刻青瑯玕三篆字臣謹按金海云古人書字無紙以竹簡點漆而書此尺飾以竹簡之形以為書鎮於義宜矣

後一器長短大小厚薄與前尺相同瑑刻玉色亦同但無字耳

色亦同但無字耳

後一器長短大小厚薄與前人相同察鈞主

鎮合義定矣

竹簡桼漆而書也人飾以竹簡之形以為書

汗三篆字但謹按金海云古人書字無漆以

甘青無瑕瑑刻作舞拜竹節之形上刻青飾

古尺長七寸闊一寸三分厚四分三釐玉色

古玉獸鈕書尺

右尺長一尺濶一寸厚五分玉色淡碧無瑕尺心瑑刻螭龍蜿蜒之形制作大雅漢魏間之物也

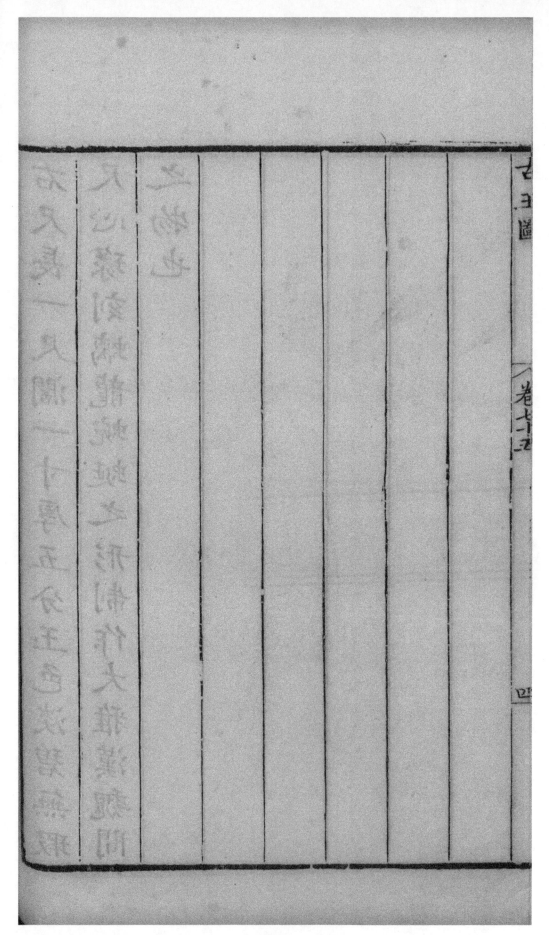

古玉刀筆裁刀一

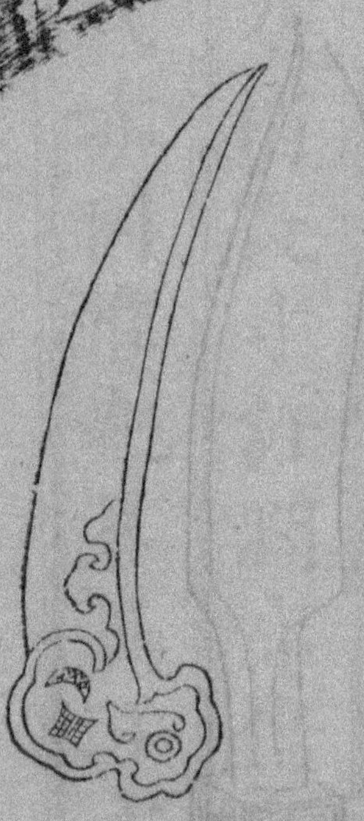

古玉刀筆裁刀 二

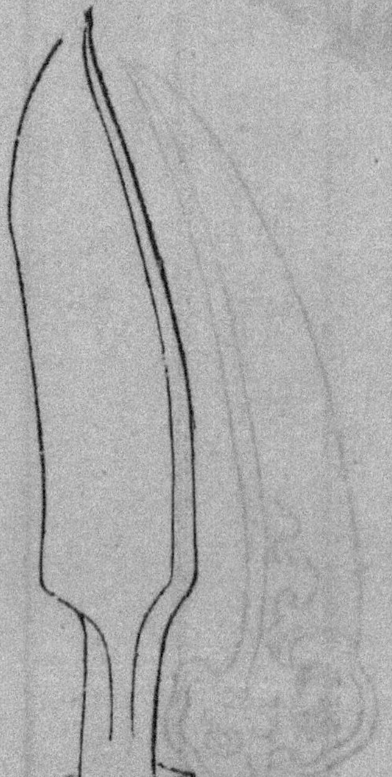

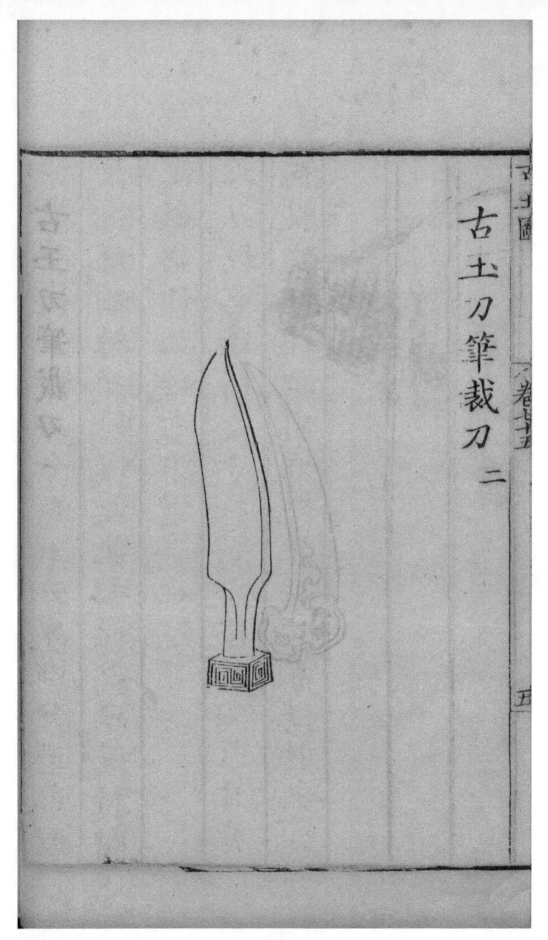

右裁刀長五寸二分濶五分厚四分玉色微青無瑕瑑刻刀靶作夔龍之形刀刃鋭利以截紙制作之妙當推漢工也

又刀較前刀稍長寸許濶亦倍之玉色甘黄無瑕其刀式亦同唯靶畧異耳亦漢物也

古玉仙桃貝光

古玉圓珠貝光

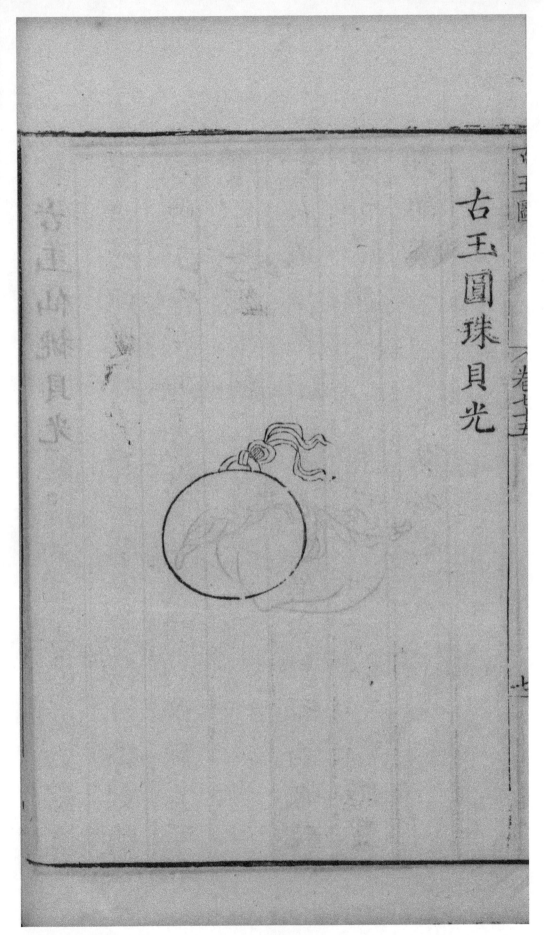

右貝光長短大小圓徑如圖玉色紅白深淺晶徹無瑕兼以苔花沁碧如染抑且瑑刻隨色賦形如桃紅葉碧儼如枝頭初摘鮮美可餐以其圓處砑紙真化工之作

一貝圓徑大小如圖玉色瑩白無瑕晶澈醇美如羊脂然式作圓珠頂列一鈕可以繩貫而維繫之六朝之舊物也

而雜纂之六朝之舊物也
美如羊脂然大作圓珠項列一鉏可以纏貫
一貝圓邊大小如圓玉色瑩白無瑕晶激醇
潔以其圓處研紋真化工之作
色嫩形如桃紅葉綠儼如枝頭初摘鮮美可
晶瑩無瑕兼以苔花迷離如錦帶且瑜剝隨
石貝光長短大小圓徑如圓玉色紅白瀲灩

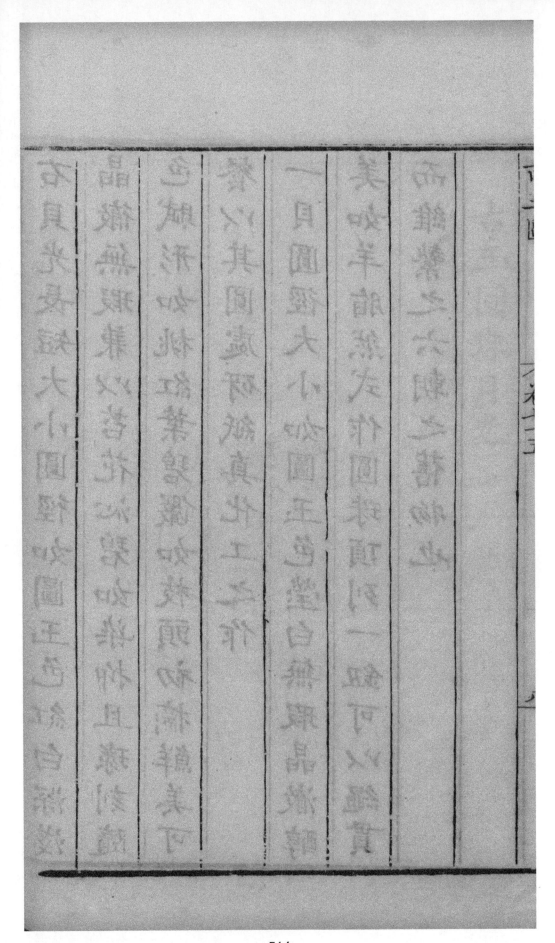

坐鎮

囂浮

右界長一尺濶一寸厚六分玉色瑩白無瑕
尺心瑑刻楷書四字曰坐鎮嚚浮制作大雅
晉唐物也

古玉界尺二 銘四字

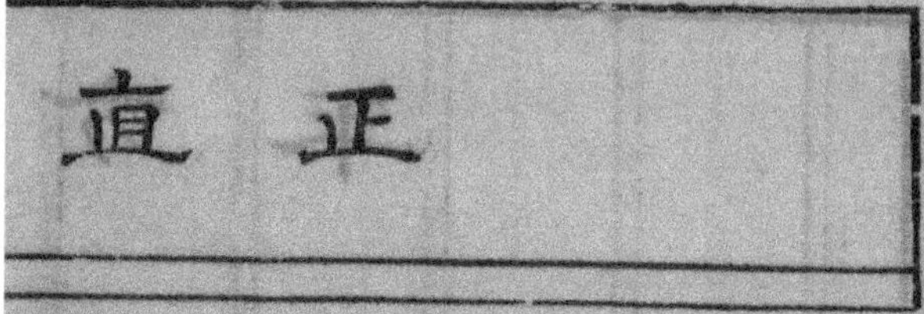

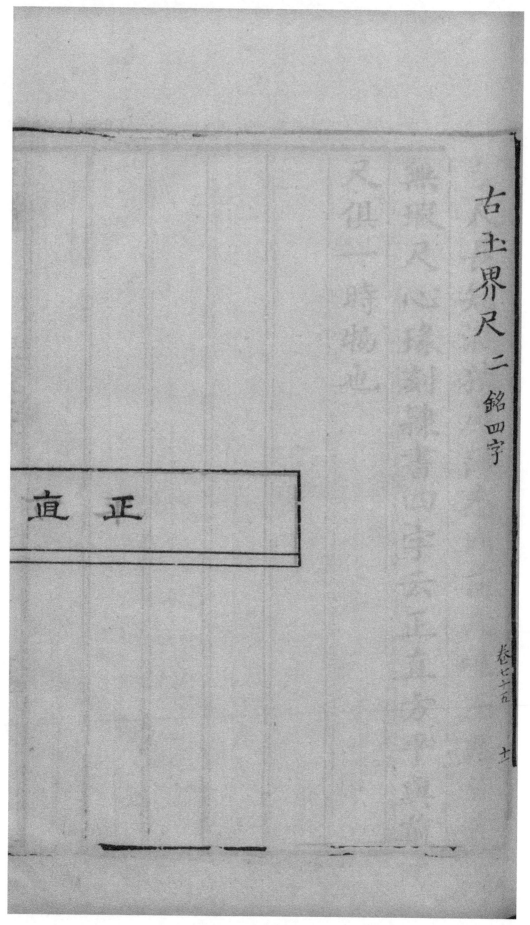

平方

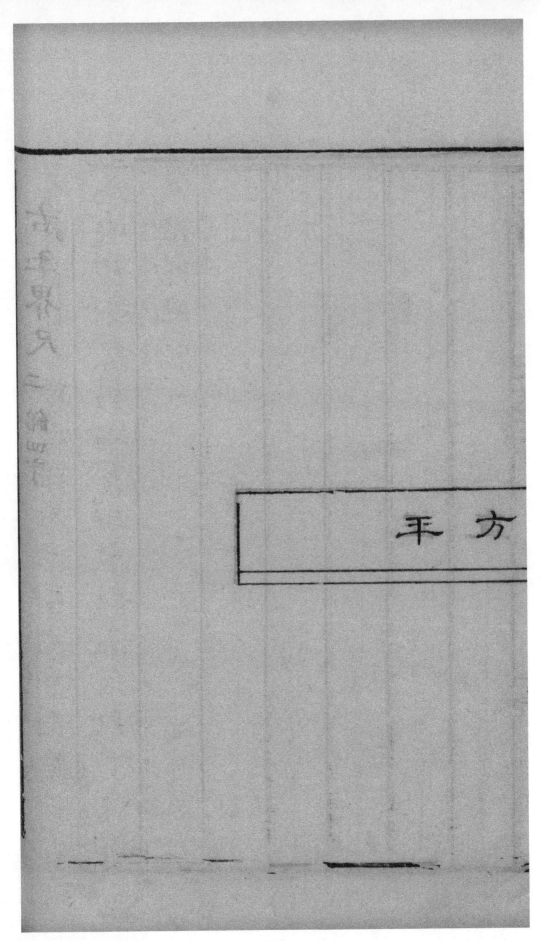

[illegible]尺長短濶狹厚薄悉同前尺唯玉色甘青
無瑕尺心瑑刻隸書四字云正直方平與前
尺俱一時物也

宋淳熙敕編古玉圖譜第七十五冊 終

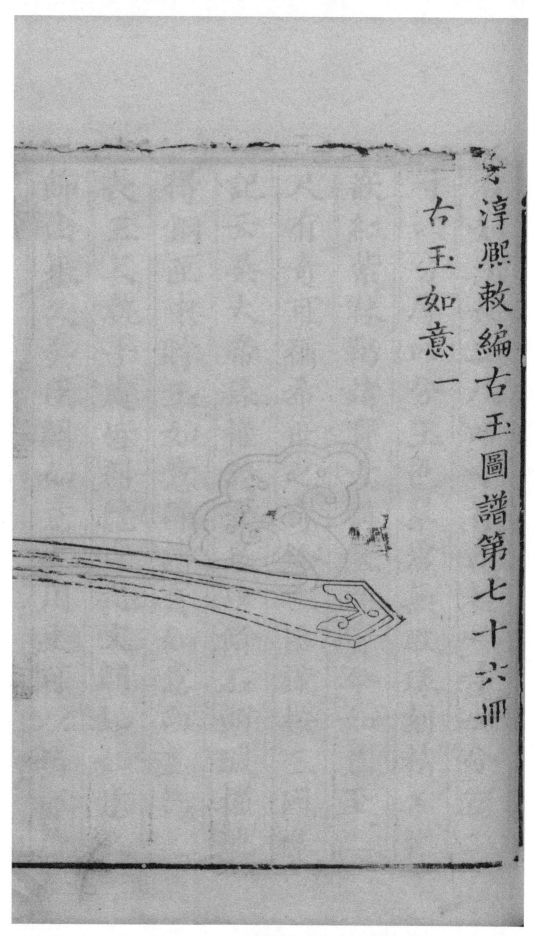

定淳熙敕編古玉圖譜第七十六冊

古玉如意一

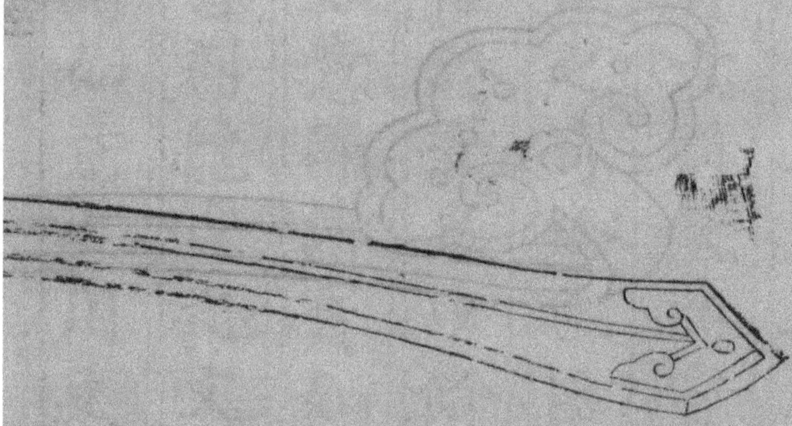

右如意長二尺四寸首昂起一寸一分濶二寸四分厚四分玉色翠碧無瑕瑑刻精工首嵌紅紫靺鞨諸寶古稱璧為寶今如意至二尺有奇可稱希世之奇珍也臣謹按三國襍記云吳大帝孫權於赤烏中脩石頭城掘地得銅匣中貯玉如意等諸寶如意白玉為之長三尺執手處皆刻龍虎之文則知如意之飾由来久矣臣聞如意之用文可以指揮翰

墨武可禦強暴不仁昔杜甫詩有歡劇提攜如意舞之句則如意為文武器具自古已彰矣此乃六朝宮禁之物也

古玉如意二

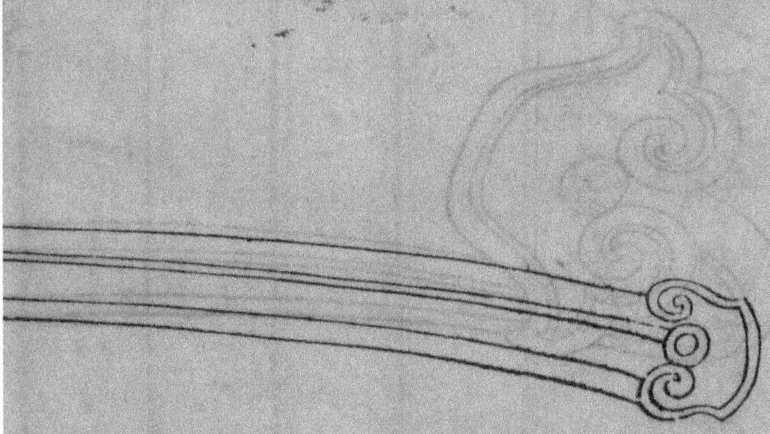

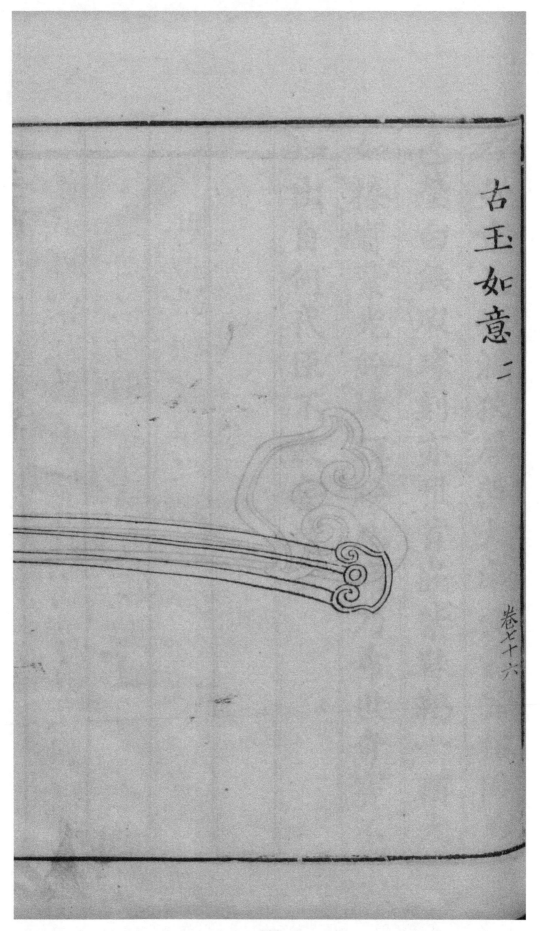

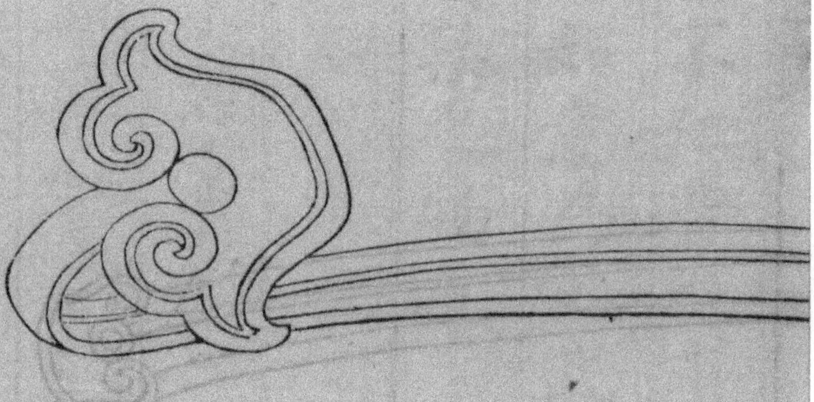

右如意長短濶狹厚薄大率與前器相同玉
色瑩白無瑕瑑刻亦雅首嵌紫靺鞨一顆大
如榛實槃光紛披輝映几席乃希世奇寶不
知出自何代臣不敢妄述云

古玉麈柄

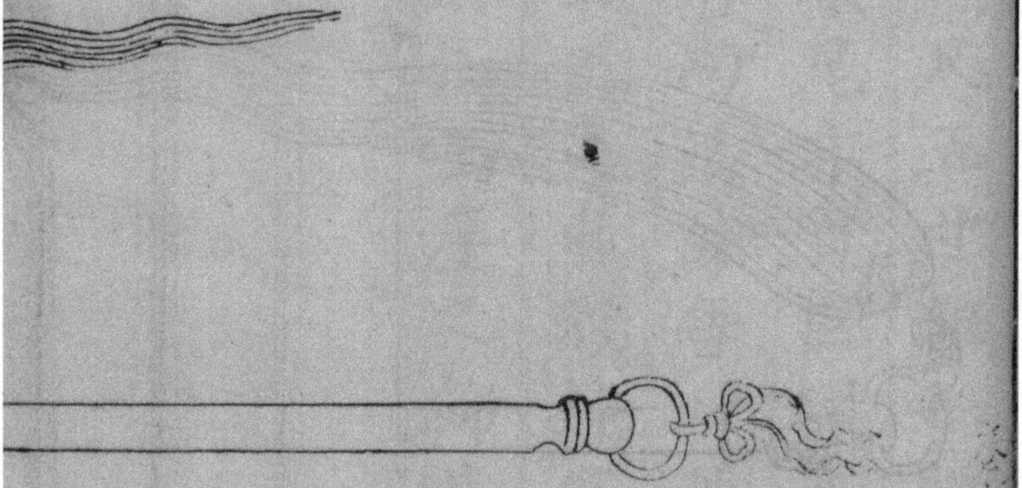

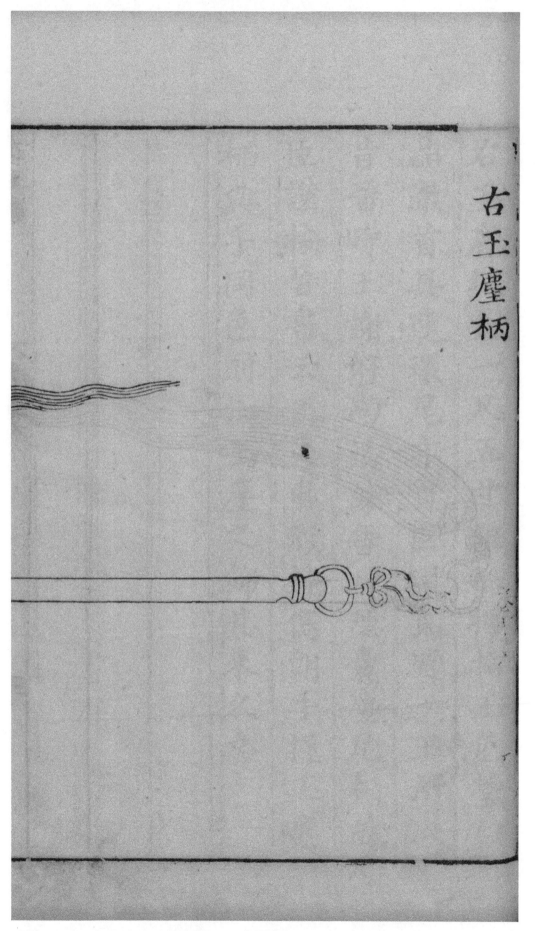

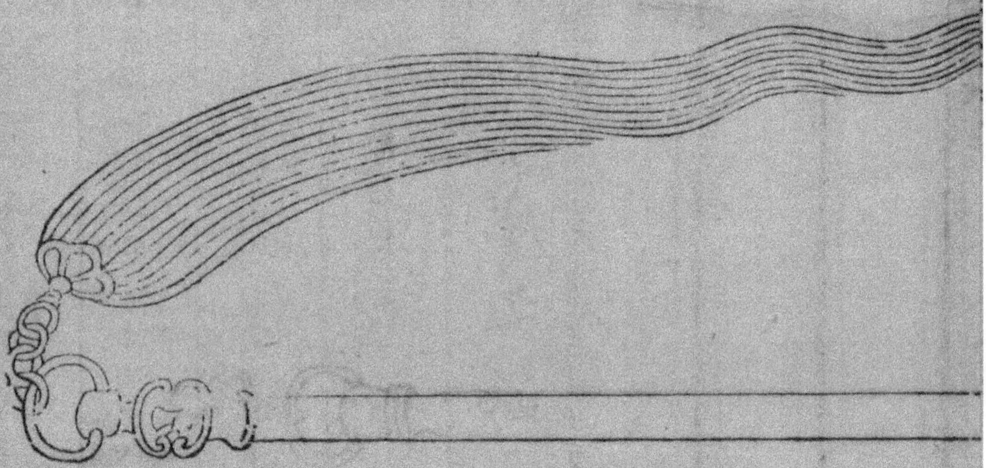

右玉麈柄長一尺五寸粗如拇指玉色瑩白晶澈首具連環尾亦貫巨環焉皆一玉所成

昔晉時王謝好尚清談每以隱囊麈尾相隨

臣謹按晉書云王夷甫形神儁朗手握玉麈柄與手同色則知玉麈之飾其来久矣

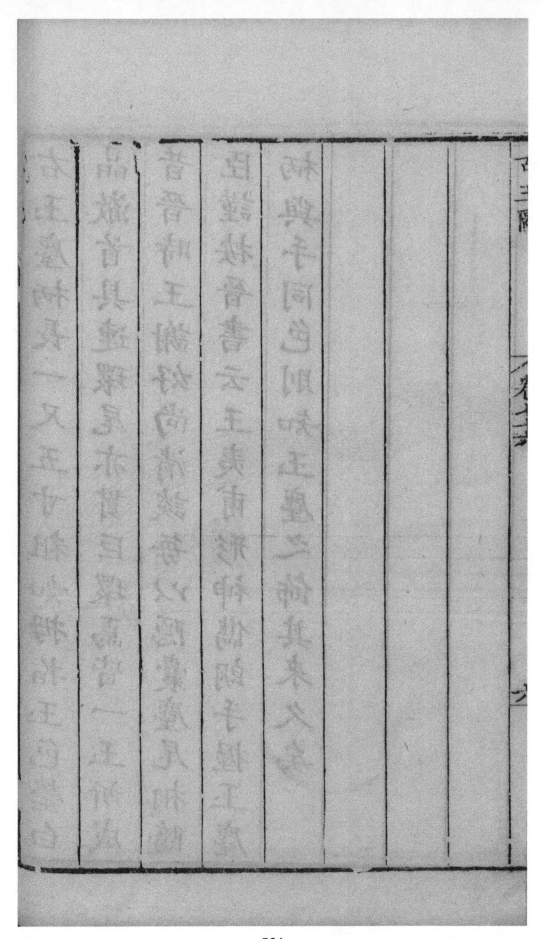

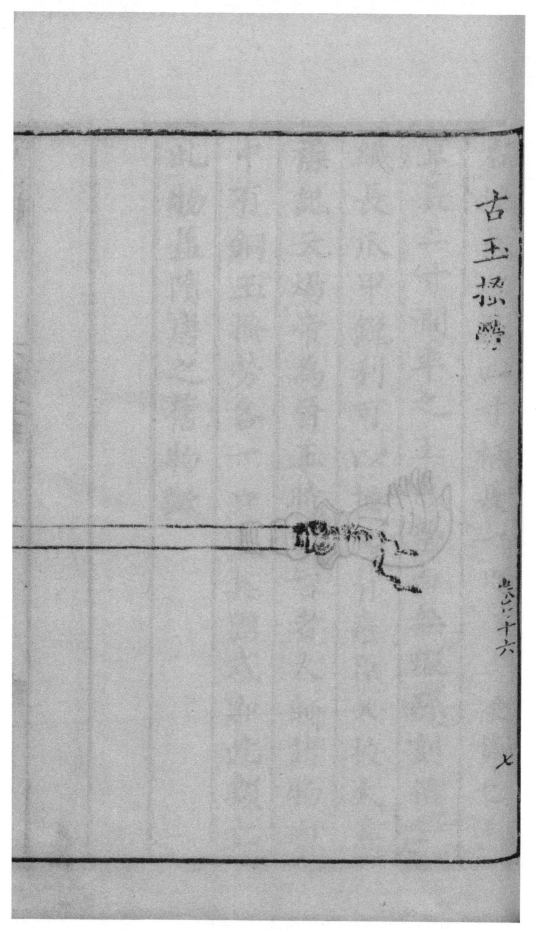

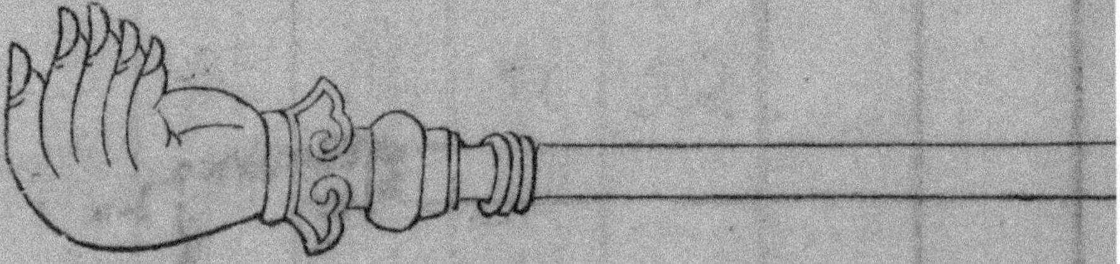

右搔長一尺四寸柄長一尺二寸搔勞之手

掌長二寸濶半之玉色瑩白無瑕琢刻指竿

纖長爪甲銳利可以搔爬背癢臣又按大業

襍記云煬帝為晉王時賜智者大師諸物内

中有銅玉搔勞各一口觀其圖式即此類也

此物蓋隋唐之舊物歟

右搔勞長一尺二寸柄粗如指首若靈芝而芝邊緣微卷而銳可以爬癢柄作竹篠之狀其莖葉節目精微皆具乃隋唐養生佳器也

古玉太平車一

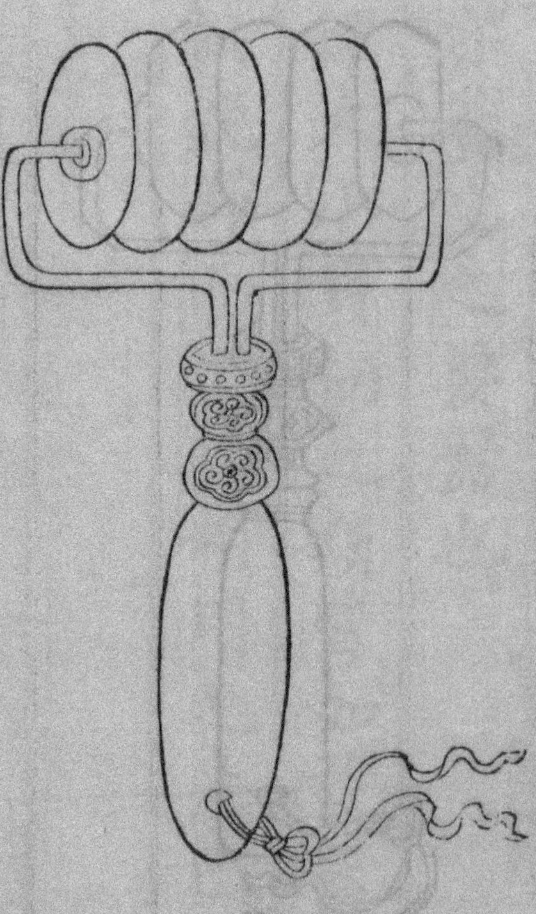

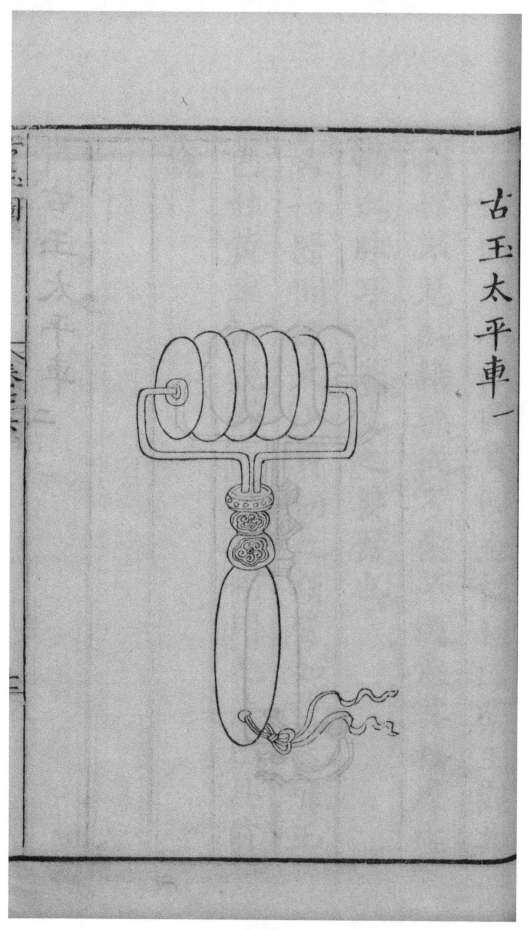

古玉太平車 二

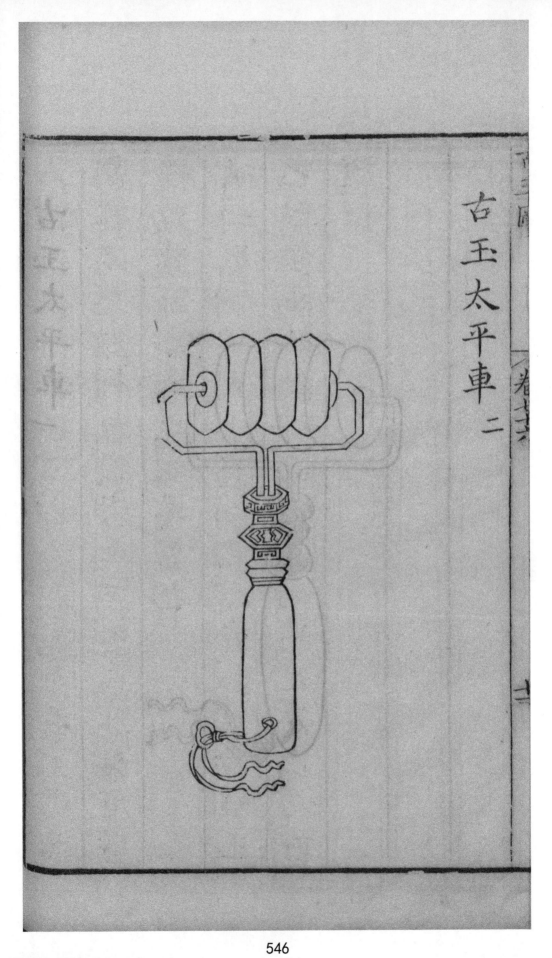

右車圖大小如圖貫以金根柄琢紫玉觀其制作不見經籍無從考索不過取其按摩宣暢血脉耳亦養生之要器也

又一器圓徑大小貫柄之類皆如前器唯玉色甘黃車輪鋭脊而已其制用之法已具前說

古香玉素珠

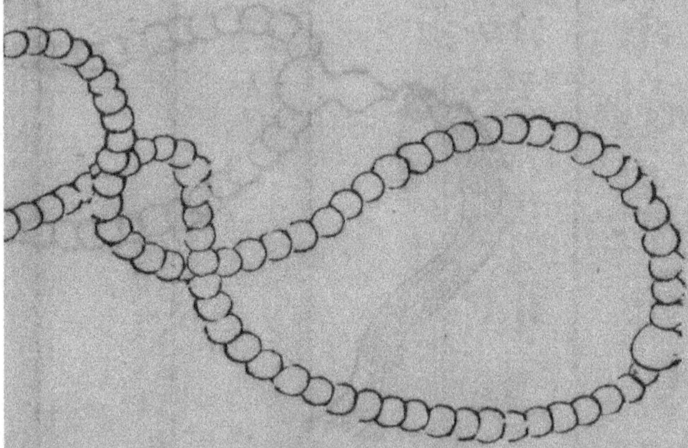

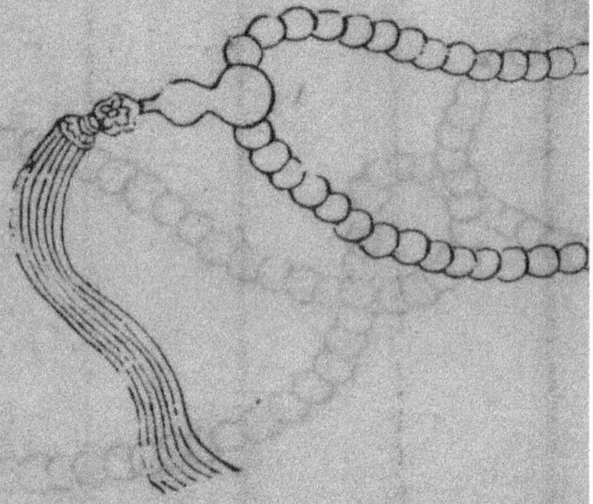

右素珠圓大如朱櫻共百有八顆首尾各有總記為葫蘆圓珠為式而以紅玉為之素珠玉色翠碧晶澈可愛摩娑之次則玉發奇香氣若栴檀無二净業修持可以按珠而穪佛號矣此珠必六朝諸君所作也

宋淳熙敕編古玉圖譜第七十六冊 終

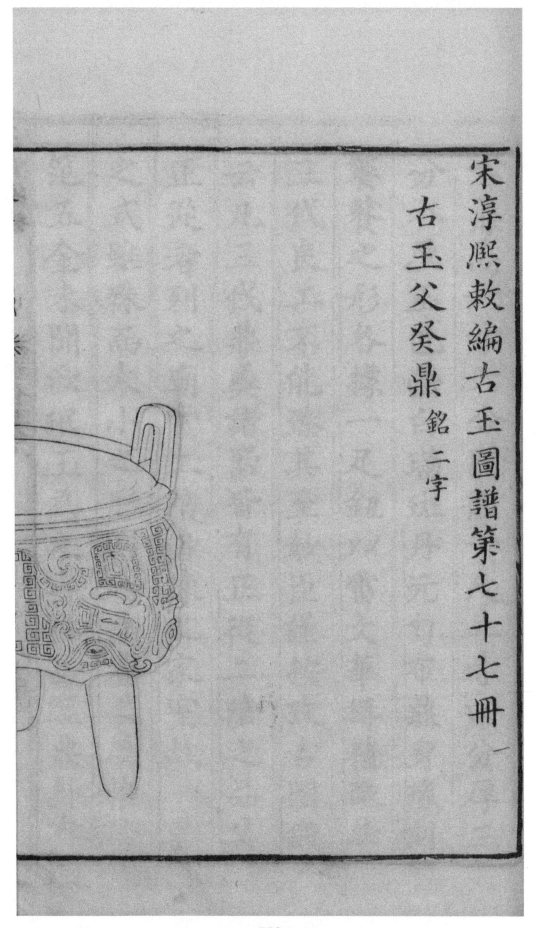

宋淳熙敕編古玉圖譜第七十七册

一

古玉父癸鼎 銘二字

父癸

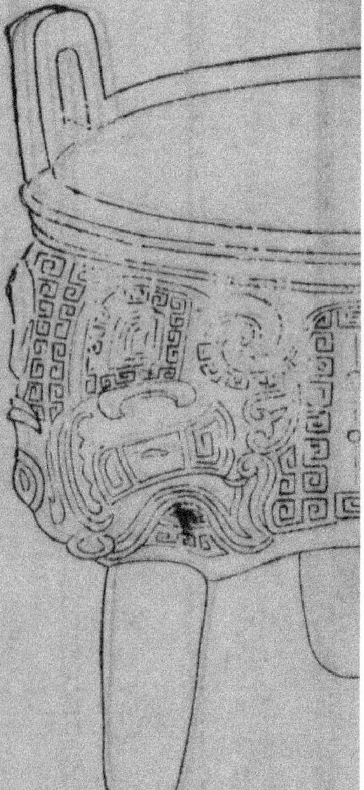

右鼎高六寸六分圓徑一尺二寸四分厚三分八厘玉色瑩白璊斑丹元匀布鼎身瑑刻饕餮之形各據一足鈕以雷文華縟精緻非三代良工不能臻其至妙臣謹按攷古圖錄云凡三代鼎彝諸器皆有正從二陪之品其正從者列之廟堂二陪者陳之家室故一鼎之式雖殊而大小之形則列鼎彝之屬惟冶笵五金未聞以珉玉為之者唯易經鼎卦有

金鉉玉鉉之文耳安知三代鼎彝豈無珉玉爲之者此鼎雖未必出自商周其或出於漢魏之間有之矣其父癸瞿父等鼎著以名字理宜校述第恐瑣瀆 聖聽不復縷序必欲晰明某名某字可查博古攷古諸書可也

古玉瞿父鬲

瞿父

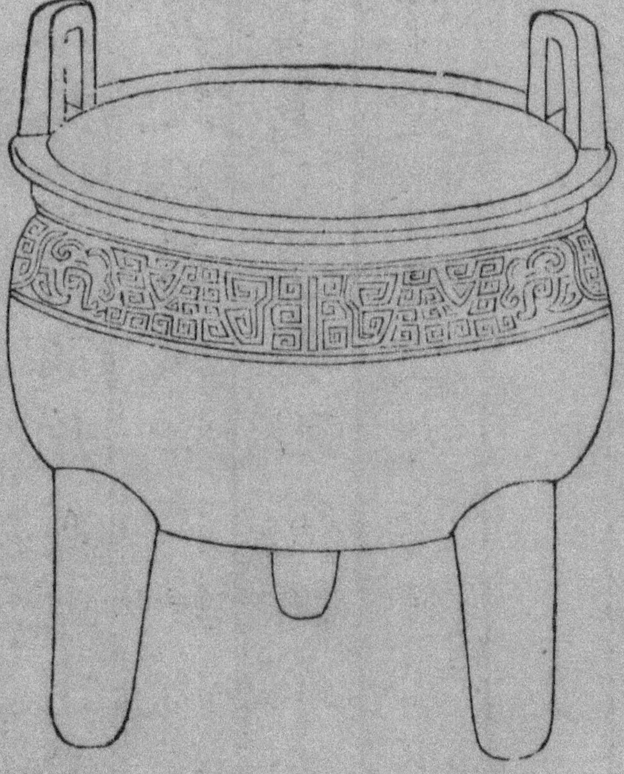

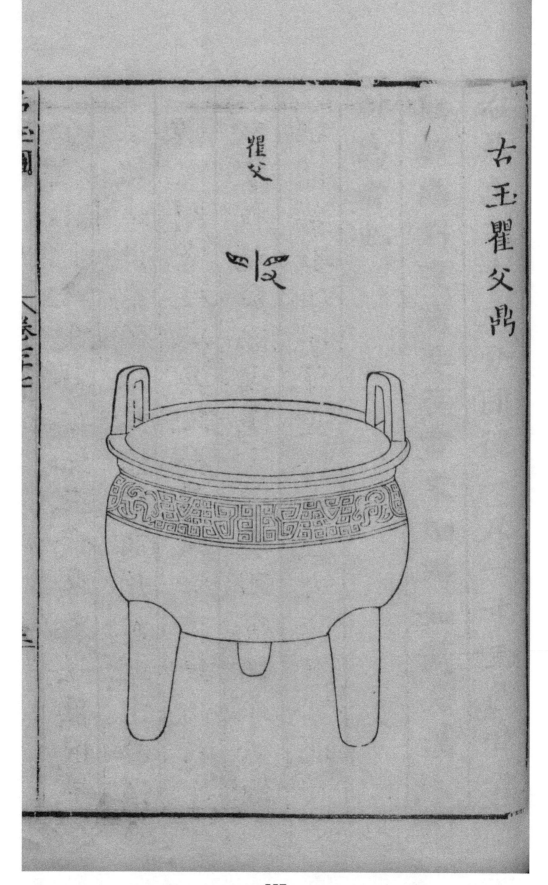

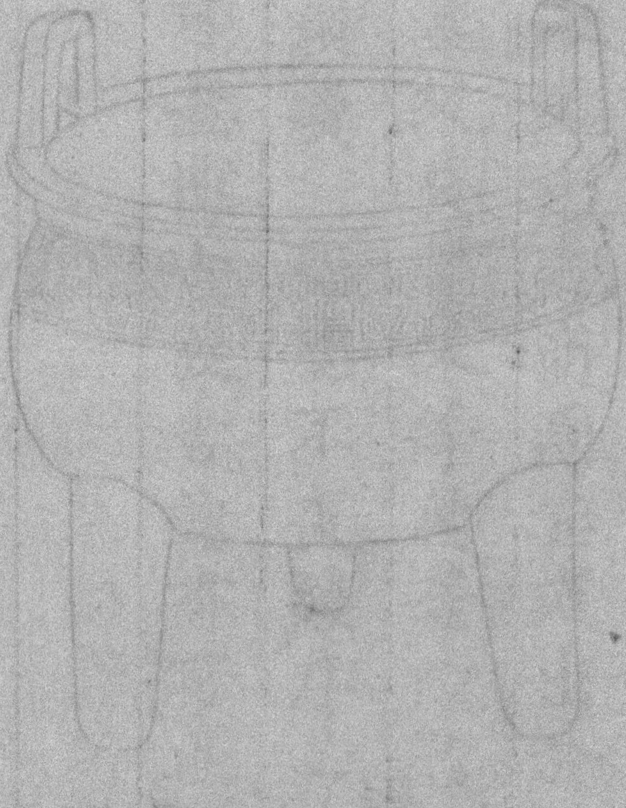

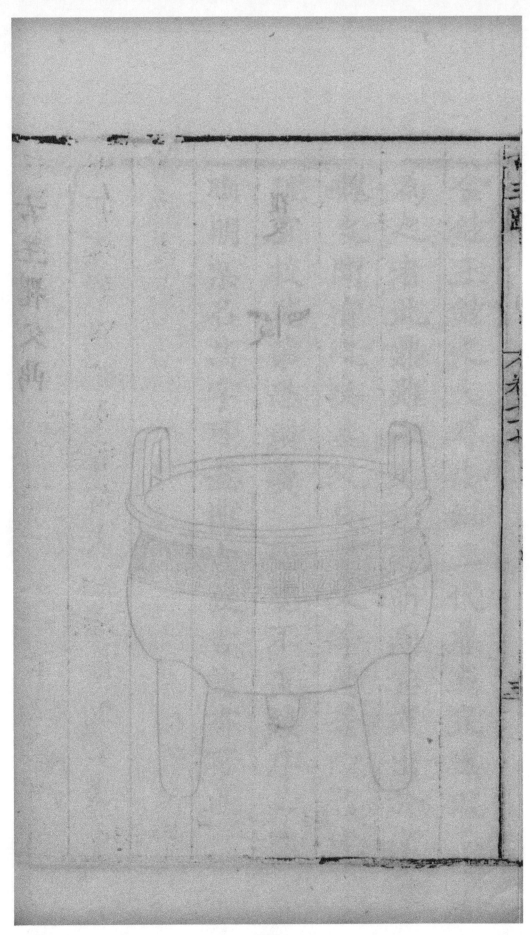

右鼎高五寸五分圓徑一尺一寸玉色甘青無瑕瑑刻腹間夔龍雷文細縟如髮必漢人所為者也

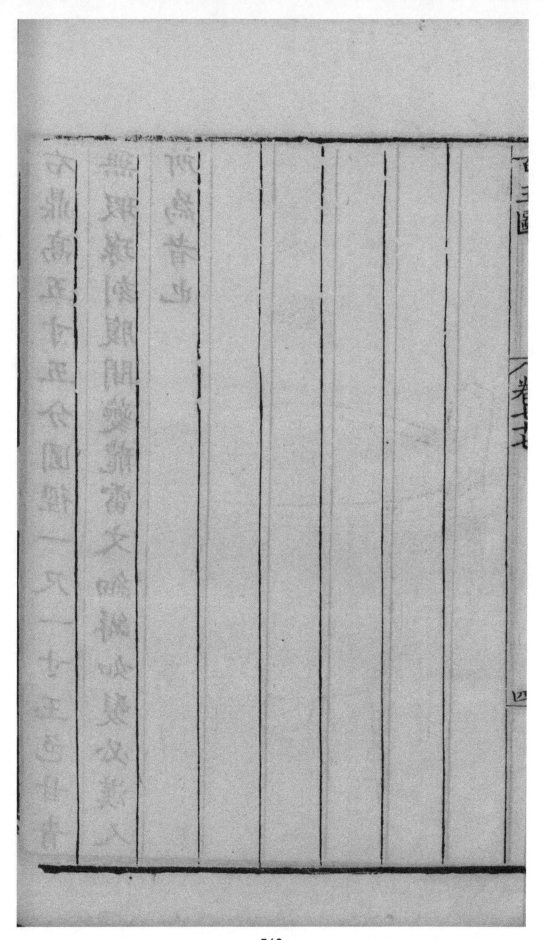

古玉癸鼎

癸

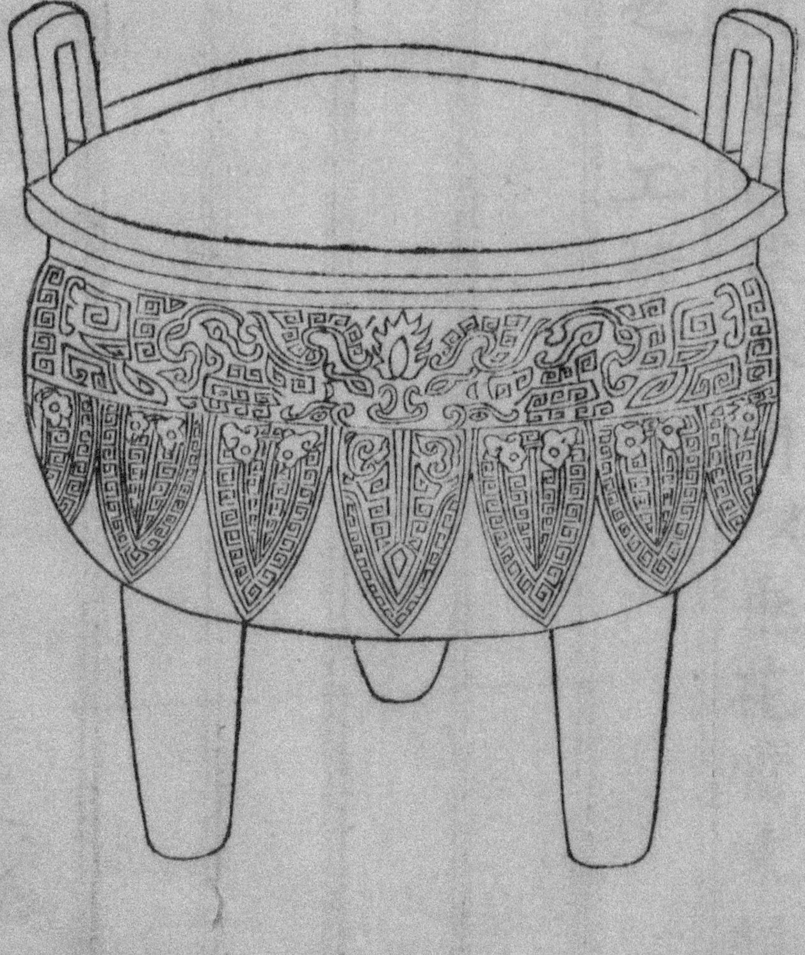

古王癸鼎

右鼎高六寸八分圓徑一尺六寸玉色淡碧無瑕瑑刻鼎文夔龍饕餮間以垂花雷文縟麗非常秦漢之良工所為者也

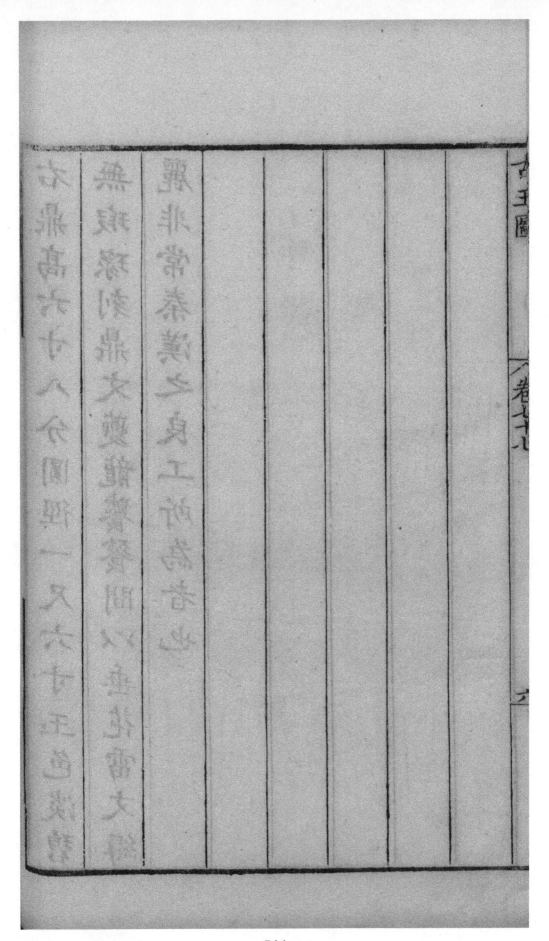

古玉秉仲鼎 銘四字

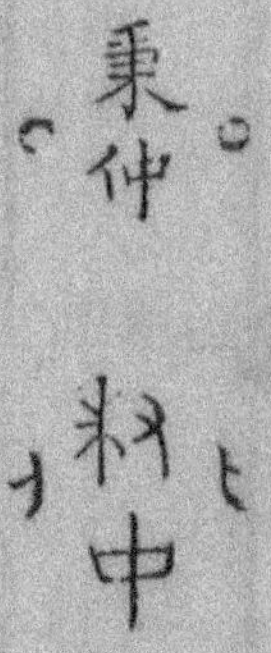

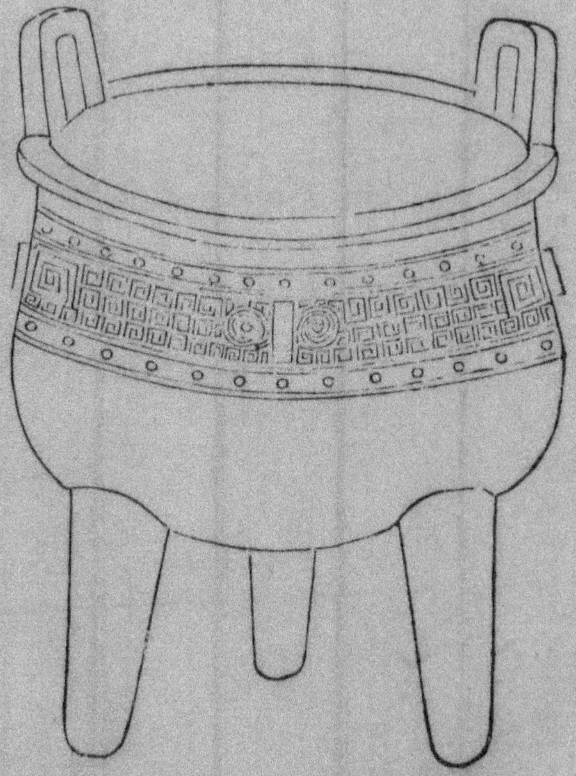

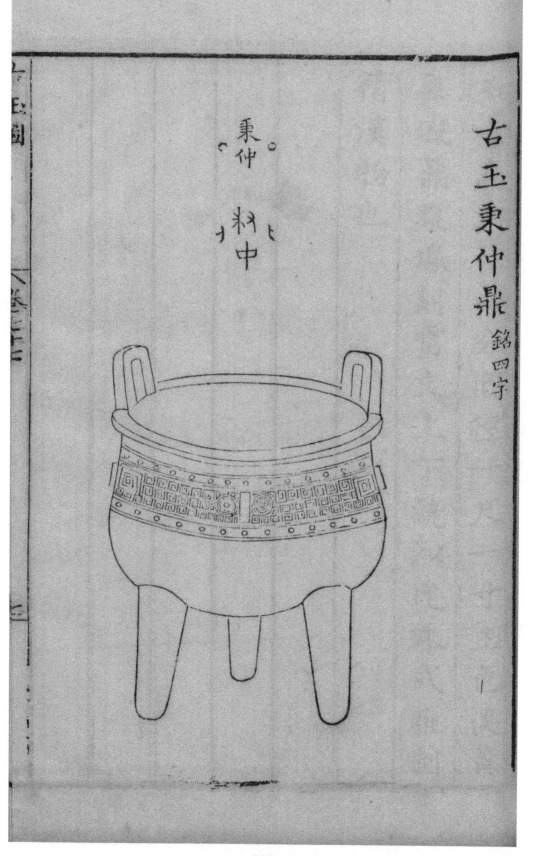

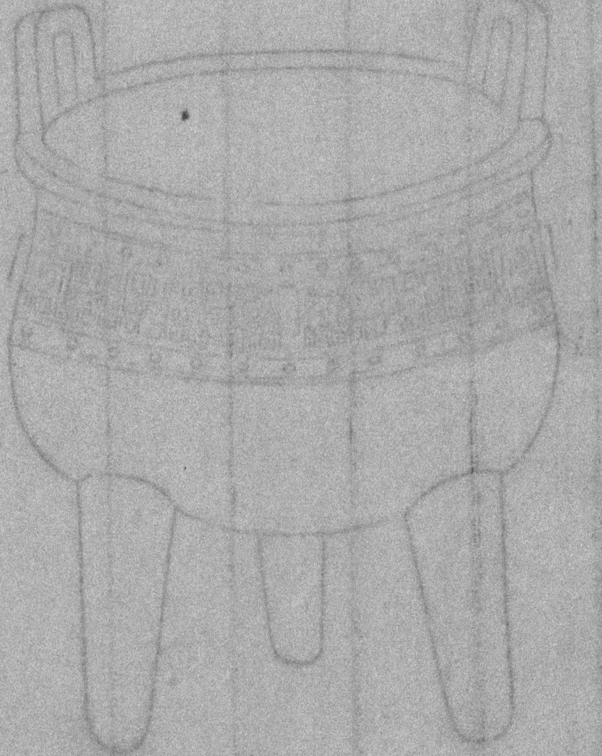

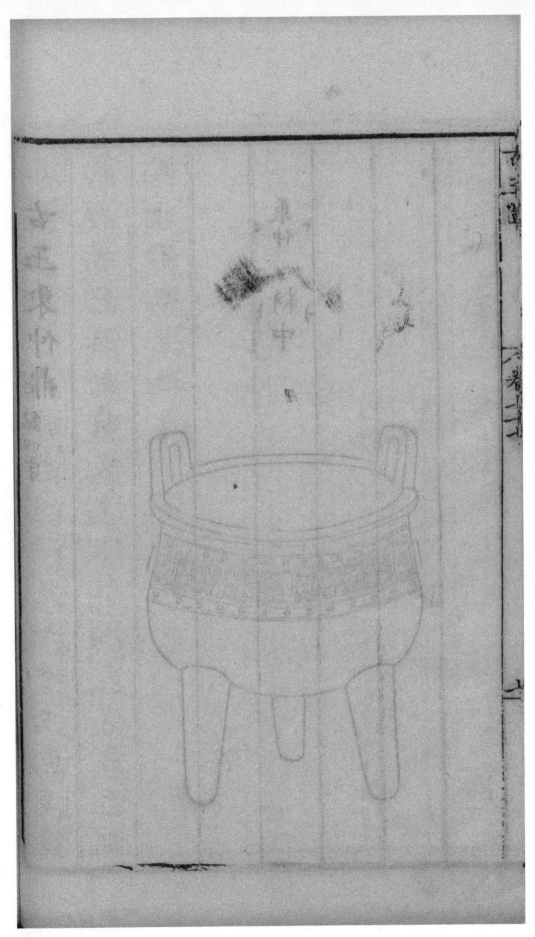

右王叔作鼎銘字

石鼎高四寸四分圓徑一尺一寸玉色淡黃無瑕鼎腹琢刻雷文上下繞以連珠式雅製精漢物也

古玉豐鼎

豐申乍星
𦣞鼎 殺
豐作玫
將鬲 彝

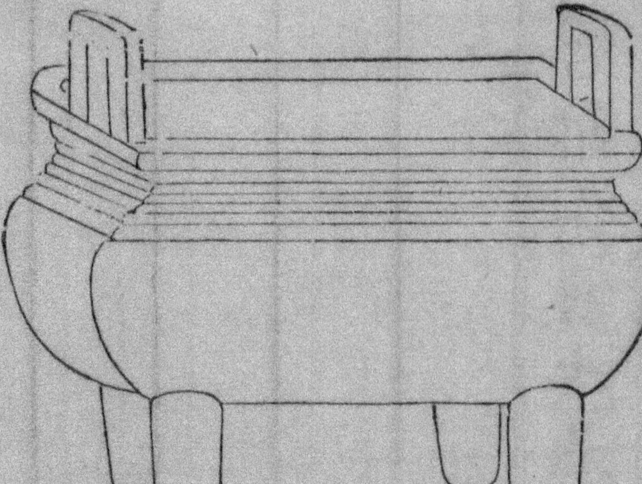

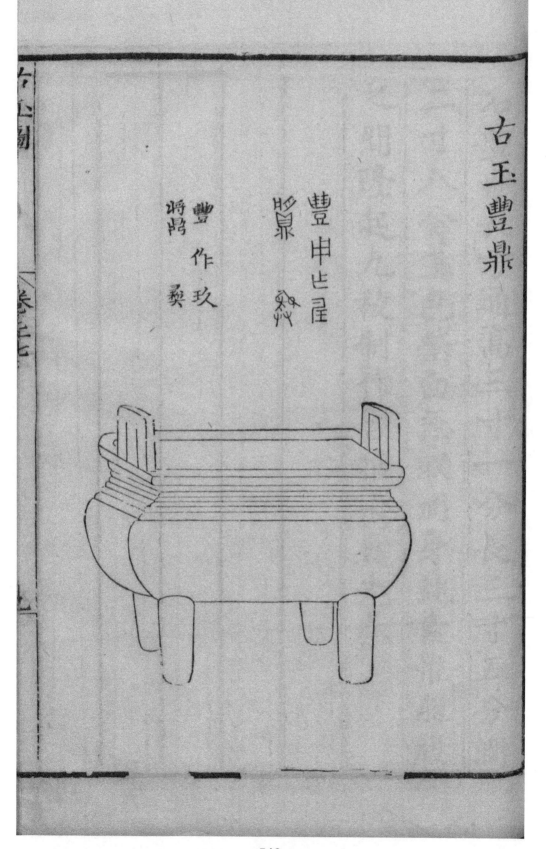

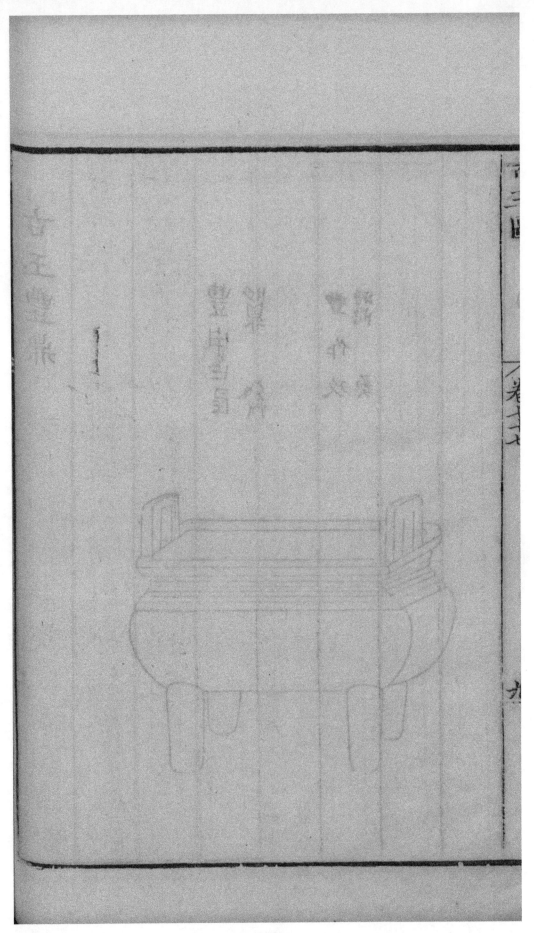

古王豐鼎

名豐鼎長方通高三寸一分長三寸五分濶二寸八分玉色瑩白無瑕周身純素惟腹之間隆起九稜制作古雅出自先秦

古玉乙毛鼎 銘二字

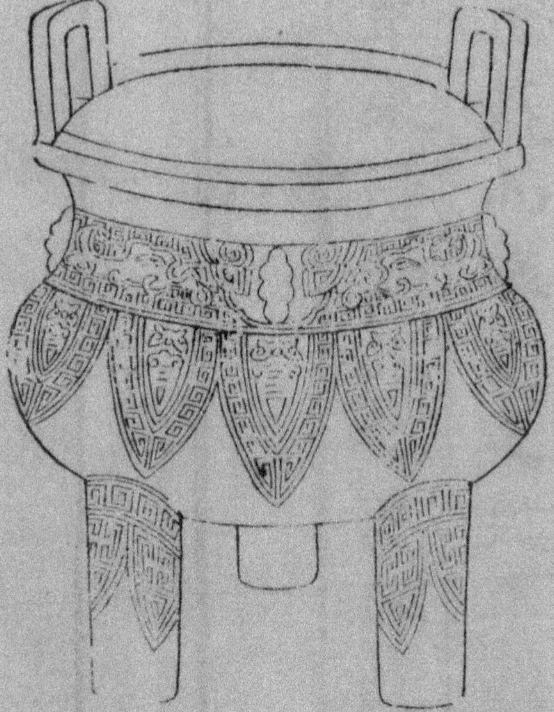

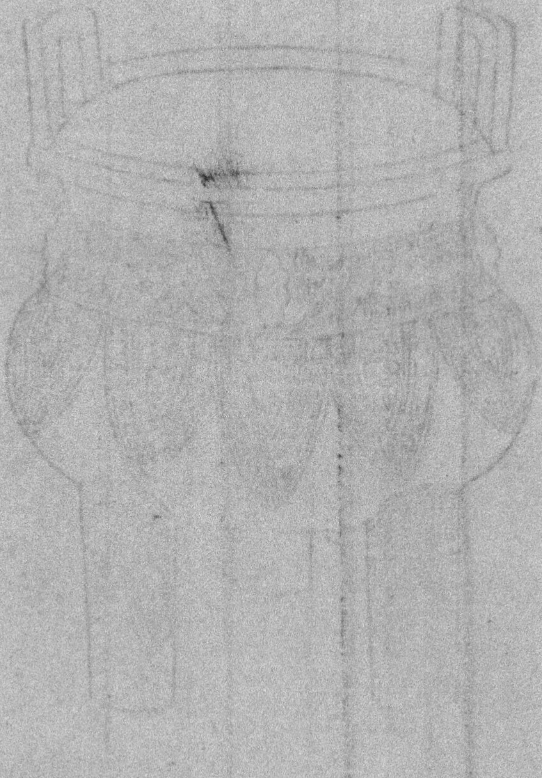

右鼎兩耳三足高低大小如圖玉色淡碧鼎

身瑑刻饕餮雷文腹下飾以蟬花足間鏤以

雲篆極琱瑑之工蓺而瑑刻之文半以蝕滅

玉器非經數千年未得如此之舊也此鼎迨

東周之遺器歟

宋淳熙敕編古玉圖譜第七十七冊 終

宋淳熙敕編古玉圖譜第七十八冊

古玉文王鼎

魯公乍文
王隮彝

魯公作文
王尊彝

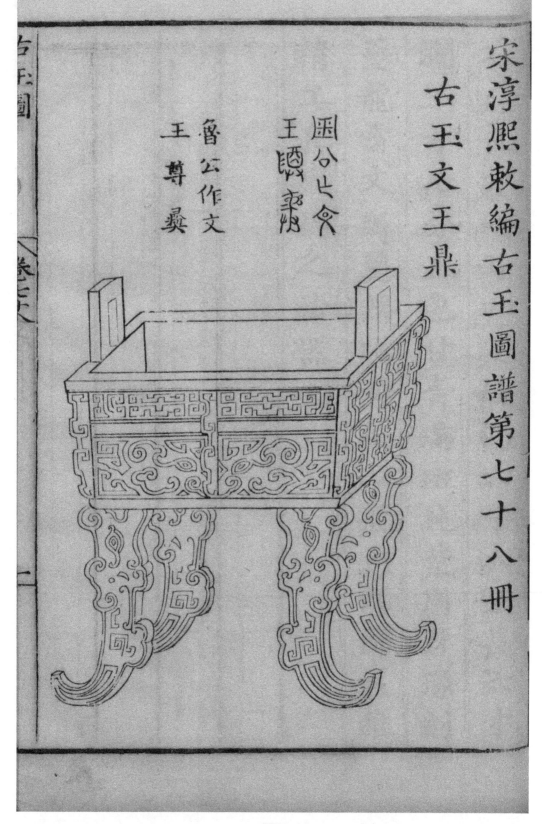

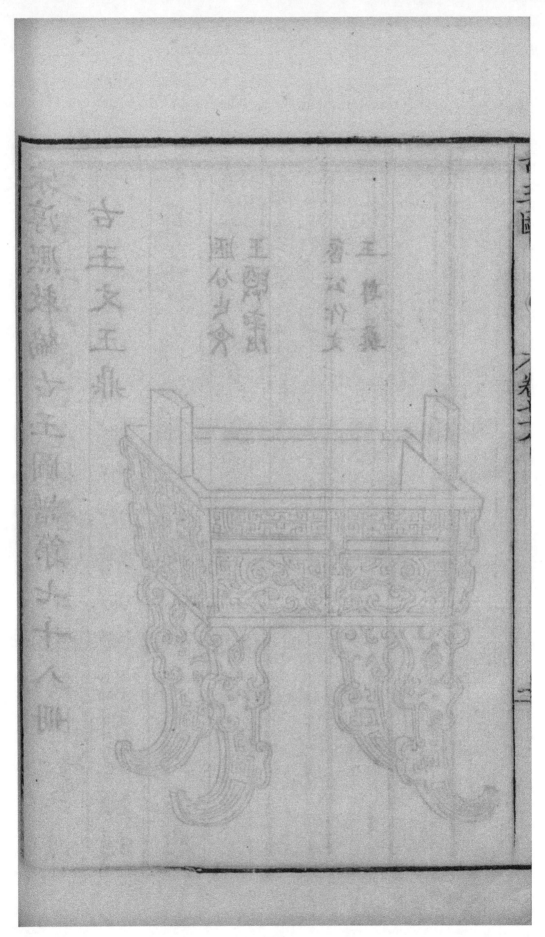

右鼎長方兩耳四足通高六寸八分長六寸濶三寸七分玉色甘青璊斑純紫周身瑑刻夔龍雷文縟麗無比四足以飛魚為飾大雅精工真盛周之法器也

古玉父己鼎

日乙

父己

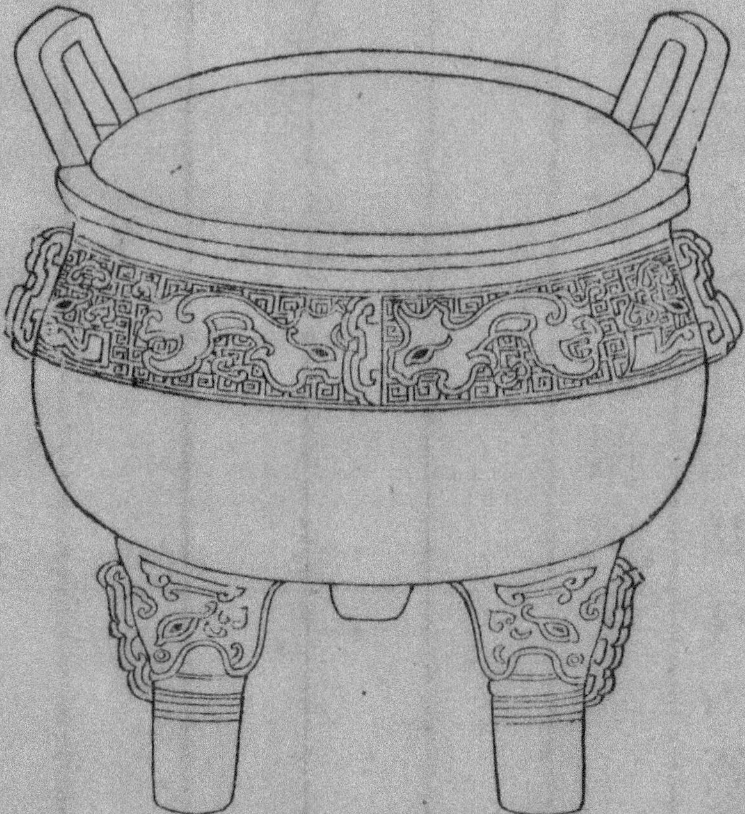

右鼎圓身兩耳三足通高六寸七分圓徑一尺有二玉色微紅無瑕琢刻脰間列以夔龍足間飾以饕餮可為琢人之精藝云

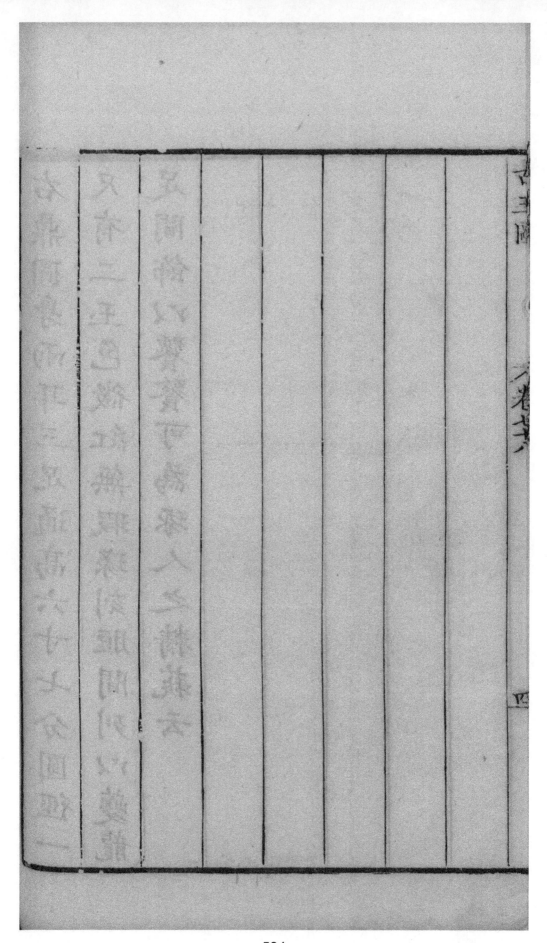

古玉名夫鼎

銘十字

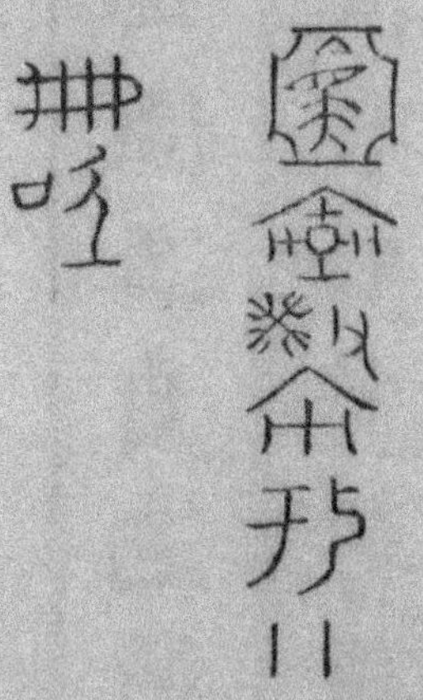

亞形中
召夫寏父癸乍刊
册命

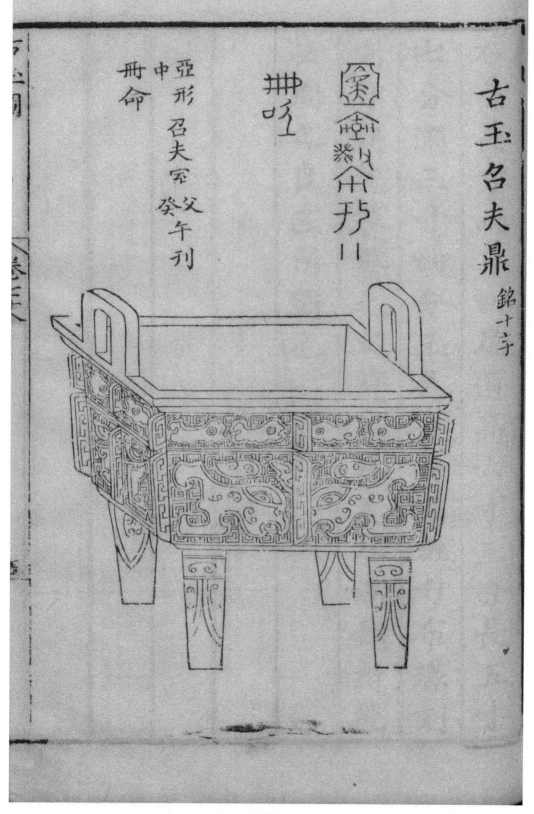

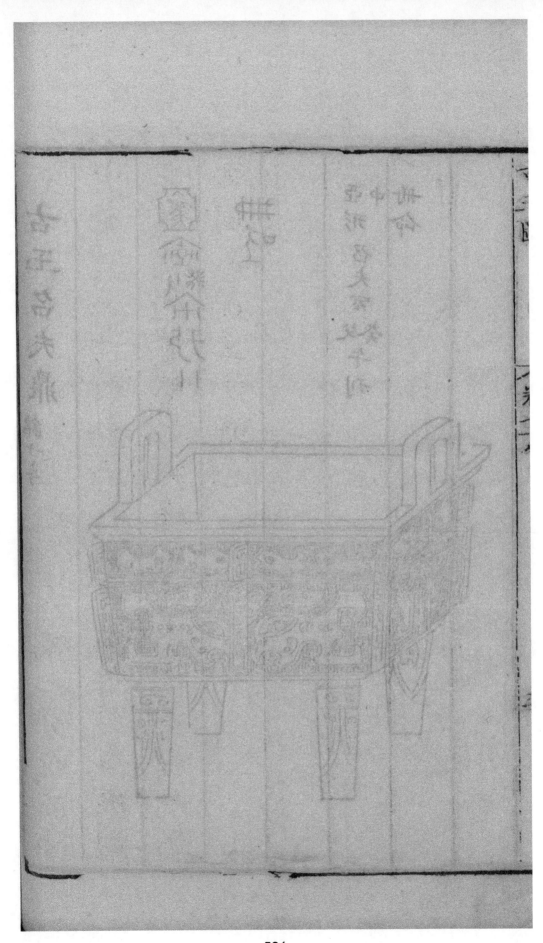

右周召夫鼎銘

右鼎長方兩耳四足通高六寸三分長五寸七分濶三寸四分玉色淡黄璊斑勻布瑑刻周身夔龍饕餮之文蔚然華美非漢魏所能必周之良匠所斵也

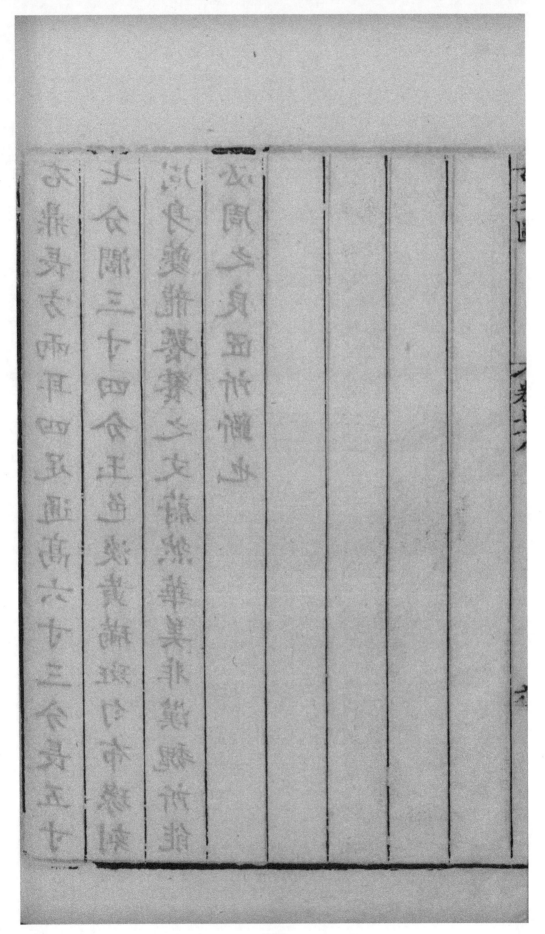

商玉子父鼎 銘一字

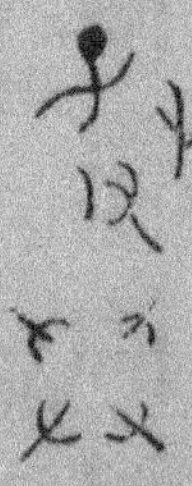

子父癸

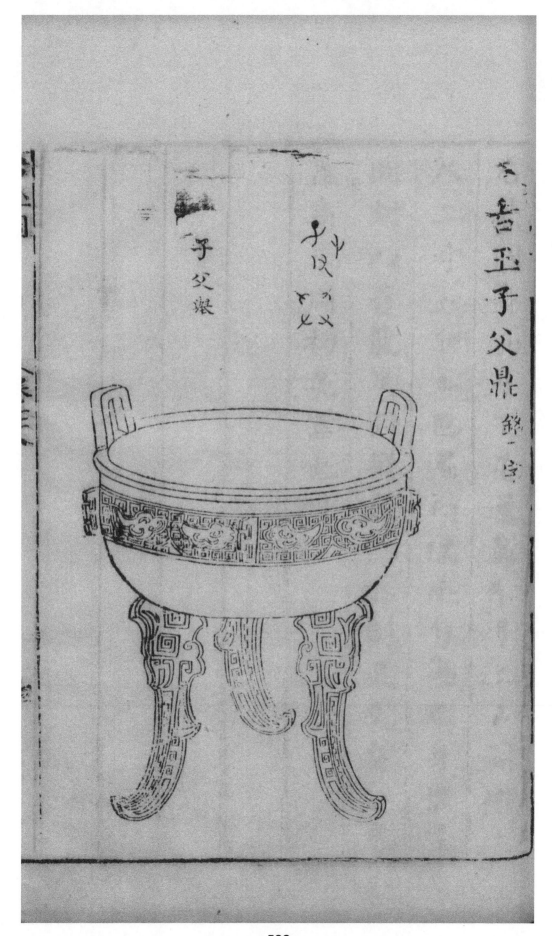

商亞丁父鼎

右鼎圜身兩耳三足通[illegible][illegible][illegible]中分而兩[illegible]

又二寸九分[illegible]之[illegible][illegible][illegible][illegible][illegible][illegible]圜身[illegible][illegible]

間刻以夔龍其間飛魚為飾制度文質兼[illegible]

盖商末周初之器也歟

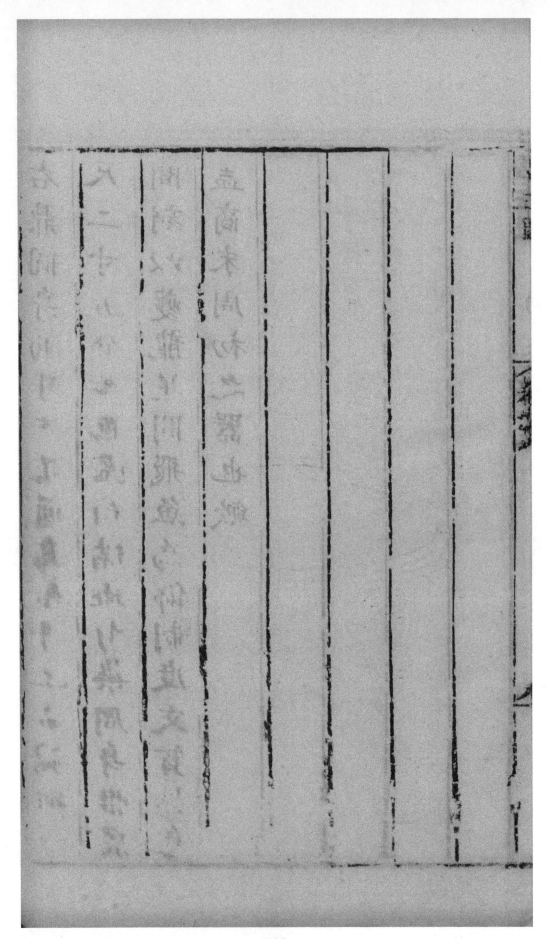

古玉伯䣄鼎

銘十八字

晉𤔲徒白䣄父
乍周姬寶尊鼎
其萬年永寶用

晉司徒伯䣄父
作周姬寶尊鼎
其萬年永寶用

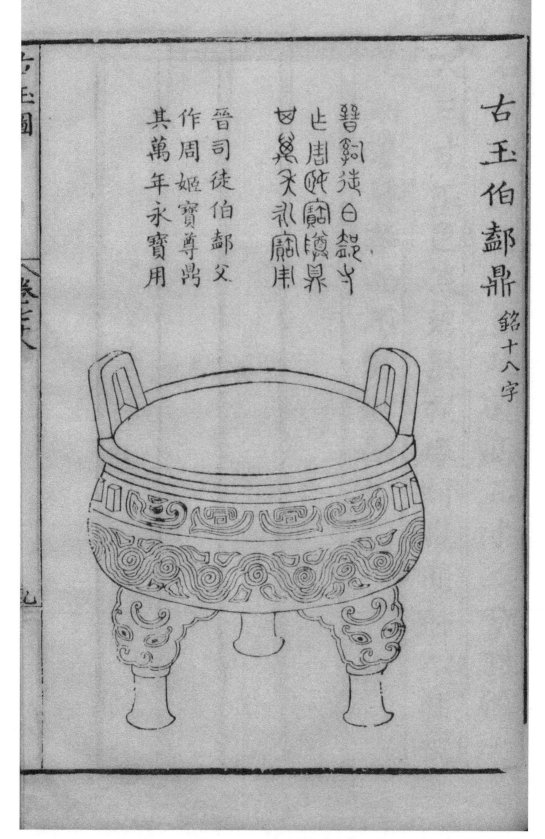

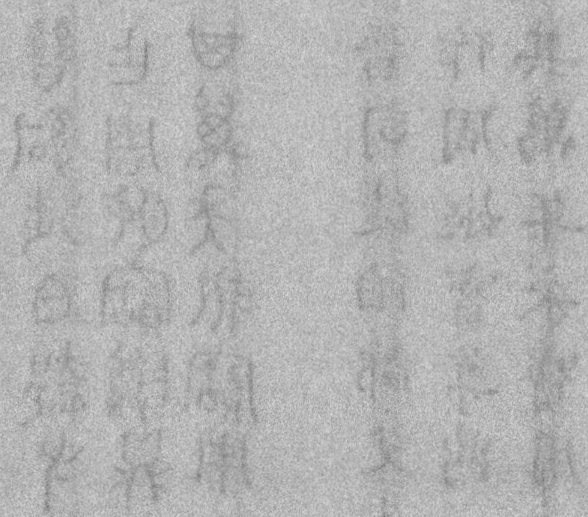

右王伯[illegible]鼎銘十八字

右鼎圓身兩耳三足通高五寸二分圓徑一尺三寸玉色淡碧無瑕琢刻腹間飾以蟠夔足列饕餮華而不繁漢初物也

古玉師秦宮鼎 銘四十七字內磨滅不可考者十一字

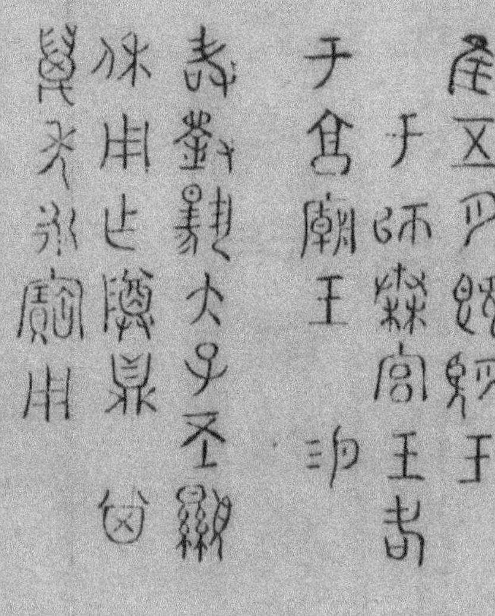

惟五月既望王〇
〇于師秦宮王格
于享廟王〇錫〇
〇〇〇〇〇〇〇
敢對揚天子丕顯
休用作尊鼎〇其
萬年永寶用

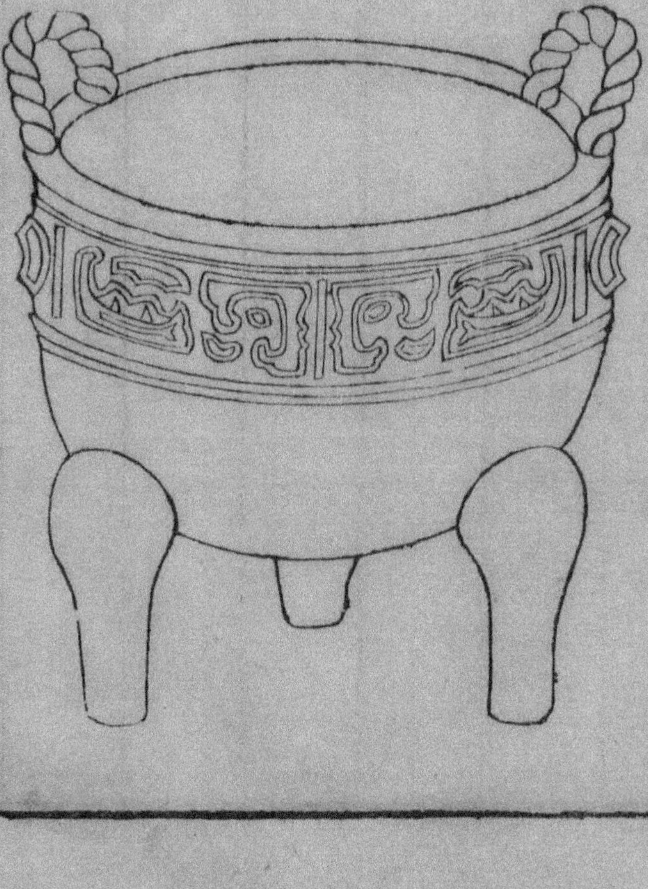

右鼎圓身兩耳三足通高六寸圓徑一尺三寸五分玉色甘青無瑕瑑刻腹間飾以夔龍之文耳作綯紐與他鼎異秦漢間之物歟

宋淳熙敕編古王圖譜第七十八冊 終

宋淳熙敕編古玉圖譜第七十九冊

古玉博山爐一

古玉博山爐一

宋淳熙敕編古玉圖譜第七十九冊

右爐連盖通高七寸一分身圓徑一尺下有丞盤高一寸八分圓徑一尺二寸玉色翠碧無瑕琢山峯層疊為盖爐下以荇葉承之身上琢刻皮毬之文足腓刻以篆文八字曰天成子孫富貴昌宜乃祝嘏之詞爐下承盤貯湯薰香象大瀛海也盖上山峯象蓬萊三島也博山本漢宮之器其來已久此亦漢人所制者

制者
也博山本漢宮之器其來已久此亦漢人所
謂薰香象大瀛海也蓋上山峯象蓬萊三島
故子孫富貴昌宜乃祝嘏之詞蓋下承盤者
上篆刻文徒之文足胖刻以篆文八字曰大
無假琢山峯層疊為蓋爐下以行叢承之身
並盤高一寸八分圓徑一尺三寸五色翠碧
古斕邊蓋通高七寸一分身圓徑一尺下格

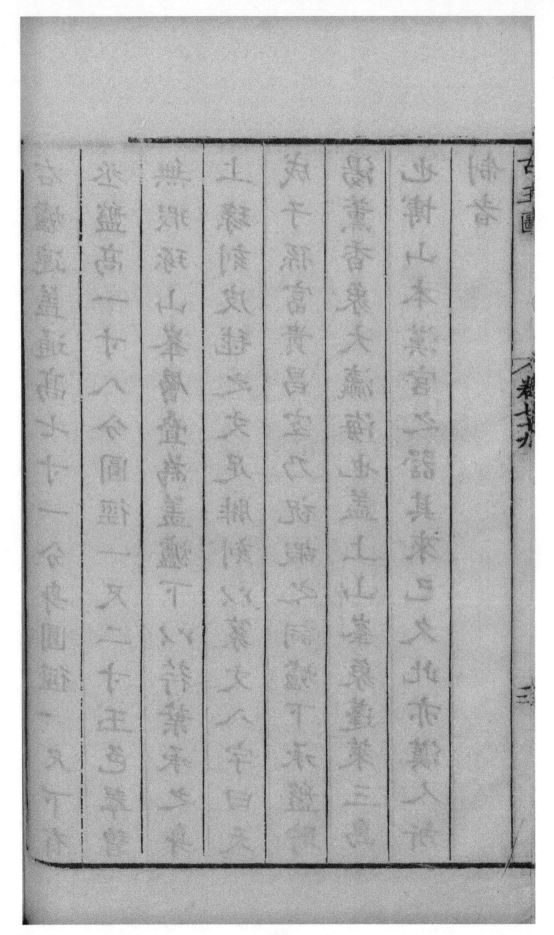

古玉博山爐 二

右爐高低大小制度琢刻悉同前爐惟玉色甘青無瑕爐身獸面連珠及足腓之上篆刻壽山福海耳其制度之說已具於前不贅述

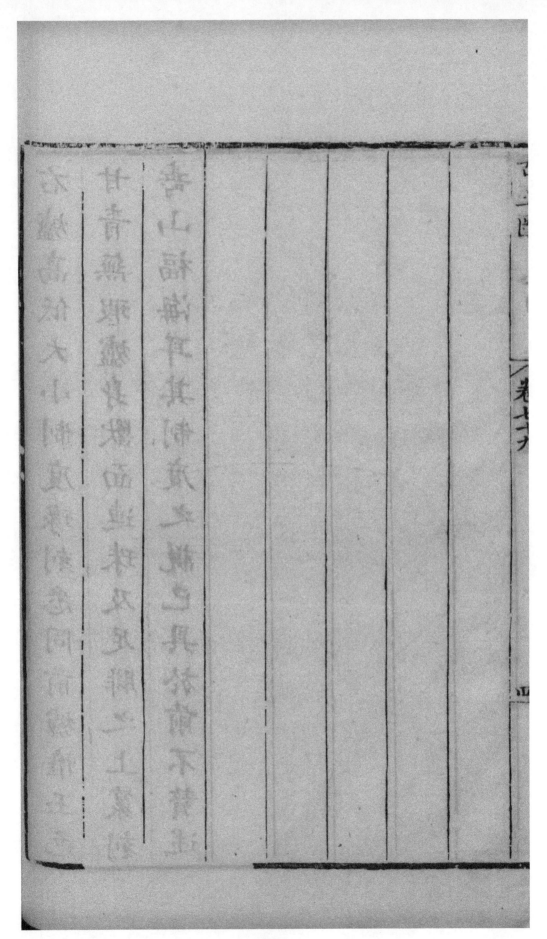

古玉巳舉彝 銘二字

巳舉

右彞高低大小圓徑如圖玉色甘黄璊斑殷赤彞身瑑刻夔龍雷文周以百乳縟麗非常必周人所為也臣謹按禮經云堂上六彞所謂黄彞在左雞彞在右是也

古玉虎耳彝

右彝高低大小如圖玉色淡碧璊斑赤於渥赭彝身瑑刻雲雷枚乳極其華縟且追琢之工細入絲髮兩耳飾以虎形微與他彝有異耳應與前彝並出一時云

古玉立戈父甲彝　銘二字

立戈形　父甲

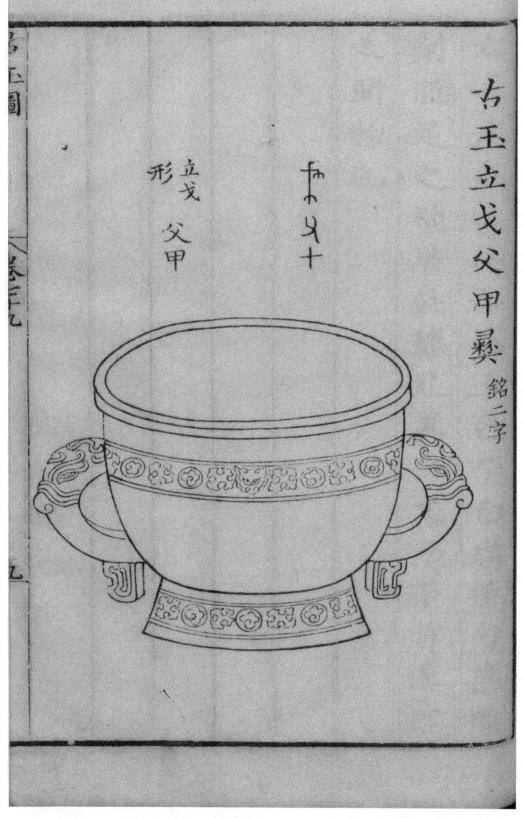

右彝高低大小如圖玉色瑩白璊斑勻染瑑刻脰足之間皆飾蟠虬異卉文而帶質漢魏之間物也

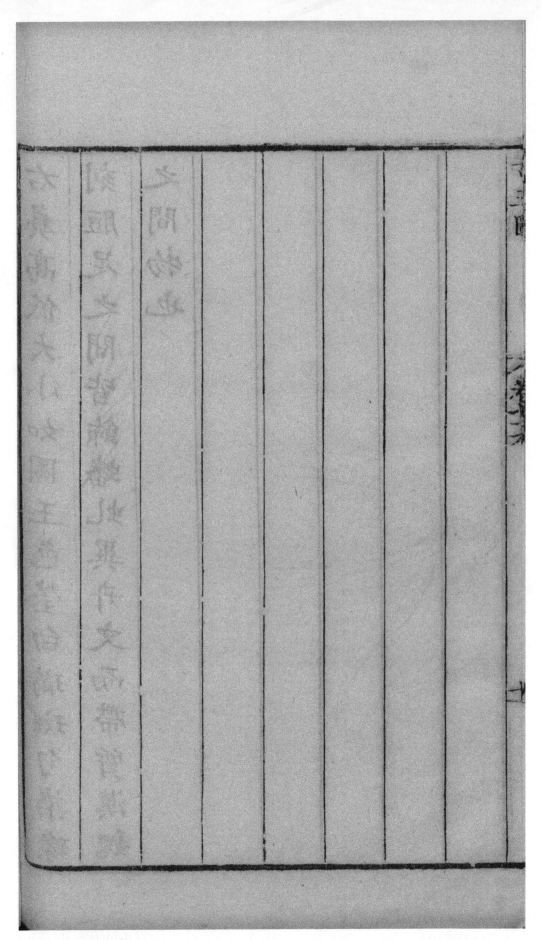

古玉舟彝

右彝高低大小如圖玉色淡碧無瑕腹間瑑刻方斜獸面髮鬍人形第此彝較他彝最淺有類承舟故以名之亦漢初之物

宋淳熙敕編古玉圖譜第七十九冊 終

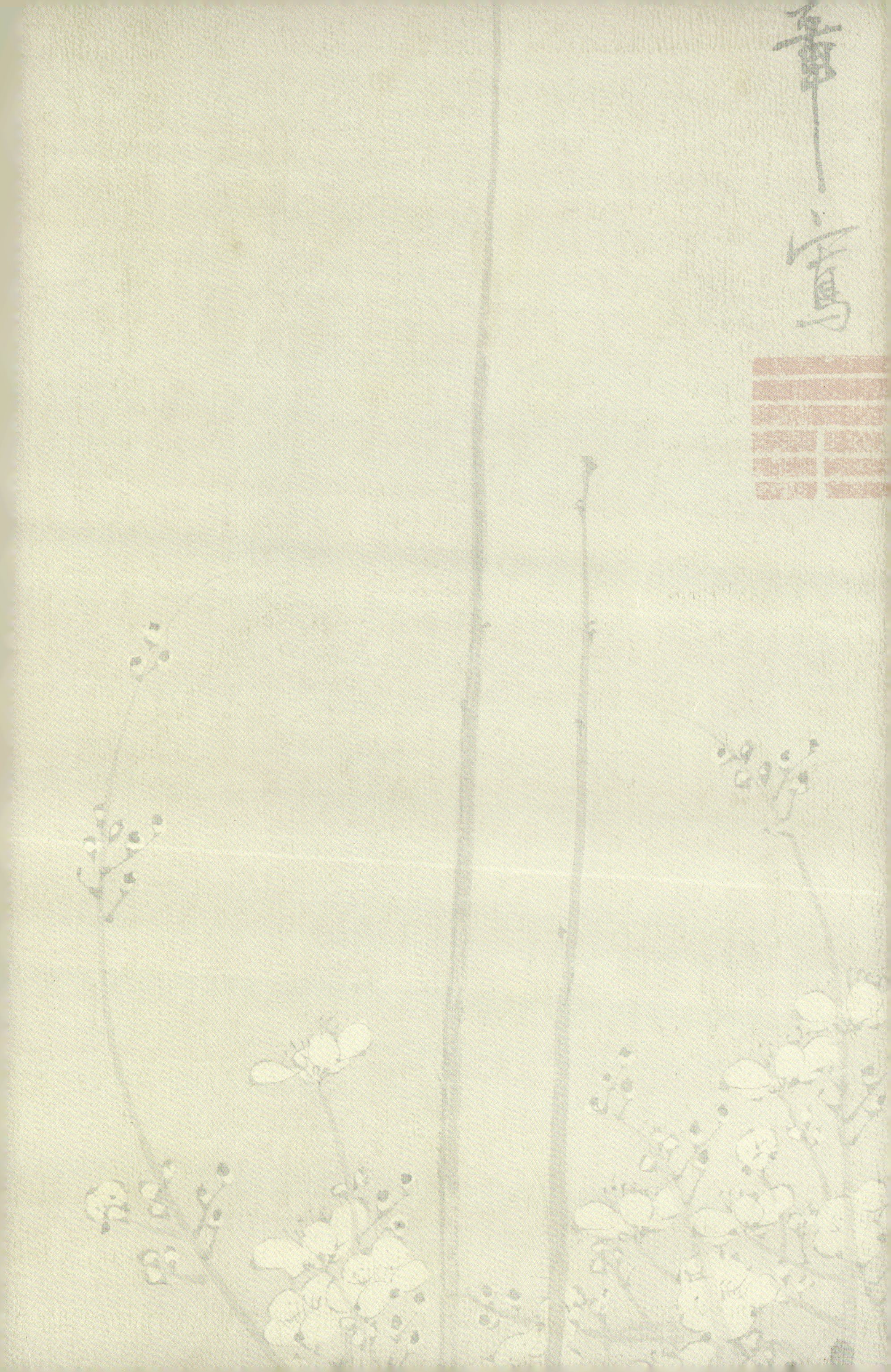